의회정치의 기틀을 마련한

홍진

한 시 준 지음

探求堂

이國民大會는民意에基ᄒᆞ야臨時政府를組織ᄒᆞ고
會議에出席한委員을選定ᄒᆞ고約法을制定ᄒᆞ
朝鮮建國四千二百五十二年四月 日

國民大會

臨時政府閣員

政官總裁 李承晩
務總理總裁 李東暉
務部總長 朴容晩
務部總長 李東寧
務部總長 盧伯麟
務部總長 李始榮
務部總長 申

次長 韓南洙

만오 홍진선생

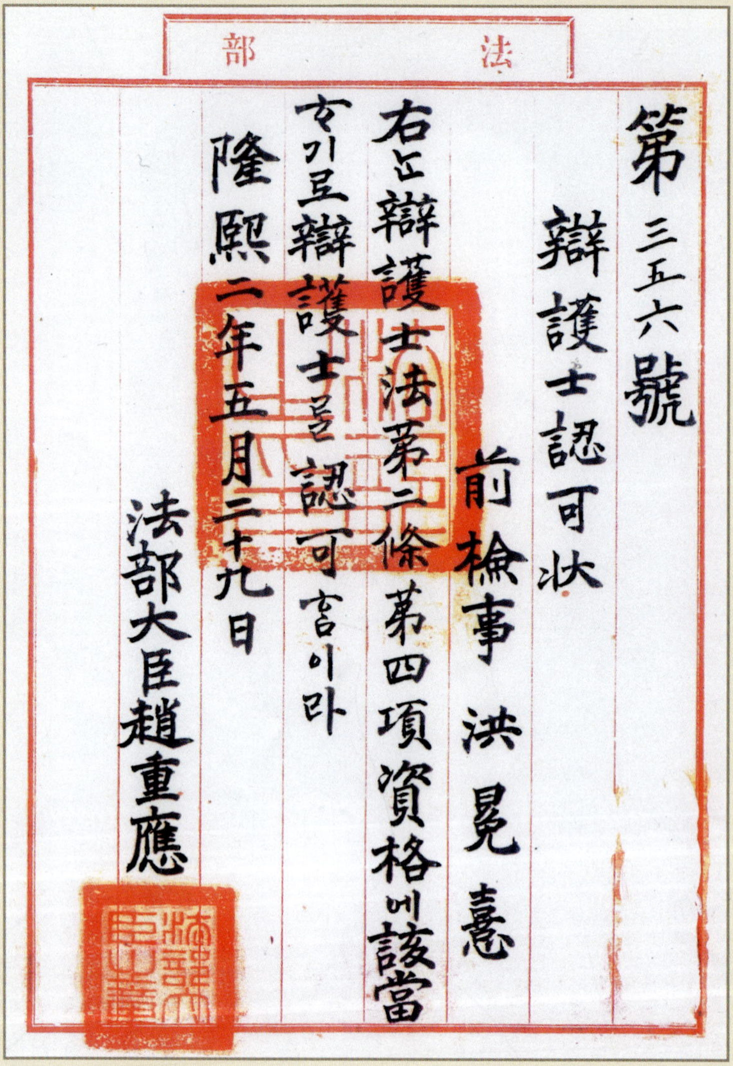
法部

第三五六號

辯護士認可狀

前檢事 洪冕憙

右ᄂᆞᆫ辯護士法第二條第四項資格에該當

ᄒᆞ기로辯護士를認可ᄒᆞᆷ이라

隆熙二年五月二十九日

法部大臣趙重應

대한제국 법부로부터 받은 변호사인가장

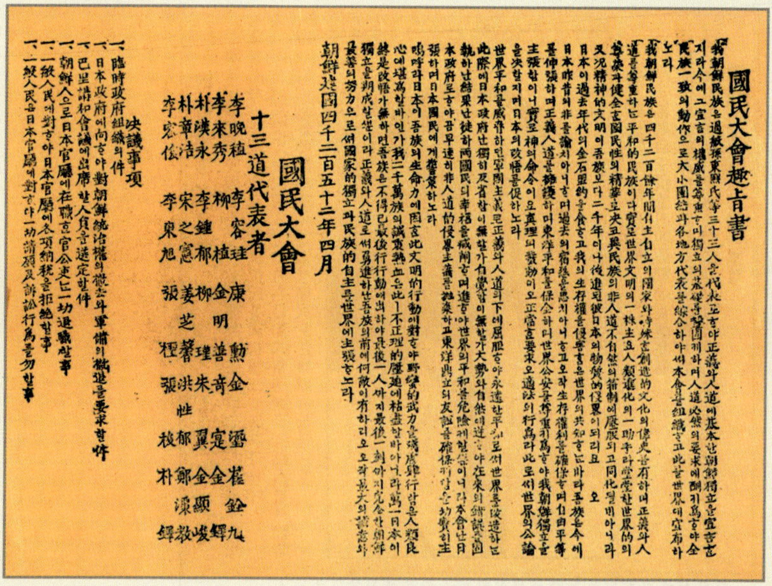

국민대회 취지서

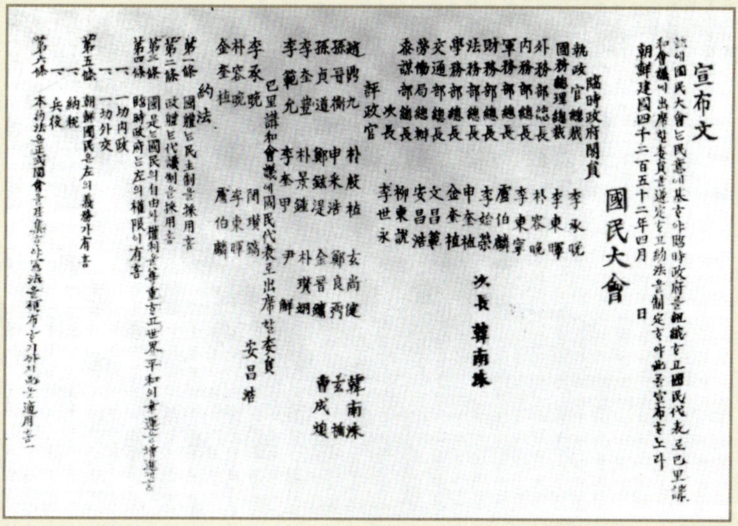

홍진이 주도하여 국내에서 수립한 한성정부의 선포문

歡迎國務領

國務領選擧就任

臨時議政院은民國八年七月七日卽臨時憲法改定施行第一週紀念日을期하야全院一致로薦擧洪震氏를國務領으로選擧하얏다

國務領洪震氏는民國八年七月八日卽其當選翌日에躕躇업시臨時議政院에到하야歡呼裏에簡素한節次로任에就하얏다

國務領三條政綱

一、非妥協的自主獨立의新運動을促進할일

二、全民族을網羅한鞏固한黨體를組織할일

三、全世界被壓迫民族과聯盟하야協同戰線을組織하는同時에또한聯絡할만한友邦과提携할일

洪國務領就任辭

七月八日臨時議政院就任式에서朗讀한것

우리의獨立運動이더욱더욱難局에잇난오늘을當하야材木아닌이사람으로堪勝치못할重責을맛기심을밧고이자리에나온나난實노悚慄함을마지못하오그러나運動의全線이迷津에彷徨하고大業의樞軸이危地에切迫한今日은決코避嫌引責의謙德이나難易長短의較量으로坐視치못할것임으로스스로해아림을겨를치못하고唐突히이자리에나왓소

思維컨대世界의大勢가날노激轉되난此時에잇서우리運動이또한만흔時日과經驗에依하야더욱新局面의發展을要求케된지오래엇슨즉우리난맛당이이러한機會를過치말고우리運動界에不幸한空氣를헛치며不斷의誠忠을다하여一致한主義와政綱下에서우리民族의一大組織을建立함이爲先우리府院同人들의絶對責任임으로우리난一面으로이危機에잇난政局을鞏固케하난同時에우리運動의推進機가革命的原理에根據된正軌로突進되기를힘쓸다름이오

홍진의 국무령 취임을 보도한 《독립신문》(1926년 9월 3일자).

洪震 被推爲韓國議會新議長、

（中央社訊）韓國臨時議政院議會，二十六日晨在某地繼續舉行，出席議員會同審查此次補選議員之資格，下午召開大會，全體新舊議員均出席，舉行追悼故議長宋秉祚及議員閔炳吉儀式旣成，乃推舉洪震爲新任議長。洪氏現年六十六歲，現任韓國臨時政府顧問，韓國獨立黨中央委員。

홍진의 임시의정원 의장 당선을 보도한 중국신문《신화일보》(1942년 10월 27일자).

좌익세력이 참여하여 통일의회를 구성한 제34차 의정원 회의 기념사진(1942년 10월).
앞열 왼쪽부터 유동열, 박찬익, 조성환, 홍진(의장), 김구, 최동오(부의장), 조완구, 김원봉.

환국 후 창덕궁 인정전에서 개최한 임시정부 입헌기념식(1946년 4월 11일).

▎1946년 비상국민회의가 건립한 홍진묘비(인천시 박물관 소재).

▎홍진의 묘(국립현충원 소재).

저자의 말

독립운동사에서 남겨 준 역사적 자산이 적지 않다. 전제군주제에서 민주공화제로 바뀌는 민족사의 대전환이 이루어진 것도 독립운동 과정에서였다. 1919년 임시정부가 수립되면서 민주공화제를 채택하였고, 임시정부가 이를 27년여 동안 발전시켜 온 것이다. 임시정부를 통해 정착된 민주공화제는 해방 후 그대로 계승되었다. 1948년 민주공화제의 대한민국 정부를 수립할 수 있었던 것은 이러한 역사적 경험을 바탕으로 한 것이었다.

민주공화제와 함께 의회정치가 정착된 것도 독립운동이 남겨 준 중요한 역사적 자산이다. 임시정부와 더불어 의회의 역할과 기능을 담당하던 기구가 있었으니, 바로 임시의정원이었다. 임시의정원은 요즈음의 국회와 같은 것으로 1919년 4월 성립되었다. 각 지역 대표들을 의원으로 하여 구성된 임시의정원은 첫 회의에서 임시정부를 수립하고, 1945년 해방 때까지 국회로 역할하면서 의회정치를 발전시켜 왔다.

독립운동 과정에서 민주공화제와 의회정치를 발전시켜 온 데는 많은 지도자들의 노력이 있었다. 그 지도자 중 대표적인 인물이 만오(晩悟) 홍진(洪震)선생이다. 특히 홍진은 의회정치를 발전시키는데 남다른 역할을 하였다. 세 번에 걸쳐 임시의정원 의장을 역임하였고, 또 가장 오랜 기간 동안 의장으로 활동하면서 의회정치의 기틀을 다지는데 커다란 공헌을 한 것이다.

홍진은 임시의정원에서 뿐만 아니라, 독립운동에서도 중요한 역할을 하였던 인물이다. 임시정부를 수립한 점이 그 하나다. 대한제국 법관양성소 출신으로 검사와 변호사로 활동하던 홍진은 3·1운동 직후 국내에서 한성정부를 수립하였다. 그리고 한성정부를 품에 안고 상해로 가 상해와 노령에서 수립된 임시정부와 통합을 이루어, 민족의 대표기구이자 독립운동 최고기관인 대한민국임시정부를 탄생시켰다. 상해·노령·한성의 세 임시정부가 통합을 추진할 때 국내에서 수립된 한성정부를 법통으로 인정하였다는 점, 그리고 한성정부를 중심으로 통합을 이루었다는 점을 생각하면, 임시정부의 뿌리를 마련한 것은 홍진의 공이라 해도 과언이 아닐 것이다.

홍진은 임시정부에 참여한 이래 법무총장·내무장·고문 등을 맡아 활약하였고, 1926년에는 임시정부의 수반인 국무령(國務領)을 역임하는 등, 임시정부의 주요 지도자로 활동하기도 하였다. 국무령은 1925년 대통령제로 인한 폐단을 극복하기 위해 대통령을 탄핵하고 새로운 임시정부의 지도체제로 도입한 제도였다. 대통령 대신 국무령이란 칭호를 사용한 것이다. 홍진은 이상룡(李相龍)·양기탁(梁起鐸)·안창호(安昌浩)에 이어 국무령에 선출되었고, 1926년 7월 국무령에 취임하여 임시정부를 이끌어 갔다.

독립운동전선에 정당을 결성하고, 이를 중심으로 독립운동을 전개하는 단서를 마련한 것도 홍진의 큰 업적이었다. 홍진은 국무령으로 취임한 후 임시정부의 활로를 찾기 위한 방안으로 전 민족이 대단결하여 민족의 유일한 정당을 조직하고, 이를 중심으로 독립운동을 전개하자는 유일당운동을 일으켰다. 그리고 자신은 국무령을 사임하고 만주로 가 유일당운동을 전개하였고, 북만주에서 한국독립당을 결성하여 중앙위원장으로 활동하기도 하였다. 유일당운동의 여파는 독립운동전선에 많은 정당들을 출현시켰고, 1930년대에는 이들 정당이 독립운동을 주도하게 되었다.

이러한 홍진의 활동과 역할 중에서도 주목되는 것은 의회정치의 기틀을 마련하였다는 점이다. 홍진은 1921년 이동녕(李東寧)·손정도(孫貞道)에 이어 제3대 임시의정원 의장에 선출되었다. 이후 1939년에 두 번째로, 1942년에 세 번째로 의장에 선출되어 임시의정원을 이끌었다. 이 중 1942년의 임시의정원은 일당체제로 운영되던 이전과는 완전히 달랐다. 좌익진영의 정당 및 단체들이 참여하여 다당체제로 구성되었고, 임시정부의 기초세력인 한국독립당이 여당 역할을 하고 조선민족혁명당을 비롯한 좌익진영의 정당들이 야당 역할을 하던 의회였다.

좌우익 세력이 참여한 통일의회가 구성되면서, 홍진이 의장에 선출되었다. 이념과 당파를 초월한 인물이라는 점이 의장으로 선출된 배경이었고, 또 좌우세력이 공동으로 내세울 수 있는 인물이 홍진이기도 했다. 이후 홍진은 해방 후 환국할 때까지 다당체제로 운영된 임시의정원을 이끌면서, 의회정치의 기틀을 마련하였다. 그리고 환국한 후 국내에서 임시의정원을 계승한 비상국민회의가 결성되었을 때도, 그 의장으로 선출되어 정식 국회를 설립하기 위해 진력하였다.

임시의정원 문서를 온전하게 보존하여 후대에 남긴 것도 홍진의 큰 공헌이 아닐 수 없다. 임시정부 문서가 거의 남아있지 않다는 현실을 감안할 때, 임시의정원 문서는 보물이나 마찬가지다. 임시정부 27년 동안의 문서는 두 차례에 걸쳐 모두 망실되었다. 1932년 윤봉길의거 직후 일제 경찰이 상해의 불란서 조계를 급습하여 임시정부와 관련된 문서들을 모두 탈취해갔다. 그리고 이후의 문서들은 해방 후 환국할 때 13개 가죽 가방에 담아가지고 들어왔지만, 6·25전쟁 때 행방불명되고 말았다. 한국광복군 문서 역시 6·25때 없어졌다. 이로써 임시정부가 27년 동안 정부의 조직을 유지, 운영하며 활동한 원자료를 볼 수 없게 되었다.

홍진은 해방 후 환국할 때 의장으로서 임시의정원 문서를 가지고 들어왔다. 그리고 홍진이 서거한 후 그의 손자인 홍석주씨가 이를 보관하고 있다가 국회도서관에 기증하였다. 국회도서관에서는 이를 탈초하여 1974년에 『大韓民國臨時政府議政院文書』로 발간하였고, 국사편찬위원회에서는 2005년에 이를 원자료 그대로 영인하여 『대한민국임시정부자료집』(임시의정원 Ⅰ-Ⅴ)이란 이름으로 출판하였다. 이로써 임시의정원 문서가 그대로 남아있게 되었다. 임시정부와 광복군 문서는 모두 없어졌고, 남아 있는 것이라고는 오직 임시의정원 문서 뿐이다.

독립운동사를 연구해 오면서 갖게 되는 생각들이 많다. 독립운동사에 대한 역사적 계승문제가 그 하나다. 현재 대한민국 정부는 헌법 전문에 '임시정부의 법통을 계승'한 것으로 천명하고 있다. 그렇지만 그 근거와 논리가 허술하기 그지없다. 4월 11일이 임시정부 수립기념일이지만, 4월 13일을 기념일로 알고 정부 주도하에 기념식을 거행하고 있는 것이 단적인 예이다. 또 대한민국의 국회와 국군이 그 성립과 창군의 역사적 근거를 명확하게 밝히고 있지 못한 점도 그렇다.

이런 생각에서 독립운동의 역사적 자산이 어떻게 계승되었는가 하는 문제를 밝히고 싶었다. 그 첫 과제로 생각한 것이 임시의정원이었다. 임시의정원은 독립운동 과정에서 임시정부와 더불어 국회로 기능하며 중요한 역할을 수행한 기구였지만, 임시정부에 비해 별다른 연구가 없었다. 임시의정원에 대한 연구가 필요하다는 생각을 하고 있을 때, 홍진의 손자 홍석주씨로부터 제의가 왔다. 임시의정원에 대한 기초적인 연구도 제대로 되어 있지 않은 상태라서 망설였지만, 주요한 역할을 수행한 인물을 통해 접근하는 것도 방법이라 여겨 승낙하고 말았다.

오랜 세월이 지났다. 자료를 찾고 글을 쓰면서 많은 생각들이 떠올랐지만, 생각한 만큼 다 담아내지 못한 아쉬움이 남는다. 그렇지만 한국의 의회정치가 독립운동 과정에서 비롯되었고, 임시의정원의 운영과 역할이 오늘의 국회와 크게 다르지 않았다는 사실만큼은 확인할 수 있었다. 그리고 홍진을 비롯하여 임시의정원을 유지 운영한 많은 인사들에 의해 의회정치의 기틀이 마련되었다는 사실도 알게 되었다.

이 글을 쓰면서 많은 분들로부터 도움을 받았다. 손자 홍석주씨는 그동안 소장해 왔던 많은 자료들을 제공해주었다. 오랫동안 참고 기다려 준데 대해 감사할 뿐이다. 한홍구 교수는 책의 구성과 서술방향에 대해 조언해 주었다. 필자가 구하지 못한 자료들을 구해준 최기영 교수, 원고를 읽고 도움을 준 김도훈 선생, 교정의 번거로움을 맡아 준 이재호 군에게도 감사를 드린다. 언제나 힘이 되어 주고 연구에 전념할 수 있도록 도와준 아내 박선애와 세 딸(재은, 지연, 유경)에게도 고마움을 전한다. 그리고 난삽한 원고를 훌륭한 책으로 만들어 준 홍정수 과장과 탐구당 관계자 여러분들의 고마움도 잊을 수 없다.

2006년 2월

안서골 연구실에서

한 시 준

차 례

제 3 장 한성정부의 시련과 부활

제 4 장 임시정부를 유지 옹호

제 5 장 임시정부의 국무령

제 6 장 민족유일당 결성을 추진

제 7 장 만주에서 항일무장투쟁을 전개

제 8 장 정당의 조직과 통일전선운동

제 9 장 좌우익 진영이 통합한 통일의회 의장

제 10 장 해방, 환국과 비상국민회의 의장

제 1 장

대한제국의 검사, 변호사

1. 명문가 후예로 태어나다

홍진(洪震), 그의 본명은 홍면희(洪冕憙)이다. 어려서는 봉근(鳳根), 또는 우봉(又鳳)이라 부르기도 하였다. 1919년 4월 상해로 망명할 때 압록강을 건너면서, 그는 이름을 홍진으로 고쳤다. '홍진'이란 이름도 처음에는 '洪鎭'이라 하였으나, 나중에 '洪震'이라 고쳐서 썼다. 자는 성무(聖武), 호는 만호(晩湖)라고 쓰다가 후에 만오(晩悟)를 주로 사용하였다. 필명으로 경환(警寰)이라 한 적도 있다.

홍진은 1877년 8월 27일(음력) 서울의 車洞(현재의 서소문)에서 태어났다.[1] 본관은 경북 안동의 풍산(豊山)이고, 아버지 홍재식(洪在植)과 어머니 청주 한씨 한수동(韓壽東) 사이에 3형제 중 차남으로 출생하였다.

1 일제의 각종 정보자료에 홍진의 본적이 충청북도 清州郡 加德面 仁次里, 또는 永同郡 永同邑 稽山里로 나타나 있기도 하다. 이는 1919년 4월 홍진이 중국 상해로 망명한 후, 그의 큰 형 昌憙가 식구들을 인솔하고 청주로 옮겼다가 다시 영동으로 옮겨 살았던 데서 연유한다.

형은 창희(昌憙), 동생은 명희(明憙)이다.

홍진의 가문은 명문사대부가였다. 풍산 홍씨는 고려 고종 때 국학(國學) 직학(直學)을 지낸 홍지경(洪之慶)을 시조로 하고 있고, 조선시대에 명문가를 이루었다. 특히 영조와 정조 대에 크게 번창하였다. 혜경궁 홍씨로 잘 알려진 홍봉한(洪鳳漢)의 딸이 영조의 아들 사도세자와 혼인을 하였고,[2] 홍봉한은 영의정을 지냈다. 이조판서 홍상한(洪象漢)은 정조가 세손이었을 때 그의 사부였고, 그의 아들 홍낙성(洪樂性)은 정조 때 영의정에 올랐다. 그리고 정조의 큰 신임을 받아 국정을 좌우하다시피 한 홍국영(洪國榮), 이조판서를 지냈고 당대의 저명한 학자였던 홍양호(洪良浩), 순조 때 좌의정을 지냈으며 우리나라 10대 문장가의 한 사람으로 꼽히는 홍석주(洪奭周) 등이 모두 풍산 홍씨 가문에서 배출된 인물들이었다.[3]

풍산 홍씨는 영조와 정조에 이어 순조·헌종·철종을 거치는 19세기 전반기에도 고위직 관리를 가장 많이 배출한 가문의 하나로 꼽히고 있다. 이 시기에 당상관 이상의 관직을 지낸 성관(姓貫)에 대해 조사한 연구에 의하면, 안동김씨(安東金氏)·대구서씨(大邱徐氏)·풍양조씨(豊壤趙氏)·연안이씨(延安李氏)에 이어 다섯째가 풍산 홍씨라고 한다.[4] 명문사대부가로서 풍산 홍씨는 관료를 많이 배출한, 그리고 학자적인 풍모가 강한 가문이었다고 할 수 있다.

홍진의 직계 조상들은 이러한 풍산 홍씨 가문의 한 축을 이루고 있었다. 그의 10대조가 되는 홍이상(洪履祥)은 1578년(선조 11년) 문과에 장원급제하여 벼슬길에 올랐고, 임진왜란 때는 예조참의로 선조 임금을 평양까지 모셨다. 이후 선조와 광해군 때에 걸쳐 병조참의·대사성·

2 李銀順, 『朝鮮後期黨爭史』, 일조각, 1988, 113쪽.

3 강영주, 「벽초 홍명희 - 성장 수학 방랑시대-」(『역사비평』 1992년 가을호, 127-128쪽).

4 한국역사연구회, 『조선정치사(1800-1863)』 상, 청년사, 1990, 239-241쪽.

대사헌 등을 지내기도 하였다. 홍진의 가계도를 도표로 정리하면 다음과 같다.[5]

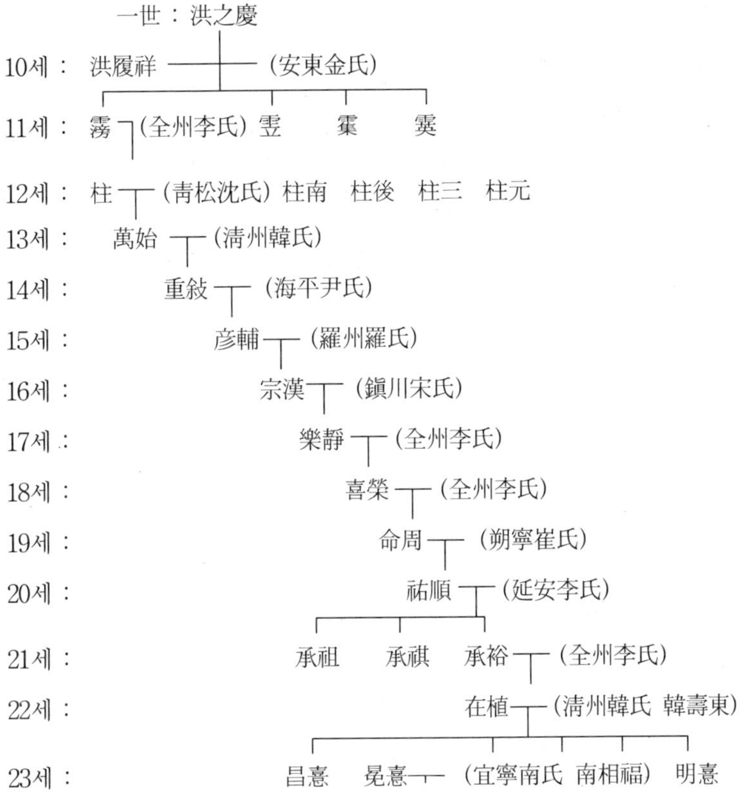

10대조 홍이상에 이어 그의 후손들도 대부분 과거시험을 통해 벼슬을 하였다. 11세 洪霶이 1605년 증광문과(增廣文科)에 급제하였고, 그의 아들 홍주일(洪柱一)도 1631년 별시문과(別試文科)에 급제하여 여주

5 豊山洪氏大同譜刊行委員會, 『豊山洪氏大同譜』 1·3권, 農經出版社, 1985.

목사(驪州牧使)를 지냈다. 13세인 홍만시(洪萬始)가 29살에 타계하고, 이후 20세에 이르기까지 손이 귀했던 것 같다. 그러나 벼슬은 끊이지 않았고, 후일 추증을 받기도 하였다.[6]

가까이는 고조부 홍명주(洪命周), 증조부 홍우순(洪祐順), 조부 홍승유(洪承裕)도 모두 과거에 급제하여 벼슬길에 올랐다. 홍명주는 순조 4년(1804년) 문과(文科)에 급제하였고, 벼슬이 병조판서에 이르렀으며, 헌종 1년(1835년)에는 진하사(進賀使)로 청나라를 다녀오기도 하였다. 증조부인 홍우순은 순조 16년(1816년)에 문과에 급제하여 의정부 좌참찬을 지냈다. 그리고 조부인 홍승유는 철종 4년(1853년)에 문과에 급제하여 승정원 우부승지를 지낸 것을 비롯하여, 1859년에는 함경도 암행어사로 활동하였고,[7] 홍문관 관원 모집 명부이면서 당상관의 대우를 받는 도당록(都堂錄)에 이름이 오르기도 하였다.[8]

홍진의 집안은 대대로 과거에 급제하여 높은 벼슬을 하고 있었다. 이러한 그의 집안 전통이 아버지 대에 이르러 중단되었다. 외아들이었던 홍재식(洪在植)이 32살에 타계한 것이다. 1882년 아버지가 타계하였을 때, 홍진의 나이 여섯 살이었다. 형과 아우의 나이 차이가 네 살이었으니, 형 창희는 열 살, 동생 명희는 두 살이었다.

홍진은 어려서 아버지를 여의고 홀어머니 밑에서 자랐다. 어머니 한수동은 청주 한씨 한민원(韓敏源)의 따님으로 아버지와 동갑이었다. 서른 두 살에 홀로 된 어머니 한수동은 아들 3형제를 엄하게 키웠다.[9] 홍진은 형 창희, 동생 명희와 함께 어머니의 엄한 훈도를 받으며, 한학(漢學)을 공부하였다. 사서삼경(四書三經)을 익혔고, 특히 한시(漢詩)의

6 14세 洪重敍(이조판서), 16세 洪宗漢(이조참의), 17세 洪樂靜(이조참판), 18세 洪喜榮(이조판서) 등이 추증을 받았다(『豊山洪氏大同譜』).

7 『朝鮮王朝實錄』 48, 哲宗 9년 2월 3일자.

8 『朝鮮王朝實錄』 48, 철종 9년 4월 15일자.

9 洪錫柱(洪震의 손자)가 작성한 「洪震一代記」(미간행 원고).

창작에 남다른 재능을 발휘하였다.

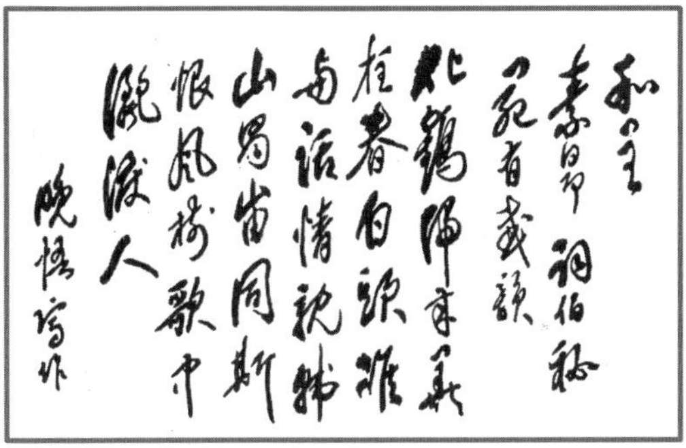

환국 후 비원에서 조소앙과 주고받은 한시.

홍진은 스무 살이 되던 1896년 한살 위인 남상복(南相福)과 결혼하였다. 남상복은 의령 남씨로 남숙희(南肅熙)의 둘째 따님이었다. 남숙희는 고종 8년(1871년) 전시(殿試)에 급제하여 홍문관 부교리, 이조참의, 사간원 대사간 등의 벼슬을 지낸 인물이다.[10] 양쪽 집안의 관계나 이들이 혼인하게 된 연유는 알 수 없지만, 이러한 혼인을 통해 홍진의 집안이 갖고 있던 위상을 짐작할 수 있겠다.

2. 법관양성소 졸업

홍진이 태어나 성장하던 때는 제국주의 세력의 침략과 개화의 물결이 휘몰아치던 격변의 시기였다. 개항 다음해에 태어난 홍진은 서울에 살고 있었다. 그는 군인들이 부정부패에 항거하여 일어난 임오군란, 급진 개화세력이 추진한 갑신정변의 소식을 들으며 자랐다. 그리고 일본을 비롯한 서

10 『朝鮮王朝實錄』, 고종 8년 8월 5일자 ; 15년 5월 18일자 ; 26년 2월 26일자 ; 27년 2월 26일자.

구 세력들이 한반도를 둘러싸고 쟁탈을 벌이는 실상도 알았고, 갑오개혁으로 사회가 급속하게 변해가는 모습도 지켜 볼 수 있었다.

홍진은 법관의 길을 택하였다. 갑오개혁 정부가 근대적인 사법제도를 마련하면서 설립한 법관양성소(法官養成所)에 입학한 것이다. 법관양성소는 재판소 설치와 더불어 법관을 양성하기 위해 설립한 것이었다. 갑오개혁 정부는 사법권을 행정권에서 분리하고, 재판기관의 구성과 소송절차를 규정한 사법제도의 개혁을 추진하였다. 1895년 3월 25일 재판소를 지방·한성재판소 및 개항장재판소·순회재판소·고등재판소·특별재판소로 구성하는 「재판소구성법(裁判所構成法)」을 반포한 것이 그것이었다.[11]

근대적 사법제도를 마련하고 재판소를 설치하면서, 이에 필요한 법관(法官)의 양성도 추진하였다. 법무대신 서광범(徐光範)이 법관 양성을 위한 법률학교의 설치를 건의하였고, 1895년 3월 「재판소구성법」과 더불어 「법관양성소규정(法官養成所規程)」이 공포되었다. 법관을 양성하기 위해 법관양성소를 설치한다는 것이었다. 법관양성소는 우리나라 최초의 근대적인 법학교육 기관이었고, 1895년 4월 제1회 학생을 모집하면서 개교하였다.[12]

법관양성소가 설립되었지만, 순조롭게 운영 유지되지 못하였다. 개교한 직후인 1895년 윤 5월에 제2차 갑오개혁을 주도하던 박영효가 실각하여 일본으로 재차 망명하였고, 또 8월에는 명성황후시해사건이 일어났다. 이로 인해 학생 모집이 중단된 것이다. 그리고 1896년 2월 아관파천으로 갑오개혁 자체가 문제로 대두되면서 법관양성소는 더 이상 운영되지 못하였다. 학생들을 뽑지 않은 것이다.

11 宋炳基 외 편, 『韓末近代法令資料集』 1, 국회도서관, 1970, 193-197쪽.

12 崔起榮, 「한말 法官養成所의 운영과 교육」, 『한국근현대사연구』 16, 2001, 44-45쪽.

법관양성소가 다시 문을 연 것은 1903년이었다. 다시 문을 연 과정은 분명치 않지만, 1902년 12월 정명섭(丁明燮)을 법관양성소 교수로, 다음달에는 이인영(李寅榮)을 소장에 임명하였다.[13] 그리고 수학기간을 6개월에서 3개년, 우등생은 3개월에서 1년으로 한다는 등을 첨가하여 「법관양성소규정」을 개정 공포하고,[14] 법부(法部) 명의로 학생을 모집한다는 광고를 내었다.

홍진이 법관양성소에 입학한 것은 이 때였다. 당시 법관양성소 학생을 모집하는 광고에 한문독서·작문과 국문독서·작문을 시험한다고 하였다.[15] 홍진도 이러한 시험을 치르고 1903년 2월 법관양성소에 입학하였다. 당시 입학생들은 보통 1877, 8년생으로 25세 전후였고, 이들 중에는 일어학교·한어학교 등을 졸업하였거나 관직을 역임한 인물들도 있었다.[16] 일정한 경력이 있는 인물들을 대상으로 학생을 선발한 것으로 생각된다.

법관양성소에 입학할 당시 홍진의 나이는 27세였다. 홍진도 입학하기 이전에 어떤 학교에 다녔던지, 아니면 관직에 있었던지 일정한 경력을 갖고 있었을 것이다. 그러나 그가 법관양성소에 입학할 때까지 어떠한 경력과 무슨 일을 하였는지에 대해서는 알려진 것이 없다.

홍진은 법관양성소에 입학하여 약 1년 6개월 동안 교육을 받았다. 법관양성소의 교과목은 법학통론·민법·형법·민사소송법·형사소송법·기타 현행법률·소송연습 등이었다. 그리고 하기시험에는 무원록(無寃錄)·대명률(大明律)·발사(跋辭)·법문(法文)·산술(算術), 졸업시험 때에는 대명률강(大明律講)·현행률문제(現行律問題)·발사(跋辭)·법문(法文) 등의 과목을 치렀다.[17] 이들은 프랑스어와 함께 프랑스법률을 배웠던 것 같다.

13 ≪舊韓國官報≫ 1903년 1월 24일자 「敍任及辭令」.
14 ≪舊韓國官報≫ 1903년 1월 22일자 「正誤」.
15 ≪舊韓國官報≫ 1903년 2월 19일자 「광고」.
16 崔起榮, 「한말 法官養成所의 운영과 교육」, 60쪽.

법문이란 과목이 그것이고, 법률고문인 프랑스인 크레마지(Laurent Cremazy)가 직접 학생들에게 형법을 가르치기도 하였다.

법관양성소의 교육은 매우 엄격하였다. 교육 중 탈락자도 있었으며, 졸업을 위해서는 시험을 통과해야만 했다. 입학 당시의 학생은 약 백여 명이었지만, 중도에 탈락된 경우가 적지 않았다. 졸업시험에서도 평균 50점을 넘지 못하면 낙제되었다. 1904년 7월 62명이 졸업시험에 응시하였으나, 평균 50점을 넘긴 것은 25명뿐이었다. 결국 1백여 명이 입학하여 25명만이 졸업할 수 있었다.

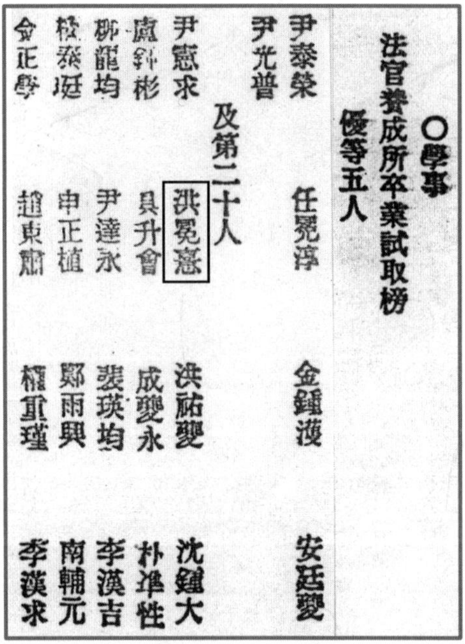
○學事
法官養成所卒業試取榜
優等五人
尹泰榮 任冕淳 金鍾濩 安廷燮
尹光普
及第二十人
尹憲求 洪冕憙 洪祐燮 沈鍾大
盧鈺彬 具升會 成燮永 朴準性
柳龍均 尹達永 裵瑛均 李漢吉
權泰珽 申正植 鄭雨興 南輔元
金正學 趙東潚 權重瑾 李漢求

대한제국 ≪官報≫에 게재된 법관양성소 졸업자 명단

홍진은 급제로 졸업시험을 통과하였다. 우등과 급제는 성적에 따른

17 崔起榮, 「한말 法官養成所의 운영과 교육」, 58쪽.

구분이었고, 우등과 급제자의 명단은 성적순으로 발표되었다. 홍진은 급제자 20명 중에 두 번째였다. 졸업시험에 통과한 이들은 1904년 7월 21일 법관양성소를 졸업하였다. 이들 25명이 법관양성소 제3회 졸업생이다.

졸업 후 홍진이 처음으로 받은 직책은 법관양성소박사(法官養成所博士)였다. 1904년 7월 26일자로 윤태영(尹泰榮)·임면순(任冕淳)·김종호(金鍾濩)·안정기(安廷夔)·윤광보(尹光普)·윤헌구(尹憲求)·홍우기(洪祐夔) 등과 함께 법관양성소박사에 임명된 것이다.[18] 이들 8명은 앞의 졸업생 명단에서 확인할 수 있듯이, 우등 5명과 급제 3명이었다. 졸업성적순으로 법관양성소박사에 임명된 것임을 알 수 있다.

법관양성소박사는 정식 관직은 아니었다. 이는 제3회가 재학 중이던 1903년 9월부터 시행된 제도로, 졸업생들을 순서에 따라 서임(敍任)하였다가 사법관(司法官)으로 수용하기 위해 만든 제도였다.[19] 제도가 시행되면서 제1회 졸업생들부터 순서대로 임명되었고, 제3회 졸업생들도 졸업 직후부터 성적순서에 따라 법관양성소박사에 임명되었다.

법관양성소박사는 며칠짜리 관직이었다. 임명된 지 며칠 되지 않아 모두 의원면관하고 있는 것이다. 1903년 9월 14일자로 임명된 제1회 졸업생인 구건서 등은 9월 18일자, 9월 18일에 임명된 이철승 등은 9월 23일, 9월 23일에 임명된 윤상식 등은 9월 28일에 각각 의원면관되었다.[20] 제3회 졸업생들도 마찬가지였다. 홍진의 경우도 1904년 7월 26일자로 임명되었다가, 이틀 후인 28일에 의원면관되었다.[21] 임명된 지 3일 내지 5일 만에 모두 의원면관이라는 절차를 밟고 있다. 법관

18 ≪舊韓國官報≫ 1904년 7월 28일자 「敍任及辭令」.
19 법관양성소 박사에 대해 "本所 卒業學員으로 循序敍任하였다가 司法官으로 收用한다"(≪舊韓國官報≫ 1903년 9월 4일자 「正誤」).
20 崔起榮, 「한말 法官養成所의 운영과 교육」, 61-62쪽.
21 ≪舊韓國官報≫ 1904년 7월 30일자 「敍任及辭令」.

양성소박사가 직급으로 판임관(辦任官) 6등에 해당되었던 것으로 보면, 졸업생들에게 경력을 만들어주기 위한 제도였던 것 같다.

3. 충청북도 재판소 검사

홍진이 법관양성소를 졸업하고 처음으로 근무하기 시작한 곳은 한성재판소(漢城裁判所)였던 것 같다. 그가 한성재판소에 들어가게 된 경위나 시기는 알 수 없지만, 1906년 2월 28일자로 한성재판소 수반판사(首班辦事) 이병휘(李秉輝)가 법부대신에게 보고하는 문건에 '本所主事 洪冕憙'란 내용이 보이고 있다.[22] 한성재판소에서 주사로 근무하고 있었던 것이다.

한성재판소는 1895년 3월 각 지방 및 개항장 등에 재판소를 설립하는 재판소구성법이 공포되면서, 서울에 설치된 재판소였다. 이후 한성재판소는 여러 차례 개편을 겪게 되지만, 홍진이 취업할 당시의 재판소는 독립된 기구가 아니었다. 각 지방행정기관에 합설(合設)되어 있었고, 판사도 지방관이 겸임하고 있었다.[23] 한성부윤(漢城府尹)이 한성재판소의 수반(首班)판사이고, 소윤(小尹)이 판사를 겸임하였던 것이다.

홍진이 한성재판소와 평리원(平理院)에서 주사로 근무하고 있을 때, 검사와 판사를 시험으로 선발하는 제도가 실시되었다. 1906년 10월 26일 칙령으로 공포된 「법관전고규정(法官銓考規程)」, 그리고 11월 6일 법부령(法部令)으로 공포된 「법관전고세칙(法官銓考細則)」이 그것이었다.[24]

22 한성재판소 수반판사 李秉輝가 법부대신 李夏榮에게 보고한 「報書제30號」(司法稟報 51).(崔起榮 자료제공).

23 金炳華, 『近代韓國裁判史』, 韓國司法行政學會, 1974, 82쪽.

24 ≪舊韓國官報≫ 1906년 10월 31일자 '勅令' 「법관전고규정」, 11월 4일자 '部令' 「법관전고세칙」.

이전에도 사법관은 시험을 통해 임명한다고 되어 있었다. 「사법관임명규칙(司法官任命規則)」에 따르면 "사법관은 법률학(法律學) 졸업인 중에서 법부에서 시행하는 시험을 경유한 후에 임명"한다는 조항이 있었던 것이다.[25] 그러나 이는 그대로 시행되지 않았고, 검사와 판사는 각 지방의 행정관이 겸임하고 있었다. 1906년 법관전고규정이 공포되면서, 시험을 통해 검사와 판사를 선발하기 시작한 것이다.

시험을 통해 검사와 판사를 선발한 것은 이때가 처음이었던 것 같다. 홍진은 이 시험에 응시하였다. 시험은 행정법의 대의, 민법, 민사소송법, 형법, 형사소송법, 상법의 대의, 국제법의 대의, 경제학의 대의 등의 과목을 치렀다. 발표는 1906년 12월 5일에 있었다. 홍진은 이 시험에 합격하였다. 합격자는 '法官銓考所試驗入格榜'이란 이름으로 발표되었고, 모두 12명이었다.

> 金鍾濩 · 尹憲求 · 金敦熙 · 李漢吉
> 朴準性 · 安秉瓚 · 洪祐夔 · 洪冕憙
> 洪淳瑢 · 沈鍾大 · 權赫采 · 卞榮晩[26]

근대적 사법제도를 채용한 후, 이들이 시험을 통해 선발된 최초의 법관이었다. 이들 12명 중 안병찬을 제외하고는 모두 법관양성소 출신이었다. 김돈희는 제2회이고, 홍진을 비롯한 김종호·윤헌구·이한길·박준성·홍우기·심종대는 제3회, 홍순용·권혁채·변영만은 제4회이다. 법관양성소 3회와 4회가 주축을 이루고 있다.

홍진은 검사(檢事)로 임명되었다. ≪관보(官報)≫의 '서임급사령(敍任及辭令)'에 '평리원주사(平理院主事) 홍면희(洪冕憙)를 1906년 12월 10일

25 金炳華, 『近代韓國裁判史』, 92-93쪽.

26 ≪舊韓國官報≫ 1906년 12월 12일자 '彙報' 「官廳事項」.

충주재판소

자로 충청북도재판소 검사'에 임명한다는 내용이 보이고 있다.[27] 시험에 합격한 지 5일 만에 검사로 임명된 것이다. 그가 발령받은 곳은 충청북도 재판소였다. 충청북도 재판소는 그 소재지가 충주에 있었다. 이후 홍진은 약 1년 반 동안 충주에서 검사로 근무하였다.

홍진이 충청북도 재판소 검사로 부임하였을 때, 충주일대에는 의병들이 봉기하여 항일운동을 전개하고 있었다. 제천과 충주지역은 1895년 을미의병 이래로 의병들이 활발하게 활동하였던 대표적인 곳이다. 을미의병 때에는 유인석(柳麟錫)을 대장으로 한 호좌의병진이 결성되어 제천·영월·단양·충주 등지를 중심으로 활동하면서, 충주관찰사 김규식(金奎軾)을 비롯하여 단양과 청풍군수 등 친일관리들을 처단하였고, 1896년 2월에는 일본군이 주둔하고 있던 충주성을 공격하여 일본

27 ≪舊韓國官報≫ 1906년 12월 13일자.

군을 크게 패퇴시킨 일도 있었다.[28]

이후 러일전쟁과 1905년 을사조약을 계기로 전국 각지에서 의병들이 다시 봉기하였다. 소위 을사의병이라 일컬어지는 의병봉기의 선구를 이룬 곳이 바로 이 지역이었다. 일제가 을사조약을 강요하기 2개월 전인 1905년 9월에 호좌의병진에서 중군(中軍)으로 활동하였던 원용팔(元容八)이 원주에서 봉기하였고, 이를 필두로 하여 제천·단양·충주 등지에서도 수많은 의병들이 재봉기한 것이다. 그리고 1907년 봄에는 유인석 의병부대에서 유격장을 지냈던 이강년(李康秊)이 대규모 의병부대를 조직하고, 죽령을 넘나들며 제천·충주 등지를 중심으로 활동하였다.

홍진이 충주에 있는 충청북도 재판소에 부임하였을 때는 이들 을사의병들이 활동하고 있었다. 의병들은 우편소를 습격하거나 전선을 끊기도 하였으며, 일본군 수비대 및 토벌대를 공격하여 치열한 전투를 벌이기도 하였다. 1907년 7월 이강년 의병부대가 제천관아에 주둔하고 있던 일본군을 기습공격 하여 승리를 거둔 것은 대표적인 성과이자 사례가 된다.[29] 그리고 원주의 민긍호 의병부대와 연계하여 일본군 수비대가 있던 충주성 공략을 시도하기도 하였다. 이러한 과정에서 의병들이 체포되는 경우가 생겨났다.

홍진은 검사로서 '의병사건'도 다루어야 했다. 홍진이 이 지역에서 일어난 의병에 대해 어떠한 생각을 가지고 있었는지, 또는 항쟁 중 체포된 의병들을 어떻게 다루었는가에 대해서는 확인할 수 있는 근거가 아무것도 없다. 다만 검사 재직 시에 보이는 두 가지 자료로서 그것을 짐작해 볼 뿐이다. 하나는 홍진이 법부로부터 견책을 받았던 일이 있

28 尹炳奭, 「의병의 봉기」, 『근대한국 民族運動의 思潮』, 집문당, 1996, 277쪽 ; 金祥起, 「堤川義兵의 鬪爭과 理念」, 『韓末義兵硏究』, 일조각, 1997, 196-197쪽.

29 鄭濟愚, 「舊韓末 義兵將 李康秊 硏究」, 인하대학교 대학원 박사학위논문, 1992, 59-60쪽.

일본의 침략에 항거하다 체포된 의병들

었다. 1907년 3월 16일 "赦典審理報告에 審愼치 못하야 錯誤함이 多하기 是로 以하야 譴責에 處함"이라는 이유로 견책을 받은 것이다.[30] 다른 하나는 홍진이 법부대신에게 기결수들의 감형을 요청하는 보고서를 올린 일이 있었다. 1907년 11월 7일 강도죄로 종신형을 선고받고 복역중인 이백원(李伯元)·신영관(申永寬) 등의 감형을 요청한 것이 그것이었다.[31]

홍진이 견책을 받은 사유나 감형을 요청한 것이 의병과 직접 관련이 있는 것인지는 확언할 수 없지만, 그 개연성은 다분히 있다. 당시 의병들에게 주어진 죄목이 주로 강도죄였다는 것, 그리고 감형을 요청한 이백원(李伯元)이 의병일 가능성이 많다는 점이 그것이다. 경기도

30 《舊韓國官報》 1907년 3월 19일자.
31 《舊韓國官報》 1907년 11월 9일자 「司法」.

포천 양주일대의 이은찬(李殷瓚) 의진에서 활동한 인물 중에 이백원이란 의병이 있다.[32] 홍진이 감형을 요청한 이백원은 바로 이 사람인 것 같다. 홍진은 검사로서 의병들에 대해 사면이나 감형이란 편법을 사용하였던 것으로 보이고, 법부로부터 견책을 받았던 것도 이러한 일과 관련이 있었던 것으로 생각된다.

4. 평양에서 변호사

홍진은 검사생활을 청산하였다. 1908년 5월 14일자로 충청북도 재판소 검사를 의원면관한 것으로 나타나 있다. 1906년 12월에 검사로 임명되었으니, 1년 반 동안 검사로 재직한 것이다.

홍진이 검사를 그만 둔 이유는 명확히 알 수 없지만, 크게 두 가지로 짐작해 볼 수 있다. 하나는 통감부(統監府)하에서 검사로서 활동하는 데 적지 않은 제한을 받지 않았을까 하는 점이다. 통감부가 설치된 후 법무보좌관(法務補佐官)이란 이름 하에 일본인들이 법부·평리원·한성재판소 등에 임명 배치되기 시작하였다. 이들은 명목상 고문이지만, 실제로는 한국인 판사와 검사의 기소장이나 판결서에 깊이 간섭하고 있었다. 이러한 실정에서 검사로서의 활동을 감내하기 어려웠던 것이 아닌가 생각된다.

또 다른 이유는 검사로서 의병들에 대한 감호에 한계를 느꼈던 것이 아닌가 한다. 홍진은 의병사건을 다루며 개인적으로 의병에 대해 감호를 하였지만, 일본이 법부와 사법행정에 관여하고 있는 상황에서 한계가 있을 수밖에 없었다. 그는 해방후 국내에서 법관양성소 후배인 권혁채를 만나 '의병사건을 다루는 것은 곤혹스럽기도 하였지만, 이들

32 국가보훈처, 『獨立有功者功勳錄』 13, 242쪽.

을 감호하는 좋은 기회이기도 하였다'고 하면서, '변호사로서 법정투쟁을 위해 의병사건의 논고를 거부하고 검사직을 사임하였다'는 말을 한 적이 있었다.[33]

홍진은 검사를 사임하고, 변호사의 길을 택하였다. 변호사 제도는 1905년부터 시행되었다. 그해 11월 8일 「변호사법」과 이를 이은 「변호사시험규칙」이 제정 공포되면서, 우리나라에 처음으로 변호사제도가 도입되었던 것이다.[34] 당시 변호사가 될 수 있는 방법은 두 가지였다. 하나는 변호사시험에 합격하는 것이다. 변호사시험은 민법·민사소송법·형법·형사소송법·상법·행정법·국제공법·국제사법 등 8개 과목에 대한 필기시험과 민법·민사소송법·형법·형사소송법 등 4과목에 대한 구술시험을 치러야 했다.[35] 다른 하나는 경력에 의해 변호사가 될 수 있었다. 변호사법에 의하면 '변호사시험위원을 지낸 자', '평리원(平理院) 및 한성재판소(漢城裁判所)의 법관(法官)의 직무를 행한 자', '법관양성소에서 1년 이상 교관의 직무를 행한 자 중에서 법부대신의 인가를 얻은 자' 등이었다.[36]

홍진은 경력에 의해 변호사가 되었다. 그가 법부대신 명의로 된 변호사 인가장을 받은 것은 1908년 5월 29일이었다.[37] 이때는 변호사시험이 제1회만 치러졌다. 제1회 시험은 1907년 6월 24일 시행되었고, 허헌(許憲)을 비롯한 6명이 합격되었다. 제2회 시험은 홍진이 변호사 인가장을 받은 후에 있었다. 1908년 11월 16일 시행되었고, 황철수(黃轍秀)

33 권혁채는 법관양성소 4회 졸업생으로 홍진이 3·1운동 직후 국내에서 한성정부를 수립할 때 함께 활동하였던 인물이다. 홍진이 1946년 서울대학병원에 입원해 있을 때 자주 문병을 와 환담을 나누었다고 한다(홍석주 증언).

34 金炳華, 『近代韓國裁判史』, 93쪽.

35 서울지방변호사회, 『서울地方辯護士會80年史』, 1989, 23쪽.

36 서울지방변호사회, 『서울地方辯護士會80年史』, 21쪽.

37 法部 제356호로 발급된 「辯護士認可狀」(홍석주 소장).

를 비롯한 4명이 합격하였다.[38] 홍진은 변호사 제1회와 제2회 시험이 실시된 중간에 변호사 인가장을 받은 것이다.

法部

第三五六號

辯護士認可狀

前檢事 洪冕憙

右는辯護士法第二條第四項資格에該當ᄒᆞ기로辯護士를認可ᄒᆞᆷ이라

隆熙二年五月二十九日

法部大臣趙重應

대한제국 법부로부터 받은 변호사 인가장

38 서울지방변호사회, 『서울地方辯護士會80年史』, 23쪽.

이 무렵 많은 사람들이 변호사가 되었다. 1905년 11월 변호사제도가 실시되면서, 1906년에 평리원 검사 홍재기(洪在祺), 법관양성소 소장 이면우(李冕宇), 법부참서관 정명섭(丁明燮) 등이 변호사로 등록하였다.[39] 이들이 우리나라 변호사 1, 2, 3호가 된다. 이어 1907년에는 심종대(沈鍾大)·허헌(許憲)·안병찬(安秉瓚) 등 16명이, 1908년에는 홍진을 비롯하여 박성환(朴星煥)·김택(金澤)·송태환(宋台煥)·최진(崔鎭)·장도(張燾)·유문환(劉文煥)·박만서(朴晩緖) 등 8명이 변호사로 등록하였다.[40]

평양의 시가지 모습

변호사 인가를 받은 홍진은 평양에서 변호사를 개업하였다. 1909년 4월 「변호사명부등록규칙」이 공포되면서, 변호사들은 등록을 받고자 하는 지방재판소 검사국을 경유하여 법부대신에게 변호사명부등록을

39 서울지방변호사회, 『서울地方辯護士會80年史』, 21-22쪽.
40 서울지방변호사회, 『서울地方辯護士會80年史』, 22쪽.

신청하도록 되어 있었다.[41] 홍진이 변호사명부등록을 한 곳은 평양이었다. 홍진은 1909년 7월 14일 평양지방재판소검사국에 변호사등록을 청구한 것으로 나타나 있다.[42] 변호사 인가장을 받은 것이 5월 29일이었으니, 인가장을 받은 지 한달 보름여 만에 평양에서 변호사로 활동하기 시작한 것이다.

이후 홍진은 평양에서 형사소송전문변호사로 활동하였다. 1915년 3월 김응섭(金應燮)과 함께 사무원 모의석(牟義錫)에 대한 선임계를 평양지방법원 검사국에 제출한 사실이 확인되고 있다.[43] 그의 사무실은 평양부(平壤府) 관후리(館後里)에 있었고, 김응섭과 공동으로 사용하였다. 김응섭은 법관양성소 제5회 졸업생으로 홍진의 후배였다. 그는 졸업 후 함경지방재판소에서 근무하다가 1909년 3월 평양지방재판소 검사로 임명되었고, 이후 평양에서 변호사로 홍진과 함께 활동한 것이다.[44]

평양에서 변호사로 활동하는 동안 홍진이 어떠한 생각을 가졌고, 무슨 활동을 하였는지에 대해서는 알려진 것이 거의 없다. 다만 그가 평양에서 만난 인물들이 후일 독립운동에서 함께 활동하고 있다는 것을 가지고 당시 그의 생각이나 활동을 유추해 볼 수밖에 없다. 이규갑(李奎甲)이 대표적인 경우이다. 이규갑은 평양에서 감리교회의 전도사로 활동하였던 인물로, 홍진이 3·1운동 직후 한성정부를 수립할 때 함께 활동한 동지였다. 황옥(黃鈺)도 빼놓을 수 없다. 황옥은 평양복심법원 검사국에서 서기로 재직하였던 인물로, 홍진과 더불어 상해로 망명하였고, 후일 경기도 경찰부 경부(警部)로 있으면서 의열단과 연계되어 국내로 폭탄을 반입하는데 관여하기도 하였다.[45]

41 ≪舊韓國官報≫ 1909년 4월 29일자 「辯護士名簿登錄規則」.
42 ≪舊韓國官報≫ 1909년 7월 23일자 「司法」
43 「事務員選任届」(홍석주 소장).
44 ≪舊韓國官報≫ 1909년 3월 24일자 「敍任及辭令」
45 김영범, 『한국근대민족운동과 의열단』, 창작과 비평사, 1997, 83쪽.

김응섭과의 관계도 특별하다. 김응섭은 풍산 김씨 집성촌인 경북 안동군 평북면 오미리 출신으로, 홍진보다 한 살 아래였다. 김응섭과는 관향이 같았고, 법관양성소 선후배 사이였다. 그리고 평양에서 함께 변호사 사무실을 내어 활동하면서 아주 가깝게 지냈다. 특히 김응섭과는 의형제를 맺어 각별한 사이가 되었고, 이후 상해와 만주에서 독립운동을 함께 한 동지가 되었다. 이외에 법관양성소 후배인 변영만(卞榮晩)과도 각별하게 지냈다.

김응섭은 변호사로 활동하면서 비밀결사와 깊게 관련되어 활동하고 있었다. 1915년 대구로 내려가 변호사 사무실을 개설하고 조선국권회복단(朝鮮國權恢復團)에 관여하였으며, 3·1운동 직후 곽종석(郭鍾錫)·장석영(張錫英) 등 유림들이 파리강화회의에 보내는 독립청원서를 영어로 번역하여 4월경 남형우(南亨祐)와 함께 상해로 건너갔다.[46] 이후 김응섭은 상해에서 개최된 국민대표회에서 주도적인 역할을 담당하였고, 홍진이 임시정부 국무령에 취임하였을 때는 국무위원으로 함께 활동하였으며, 1924년에는 길림성 반석현에서 한족노동당(韓族勞動黨)을 결성하여 활동하기도 하였다.[47]

평양에서 만나 교류한 인물들이 후일 그의 활동에 주요한 인적 배경이 되었다. 3·1운동이 일어나자 홍진은 곧바로 국내에서 임시정부 수립을 추진하였다. 홍진과 함께 임시정부 수립을 추진한 인물이 바로 이규갑 이었다. 그리고 홍진이 1919년 4월 상해로 망명할 때 그것을 알선하고 준비해준 것은 황옥이었고, 김응섭은 상해와 만주에서 독립운동을 전개할 때 그의 든든한 배경이 되어 주었다.

46 경상북도 경찰부, 『高等警察要史』, 1934, 184쪽.

47 金容達, 「韓族勞動黨의 組織과 活動」, 『한국독립운동사연구』 17, 2001, 302-309쪽.

제 2 장

한성정부 수립을 주도

1. 3·1운동과 임시정부 수립 움직임

1919년 3·1운동이 폭발하였다. "조선이 독립국임과 조선인이 자주민임"을 선포하는 독립선언서가 발표되었고, 이후 온 민족이 참여하여 절대독립을 요구하는 만세시위운동을 전개하기 시작한 것이다. 서울에서 비롯된 3·1운동은 전국 각지로, 그리고 만주·연해주·미주 등 해외 각지로 확산되면서 거국적이고 거족적인 독립운동으로 확대 발전되었다.

3·1운동이 발발함과 동시에 임시정부를 수립하려는 움직임이 일어났다. 독립선언서를 통해 '조선이 독립국'이라는 것을 선포하였으니, 독립국임을 나타낼 수 있는 기구를 세워야 하는 것은 당연한 절차라고 할 수 있다. 또 3·1운동 자체가 일제의 식민지통치를 거부하고 조국의 자주독립을 요구한 독립운동이었다는 점에서, 민족을 대표할 수 있는 기구를 수립하는 것이 필요하였다.

임시정부를 수립한다는 것은 3·1운동 직후 신문을 통해 보도되었다.

3·1운동 당시 소위 지하신문으로 발행된 ≪朝鮮獨立新聞≫ 1919년 3월 3일과 5일자에 다음과 같은 내용의 기사가 실린 것이다.[1]

> 假政府組織說. 日間 國民大會를 開하고 假政府를 組織하며 假大統領을 選擧하얏다더라, 安心安心 不久에 好消息이 有하리라(제2호, 3월 3일자)

> 13道 各 代表者를 選定하여 3월 6일 午前 11시 京城 鐘路에서 朝鮮獨立大會를 開催할 것이므로 神聖한 我 兄弟姉妹는 一齊히 會合하라(제3호, 3월 5일자)

이 보도는 '국민대회를 열어 임시정부를 조직한다'는 것과 3월 6일 '종로에서 13도 대표자들이 모여 조선독립대회를 개최한다'는 것을 알려주고 있다. 3·1운동이 일어난 지 이틀 후에 임시정부를 조직한다는 내용이 신문을 통해 보도된 것이다. 그리고 임시정부를 조직하는 방법(13도 대표자), 절차(조선독립대회), 일정(3월 6일) 등에 대해서도 구체적으로 언급하고 있다.

비교적 구체적 내용을 담고 있는 것으로 보아, 임시정부 수립은 3·1운동 발발 이전에 계획되었다고 보여진다. 특히 주목되는 점은 '가대통령(假大統領)을 선거하얏다더라'고 하여, 과거형을 쓰고 있다는 점이다. 정부의 조직은 이루어지지 않았지만, 이미 정부의 수반으로 '대통령'이라는 명칭이 정해졌고, 대통령에 대한 선거까지 마쳤던 것처럼 보도하고 있다.

그렇다면 임시정부 조직을 추진한 세력은 누구였을까 하는 문제가 있다. 이에 대해서는 알려진 것이 없다. 우선 떠오르는 것은 3·1운동을 계획하고 추진한 민족대표들이다. 하지만 이들 사이에 임시정부 수립에 대한 논의가 이루어졌다는 증거가 없다. 민족대표들에 대한

1 尹炳奭, 「朝鮮獨立新聞의 拾遺」, 『韓國近代史料論』, 일조각, 1982, 232쪽 ; 연세대 현대한국학연구소, 『雩南李承晩文書』 東文篇 4, 1998, 73쪽.

일제측의 재판기록이 남아 있고, 또 후일 그들이 남긴 회고나 증언이 있지만, 어디에서도 임시정부 수립과 관련한 언급이 보이지 않는다.

꼭 임시정부 수립을 계획한 것이라고 할 수는 없지만, 민족대표들은 적어도 그러한 바램이나 후속조치에 대한 생각을 하고 있었던 것 같다. 현순(玄楯)을 상해에 파견한 것이 그러한 생각을 갖게 한다. 3·1운동을 계획하는 단계에서 국내의 운동을 국외에 선전하고 열국에 선포하여 세계여론을 환기시킬 필요가 있고, 이를 위해 상해에 사람을 파견하자고 결의, 현순을 상해로 파견한 것이다.[2] 현순은 최창식(崔昌植)과 함께 최남선이 작성한 선언서를 가지고 3월 1일 상해에 도착하였고,[3] 자신의 임무를 수행하고 있었다. 그는 독립선언서를 영문으로 번역하여 상해에서 발행되던 The China Press에 보낸 것을 비롯하여, 각국에 발송하였다. 그리고 미주동포들에게도 국내에서 3·1운동이 폭발하였음을 알렸다.

현순의 임무는 여기에만 한정되어 있지 않았다. 상해에 도착한 후 현순은 그곳의 신한청년당원들과 함께 독립임시사무소를 설립하고 그 총무를 맡아 활동하면서, 임시정부 수립운동에도 참여하였다. 상해에는 3·1운동 직후 여러 지역에서 많은 인사들이 모여들면서 임시정부를 조직하자는 논의가 일어나고 있었다. 이러한 논의에서 현순이 그곳의 인사들과는 다른 주장을 펴고 있는 것이 주목된다.

2 玄楯은 기독교 인사들과 3·1운동 계획에 참여하였던 사람으로, 자신이 상해로 파견되는 과정에 대해 "太皇帝 國葬日을 임박하야 擧事키로 하고 部員 幾人을 각처에 파견하야 독립선언서에 서명할 人士들을 얻기로 하며 庶務, 外交及通信, 會計의 3部를 分하야 部務를 擔任하니 서무에 李承薰·咸台榮·吳基善, 외교통신에 현순·安世煥·李甲成, 회계에 朴熙道였다. 국내의 운동을 국외에 선전하야 外洋同胞들에게 알리며 列强에 宣布하야 세계여론을 起케 할 필요를 切感한 部員들은 외교통신원 1인을 上海로 파견하야 巴里平和會에와 美布僑同胞들에게 通告하며 外洋形勢를 時時로 살피어 국내로 통신케 할 使命을 주자함을 결의하고 玄楯이 該任에 당선하였다"라 하고 있다(「玄楯自史」, 윤병석 교수 소장).

3 Soon Hyun, *My Autobiography*, 79쪽(尹炳奭 교수 소장) ; 「玄楯自史」.

> 翌日夜에 法界 寶昌路 某處에 各方人士들이 會集하니 自俄領으로 李東寧, 自滿洲로 李會榮·李始榮, 自北京으로 李光·曺成煥·趙鏞殷이더라. 在滬人士들과 합석하야 最高機關組織案을 토의할새 조용은이 열변을 토하야 此案을 成立코져 하였으나, 余는 국내에서 무삼 명령이 오기 前까지는 此案을 토의할 필요가 없음을 주장하였다.[4]

이는 1919년 3월 26일에 있었던 이야기이다. 각처에서 모여든 인사들이 상해에 있던 인사들과 자리를 함께 하여 최고기관, 즉 임시정부를 수립하자는 논의를 하였다. 이 자리에서 조소앙이 임시정부 조직을 강력하게 주장하였지만, 현순은 '국내에서 명령이 올 때까지 임시정부 조직문제는 토의할 필요가 없다'는 주장을 한 것이다. 현순이 이러한 주장을 할 수 있었던 것은 국내에서 임시정부가 조직될 것이라는 확신을 갖고 있었기 때문으로 보아야 할 것이다.

여기서 한 단계 더 유추해보면, 3·1운동을 계획하는 과정에서 민족대표들 사이에, 적어도 현순이 관계한 기독교측 인사들 사이에 임시정부 수립에 대한 논의가 있었을 가능성이 있다. 현순이 용산역에서 기차를 타고 국내를 떠난 것이 2월 24일이었다. 현순이 국내에서 임시정부가 수립된다는 사실을 이후 상해에서 들었을 수도 있지만, 상해로 출발하기 전에 알고 있었던 것으로 보아야 할 것 같다. 그렇다면 3·1운동이 계획되는 단계에서 이를 추진하는 인사들 사이에 임시정부 수립문제가 논의되고 있었다는 이야기가 된다. 3·1운동이 발발한 지 이틀 후 ≪조선독립신문≫에 임시정부 수립이 기정사실화되어 보도될 수 있었던 것도 이러한 맥락에서 본다면, 이해할 수 있는 일이다.

민족대표들이 취한 또 하나의 후속조치는 ≪조선독립신문≫의 발간이었다. ≪조선독립신문≫은 민족대표 33인 중의 1인이었던 이종일(李鍾一)이 이종린(李鍾麟)에게 '우리가 체포된 뒤 후계자로서 전 국민이

4 「玄楯自史」.

호응하도록 독립선언의 일을 내외에 보도해 달라'는 요청을 한데서 비롯되었다.[5] 신문의 발행은 천도교 인사들이 주도하였다. 이종일은 천도교 대표의 한 사람이었다. 그리고 천도교 월보사 주필이던 이종린이 창간호의 원고를 집필하고, 보성법률전문학교 교장인 윤익선(尹益善)을 사장으로, 보성사 감독인 김홍규(金弘奎)를 인쇄담당으로 하여 1919년 3월 1일부터 신문을 간행하기 시작하였다.[6] 3월 1일 창간호를 낸 이래 ≪조선독립신문≫은 그해 8월 29일 국치기념호에 이르기까지 6개월에 걸쳐 간행되면서, 3·1운동의 기관지와 같은 역할을 하고 있었다.

현순이 상해에 파견되고, ≪조선독립신문≫이 간행된 것은 3·1운동을 준비한 민족대표들과 관련이 있는 일이었다. ≪조선독립신문≫에 보

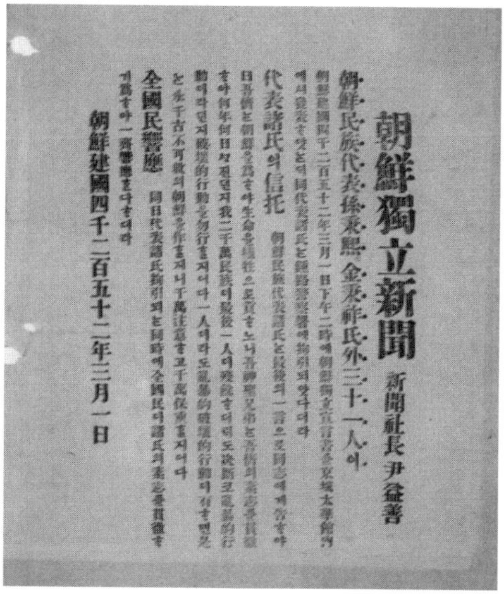
朝鮮獨立新聞 新聞社長 尹益善
朝鮮民族代表孫秉熙 金秉祚氏外三十一人이
代表諸氏의信托
全國民響應
朝鮮建國四千二百五十二年三月一日

3·1운동 당시 발행된
≪조선독립신문≫

5 국사편찬위원회, 『韓民族獨立運動史資料集』 18, 1994, 9-10쪽.
6 尹炳奭, 「朝鮮獨立新聞의 拾遺」, 215쪽.

도된 임시정부 조직에 관한 것이, 3·1운동을 준비하는 과정에서 민족 대표들에 의해 계획된 일인지는 단정하기 어렵다. 그렇지만 적어도 3·1운동을 전후하여 국내에서 임시정부를 조직하려는 움직임이 있었다는 사실만은 분명하다. 국내에서 임시정부 수립을 추진하는 핵심에 홍진이 있었다.

2. 서울에서 임시정부 수립을 추진

3·1운동 직후 국내에서 임시정부 수립이 추진되고 있었다. 임시정부의 수립은 극비리에 추진되었다. 임시정부의 수립을 추진하는 주도자가 바로 홍진과 이규갑(李奎甲)이었다. 홍진이 3·1운동과 어떠한 관계에 있었는지,[7] 그리고 ≪조선독립신문≫에 보도된 임시정부 조직과 관련이 있었는지는 확인되지 않고 있다. 어쨌든 홍진은 3월초부터 서울과 인천을 중심으로 여러 사람들과 접촉하면서 이규갑과 함께 임시정부 수립을 추진하고 있었다.

홍진과 이규갑은 아주 각별한 사이였다. 이규갑(1888~1970)은 충남 아산 출신으로 협성신학교(協成神學校)와 일본의 와세다대학(早稻田大學)을 졸업하고, 한말에 의병으로 활동하였던 인물이다. 이후 충남 공주의 영명학교(永明學校) 교감으로 있기도 했고, 또 비밀결사운동을 하다가 투옥되기도 하였다. 3·1운동 당시에는 평양의 남산현(南山峴) 교회에 전도사로 있었다.[8] 이들이 서로 만나게 된 계기나 사정은 알려져 있

7 홍진이 3·1운동에 가담하였다는 기록이 보인다(『要視察人名簿』, 국가보훈처, 1996, 116－117쪽). 그러나 그 경위나 과정에 대해서는 알려진 것이 없다. 이외에 그가 3·1운동에서 관여하고 활동하였다는 기록은 발견되지 않고 있다.

8 高珽烋, 「세칭 한성정부의 조직주체와 선포경위에 대한 검토」, 『韓國史研究』 97, 1997, 181쪽.

홍진과 함께 한성정부 수립을 주도한 이규갑

지 않지만, 홍진이 평양에서 변호사로 활동하고 있을 때 만나 교류하였던 것 같다. 홍진이 열한살이나 위였지만, 이들은 함께 임시정부 수립을 추진한 동지로서, 그리고 후일 상해로 망명할 때는 의형제를 맺기도 하였다.

홍진이 임시정부 수립을 추진하게 되는 것은 3·1운동을 보다 조직적이고 계통적인 독립운동으로 발전시켜야 한다는 생각 때문이었다. 홍진이 이러한 생각을 갖고 있었다는 것은 다음과 같은 한남수(韓南洙)의 진술에서 찾아 볼 수 있다.

> 손병희가 조선의 독립선언을 한 이래로 각처에서 시위운동이 있으나 모두 통일이 없고 각자 생각대로였으니 잘 유지자를 모아서 국민대회를 열고 각개의 독립운동단을 망라하여 조선 임시정부를 수립하고 계통적으로 독립운동을 해야 하지 않겠느냐[9]

이는 1919년 11월 26일에 있었던 한남수의 공판신문에 나와 있는 것으로, 홍진이 한남수에게 임시정부 수립에 참여를 종용하면서 하였

9 「韓南洙의 공판시말서」(국사편찬위원회, 『韓民族獨立運動史資料集』 19, 1994, 25쪽).

다는 이야기이다. 이로 보면 홍진은 3·1운동이 전개되는 상황을 보면서, 그것을 통일적이고 계통적인 독립운동으로 발전시켜야 하고, 이를 위해 임시정부를 수립해야 한다는 생각을 가지고 있었다. 그리고 이러한 취지로 동지들을 설득, 임시정부 수립에 참여시키고 있었던 것이다.

이규갑 또한 같은 생각을 갖고 있었다. 그는 1969년에 쓴 「한성임시정부 수립(漢城臨時政府 樹立)의 전말(顚末)」이란 회고에서 "이것이(3·1운동) 제대로 통수(統帥)계통을 가지고 조직적으로 일어나는 운동이 아니고 당장 독립이 될 듯이 흥분된 군중들이 들고 일어나는 산발적인 운동인지라"하고 있다.[10] 3·1운동을 보면서 지휘계통을 갖는 조직적인 독립운동으로 발전시켜야 한다는 생각과 이를 위해 임시정부를 조직해야 한다는 생각을 갖게 된 것이다.

홍진이 이규갑과 어떤 계기로 임시정부 수립에 나서게 되었는지는 확인되지 않는다. 이들의 뒤에 기독교 세력이 있다는 주장이 있다.[11] 기독교청년회의 지도급 인물인 이상재(李商在)·박승봉(朴承鳳)·신흥우(申興雨)·오기선(吳基善) 등이 그 배후세력이었다고 하며, 여기에는 연동교회가 깊이 관련되어 있다고 하였다. 한성정부에 장로교 대표로 참여하는 장붕(張鵬)과 박용희(朴容羲)는 이상재·박승봉과 함께 연동교회에 다닌 적이 있고, 대한제국과 일제 초기에 법률가로 활동한 이준(李儁)·유성준(兪星濬)·홍재기(洪在祺)·함태영(咸台榮) 등이 연동교회의 교인이었다는 것이다.

홍진과 이규갑이 이들 기독교 인사들과 어떤 관계인지는 알려져 있지 않다. 다만 이규갑이 감리교 전도사로 활동하였다는 점, 그리고 연동교회의 교인인 이준·홍재기·함태영 등이 법관양성소 출신으로[12] 홍

10 李奎甲, 「漢城臨時政府 樹立의 顚末」, ≪新東亞≫ 1969년 4월호, 179쪽.
11 高珽烋, 「세칭 한성정부의 조직주체와 선포경위에 대한 검토」, 173-174쪽.

진의 선배들이라는 점에서 보면 연계 가능성도 배제할 수 없다.

홍진은 이규갑과 함께 3월초부터 사람들을 접촉, 임시정부 수립하는 일에 끌어들이기 시작하였다. "우선 국민의 총의를 대표할만한 지역대표라든지 또는 각 단체의 대표들을 모아 그 이름으로 밀고 나가야 한다"는 것이 이들의 생각이었다.[13] 임시정부를 수립하기 위해서는 기본적으로 각 지역의 대표자를 선정해야 하고, 또 3·1운동과 같이 정부 수립에 각 종교계도 참여시켜야 할 필요성을 가진 것이다. 접촉하는 대상을 서로 분담하였다.

홍진은 주로 법조계 인사들을 접촉하였다. 현직 검사로 있던 한성오(韓聖五), 법관양성소 제4회 졸업생으로 변호사인 권혁채(權赫采) 등이 그들이었다. 이외에도 홍진은 다양한 사람들과 만났다. 앞에서 언급하였던 한남수의 경우는 홍진이 만나 참여시킨 인물이다. 한남수는 재판정에서 홍진과의 관계를 묻는 질문에 "홍면희와는 7, 8년 전부터 아는 사이였고, 3월 상순 인천에서 보낸 전보를 받고 홍면희의 집에 들렀다"고 대답했다.[14]

홍진이 한남수를 참여시킨 것은 그의 자금조달 능력과 수완 때문이었던 것으로 보인다. 전남 영암 출신인 한남수(1882-?)는 일본의 와세다대학을 졸업하고 동양척식주식회사의 토지매매중개인으로 근무한 적이 있었고, 1914년에는 '배임죄(背任罪)'로 대구복심법원에서 1년 3개월의 징역형을 선고받기도 하였으며, 경편철도(輕便鐵道) 경영에 나서기도 할 정도로 상당한 재산을 가지고 있던 인물이었다.[15] 뿐만 아니

12 咸台榮과 李儁(본명 李璿在)은 법관양성소 제1회 졸업생으로 함태영은 수석졸업자였다(崔起榮, 「한말 法官養成所의 운영과 교육」, 『한국근현대사연구』 16, 2001, 47쪽). 洪在祺는 漢城平理院 검사로 활동하였다(서울지방변호사회, 『서울地方辯護士會80年史』, 21-22쪽).

13 李奎甲, 「漢城臨時政府 樹立의 顚末」, 176쪽.

14 「공판시말서(5)」(국사편찬위원회, 『韓民族獨立運動史資料集』 19, 25쪽).

15 高珽烋, 「세칭 한성정부의 조직주체와 선포경위에 대한 검토」, 193-194쪽.

라 그에게는 남다른 수완도 있었던 것 같다. 정화암(鄭華岩)의 회고록에 한남수는 "호랑이똥하면 모르는 사람이 없을 정도로 유명한 사람이다"라고 하면서, "아래로는 작은 구멍가게로부터 위로는 총독부에 이르기까지 모두 안 통하는 곳이 없는 팔방미인격의 인물이다"라고 한 것이 그렇다.[16]

유교계 인사들도 홍진이 접촉하였다. 유교계 대표로 참여하였던 김규(金奎)는 경성복심법원 법정에서 있은 공판진술을 통해 "나는 당시 인천에 있었는데 홍면희에게서 조선국민대회를 조직하여 독립운동을 일으키는데 있어서 대표자를 인천의 각국공원으로 모이게 하고 상의하게 되었는데 나에게는 유교의 대표자로 참가해 달라는 것이었다"라 하고 있다.[17] 김규는 본명이 김교훈(金敎勳)으로, 충남 대전 유성 사람이다. 그는 1907, 8년에 충청도와 강원도에서 의병으로 활동한 적이 있었고, 1910년대에는 대구에 근거지를 둔 조선국권회복단에서 활동하기도 하였다.

그리고 김규는 유림들을 임시정부 수립에 참여시키는 역할을 담당하게 되었다. 유교측 인사들로 1906년 제2차 홍주의병에 참여하여 활동한 이만직(李晩稙)·이용규(李容珪)·이래수(李來修), 최익현의 문인으로 의병항쟁에 참여했던 최전구(崔銓九), 유생 중심의 비밀결사인 대한독립의군부에 가담하여 활동한 윤용주(尹龍周), 전라도 의병장 기삼연의 후손인 기식(奇寔)을 비롯하여 김탁(金鐸)·윤이병(尹履炳)·윤용주(尹龍周) 등의 유림들이 참여하였다.

이규갑은 주로 기독교 인사들을 접촉하였다. 장로교의 장붕·박용희 등이 기독교 대표로 참가하게 되었다. 뿐만 아니라 천도교 대표가 되는 안상덕(安商悳)을 비롯하여, 학생조직과 연계하여 국민대회를 개최

16 鄭華岩, 『이 조국 어디로 갈 것인가』, 자유문고, 1982, 44쪽.
17 국사편찬위원회, 『韓民族獨立運動史資料集』 19, 73-74쪽.

하는 역할을 맡게 되는 김사국(金思國)의 경우도 이규갑이 접촉하여 끌어들였다. 3월 중순경 종로의 어느 약방에서 김사국을 만나 '국민대회를 조직하고 독립운동을 하고 있으니 가입하라'고 하여 참여시켰다.[18] 그리고 김사국은 다시 명치대에 재학중인 김유인(金裕寅)을 비롯하여 장채극(張彩極)·김홍식(金鴻植)·전옥결(全玉玦)·이철(李鐵)·최상덕(崔上德) 등을 끌어들였다.[19]

3. 한성정부를 조직

임시정부를 수립하는 일은 극비리에 진행되었다. 장소는 알 수 없지만, 이들은 일정한 거점을 마련하고 일을 추진하였다. '비밀독립운동본부'라는 것이 그것이다. 이는 이규갑의 회고에 "비밀독립운동본부의 한남수(韓南洙)·홍면희(洪冕熹)·김사국(金思國)·이민태(李民台)·민강(閔橿) 제씨와 의논하여"라고 한 데서 알 수 있다.[20] 비밀독립운동본부는 이들의 활동거점이자 연락처였던 것으로 생각된다.

홍진은 이규갑과 더불어 종교계를 비롯하여 여러 사람들을 접촉하는 한편, 임시정부 수립을 준비하였다. 임시정부 수립에 대한 논의는 주로 내수동 64번지에 있는 한성오(韓聖五)의 집에서 이루어졌다. 한성오는 현직검사로 홍진과 교분이 있는 사람이었다. 홍진이 일경의 눈을 피하기 위해 일부러 현직검사의 집을 논의 장소로 정한 것이다.

한성오의 집에서 임시정부가 수립되었다. 임시정부 수립과 관련된 내용은 이규갑의 회고가 유일하게 전해지고 있을 뿐이다. 이에 의하면

18 국사편찬위원회, 『韓民族獨立運動史資料集』 19, 30쪽.

19 李賢周, 「3·1운동 직후 國民大會와 임시정부 수립운동」, 『한국근현대사연구』 6, 1997, 117쪽.

20 李奎甲, 「한성임시정부 수립의 전말」, 176쪽.

3월 17일 홍진과 이규갑을 비롯하여 이교헌·윤이병·윤용주·최전구·이용규·김규·한남수·김사국·이민태·민강 등이 한성오의 집에 모였고, 이 회합에서 임시정부를 조직하였다고 한다.[21] 그리고 임시정부를 수립하는 과정에 대해서도 정부의 이름은 '한성정부(漢城政府)'라 하였고, 각원의 명칭은 '여러 논란 끝에 총장(總長)이라는 이름으로 합의가 되었다'고 하면서, "정부조직을 대통령제로 하지 말고 제국식(帝國式)의 이름을 그대로 이어받는 것이 좋겠다"는 주장도 있었던 것으로 설명하고 있다.

당시 한성오의 집에 참석한 인사들은 크게 보면 기독교계와 유교계 인사들이었다. 이들이 정부를 조직하는데 있어 통일된 의견을 산출하기가 쉽지 않았을 것임은 충분히 짐작할 수 있다. 아마도 기독계 인사들은 대통령제를 거론하였던 것 같고, 유교계 인사들은 제국식의 이름을 그대로 잇자고 주장한 것으로 보인다. 정부 수반의 명칭을 흔히 쓰이지 않는 '집정관총재'로 한 것은 이러한 데서 연유한 산물이었다고 생각된다.[22]

정부수반을 비롯하여 각원의 명칭 등에 대해서도 논란이 있었지만, 이들은 서로의 의견을 절충하여 합의점을 이끌어냈다. 정부의 이름은 '한성정부'로, 정부수반의 명칭은 '집정관총재'로, 각원은 '총장'으로 결정하였다. 그리고 집정관총재를 비롯한 총장, 평정관, 파리강화회의 파견대표 등을 선출하고, 정부의 헌법인 약법(約法)도 제정하였다.

21 李奎甲, 「한성임시정부 수립의 전말」, 177쪽.

22 한성정부의 수반인 '집정관총재'라는 명칭은 로마의 '집정관'이라는 용어에서 착상된 것이고, '대한제국의 황제로부터 권력을 위임받은 최고의 행정관'이라는 해석이 있다.(韓哲昊, 「대한민국임시정부의 대통령제」, 『대한민국임시정부수립80주년기념논문집』상, 1999, 130쪽).

臨時政府閣員

집정관총재	: 李承晩		
국무총리총재	: 李東輝		
외무부총장	: 朴容萬		
내무부총장	: 李東寧		
군무부총장	: 盧伯麟		
재무부총장	: 李始榮	차 장	: 韓南洙
법무부총장	: 申圭植		
학무부총장	: 金奎植		
교통부총장	: 文昌範		
노동국총판	: 安昌浩		
참모부총장	: 柳東說	차 장	: 李世永

평정관

趙鼎九, 朴殷植, 玄尙健, 韓南洙, 孫晉衡, 申采浩,
鄭良弼, 玄 楯, 孫貞道, 鄭鉉湜, 金晋鏞, 曹成煥,
李奎豊, 朴景鍾, 朴贊翊, 李範允, 李奎甲, 尹 海.

파리강화회의 출석 위원

李承晩, 閔瓚鎬, 安昌浩, 朴容萬, 李東輝, 金奎植, 盧伯麟

約法

제1조 : 國體는 民主制를 채용함
제2조 : 政體는 代議制를 채용함
제3조 : 國是는 국민의 자유와 권리를 존중하고 세계평화의 행운을 증진케 함
제4조 : 임시정부는 下의 권한이 有함
- 일체 내정
- 일체 외교

제5조 : 조선국민은 下의 의무가 有함
- 납세
- 병역

제6조 : 본 약법은 정식국회를 소집하야 헌법을 선포하기까지 차를 적용함.[23]

23 연세대 현대한국학연구소,『雩南李承晩文書』東文篇 4, 26-29쪽.

이로써 '한성정부 조직안'이 만들어졌다. 한성정부는 국체를 민주제로 하고, 정체를 대의제로 채용한 임시정부였다. 정부의 수반인 집정관총재는 당시 미국에 있던 이승만이 선출되었다. 그리고 정부의 각원 대부분이 국외에 있는 인사들로 구성되었다. 국외인사들을 중심으로 정부를 조직한 데 대해 이규갑은 "한성정부를 해외망명정부로 유지할 수밖에 없었다. 그래서 우리가 임명한 각원들도 전부 그 당시 해외에서 활동하고 있는 애국지사들로 충당한 것이다"라 설명하고 있다.[24]

홍진은 한성정부를 조직하는데 주도적이고 핵심적인 인물이었지만, 각원 명단에서 그의 이름을 찾을 수 없다. 함께 정부수립을 추진한 이규갑과 한남수는 각각 평정관과 재무부 차장에 이름이 올라있다. 홍진이 포함되지 않은 이유를 알 수 없다. 아직 한성정부 수립과정에 대한 내용이 정확하게 밝혀져 있지 않고, 또 그것을 짐작할만한 근거도 없어, 추론하기도 어렵다.

4. 인천에서 13도대표자대회 개최

홍진을 비롯한 인사들은 '한성정부 조직안'을 마련한 후, 어떠한 절차와 방법으로 한성정부의 수립을 공포하느냐 하는 문제를 논의하였다. 그 방안은 두 단계로 결정되었다. 우선 각 지역의 대표들을 소집하여 13도대표자대회를 개최하고, 여기서 '한성정부 조직안'을 통과시킨다는 것이었다. 그리고 13도대표자들이 주도하는 국민대회를 개최하고, 이를 통해 한성정부의 수립을 공포한다는 것으로 합의를 이루었다.

이 결정에 따라 13도대표자대회의 소집이 추진되었다. 홍진은 13도대표소집 책임자로서 이규갑·김규·민강 등과 함께 이에 대한 준비작업

24 李奎甲, 「한성임시정부 수립의 전말」, 179쪽.

바다에서 바라 본 인천시가지 전경(13도대표자대회가 인천 만국공원에서 개최되었다)

에 들어갔다. 준비의 하나는 각 지역대표들을 만나 참여를 권유하는 것이었고, 다른 하나는 시기와 장소를 정하는 것이었다. 시기는 4월 2일로 결정되었고, 장소는 인천 만국공원으로 정하였다. 인천으로 정한 것은 일경의 눈을 피하기 위한 것이었지만, 홍진의 연고, 즉 그의 선영이 인천에 있었던 때문이었다.[25]

3월말 4월초는 3·1운동이 전국으로 확산되어 가던 때로서, 일제의 탄압과 경계도 어느 때보다 삼엄해지고 있던 시기였다. 13도대표자대회는 이러한 시기와 상황 속에서 추진되었고, 준비는 극비리에 이루어졌다. 참석할 대표들에게 "우리 동지끼리만 알아 볼 수 있도록 손가락에 흰 종이나 헝겊을 감도록 하고 일체 필요없는 말은 하지 말도록

25 李賢周, 「3·1운동 직후 國民大會와 임시정부 수립운동」, 115쪽.

일러두었다"는 것이[26] 당시의 분위기를 전해준다.

4월 2일 13도대표자대회가 소집되었다. 장소는 인천의 만국공원이었다. 그러나 만국공원에는 많은 사람이 참여하지 못하였다. "참회(參會)한 동지들을 은밀히 점검하여 보니 20명 내외밖에 모이지 않았다. 서울에서 내려가기로 한 각 단체 대표로는 천도교 대표 안상덕(安商悳), 야소교(耶蘇敎) 대표로 박용희(朴容羲)·장붕(張鵬)·이규갑(李奎甲)·홍면희(洪冕熹)·권혁채(權赫采), 유림대표 김규(金奎) 등이었는데 대부분 참석하였고, 지방대표는 거의 나오지 않았으며, 다만 수원·강화·인천 등 인근지역에서 십여명이 모였으나"라고 한데서 알 수 있듯이,[27] 참석인원이 20명 내외였다. 지방대표는 인근지역에서만 일부가 참여하였고, 주로 종교단체의 대표들이 참여한 것이다.

13도대표자대회는 각 지역대표들이 참여하여 구성한 것으로 국민적 기반과 절차를 거친다는 의미를 가지고 있다. 이와 더불어 일종의 국회와 같은 기능을 담당하는 것이 바로 13도대표자대회였다. 한성오의 집에서 마련한 한성정부의 조직안과 헌법인 약법을 통과시키고, 한성정부 수립을 결정짓는 역할을 하는 것이 13도대표자대회였던 것이다. 그리고 국민대회를 개최하여 정부의 수립을 선포한다는 방침이었다.

홍진은 13도대표자대회에서 임시정부 수립을 위한 모든 절차와 문제들을 종결시킨다는 생각을 갖고 있었다. 그러나 대회가 개최되면서 다른 의견이 제기되었다. 한남수가 "현재로서는 강화회의의 상황은 물론, 상해의 사정도 알아본 위에 해야 할 것"이라는 신중론을 제기한 것이다.[28] '상해의 사정'이란 상해에서 임시정부가 수립되었는지의 여

26 李奎甲, 「한성임시정부 수립의 전말」, 181쪽.

27 천도교대표 安商悳은 참석하지 않았다. 그는 제1심 공판에서는 인천집회에 참여하였다고 하였지만, 제2회 공판부터는 인천에 가지 않았다고 하면서 참석사실을 부인하고 있다(국사편찬위원회, 『韓民族獨立運動史資料集』 19, 33쪽).

28 「공판시말서(5)」(국사편찬위원회, 『韓民族獨立運動史資料集』 19, 26쪽).

부를 말하는 것이다. 한성정부의 수립을 결정하고 선포하기에 앞서, 상해에서 임시정부가 수립되었는지의 여부를 먼저 확인할 필요가 있다는 의견이었다.

당시 상해에서도 임시정부 수립이 추진되고 있었다. 3·1운동 직후 상해에서 활동하고 있던 이광수(李光洙)·여운형(呂運亨)·선우혁(鮮于爀) 등의 신한청년당이 독립임시사무소를 설치하고, 국내외 독립운동자들과 연락을 취하기 시작하였다. 이를 계기로 국내외 각지에서 많은 독립운동자들이 상해로 모여들었고, 이들을 중심으로 임시정부 수립이 추진된 것이다.

상해에서의 임시정부 수립은 국내를 의식하며 추진되었다. 우선 민족대표 등 3·1운동 지도자들이 임시정부 수립과 관련하여 남겨놓은 의사를 확인하려고 하였다. 이를 알아보기 위해 독립임시사무소에서 국내로 사람을 파견하였다. 이광수가 "천도교의 정광조(鄭廣朝)를 만나되, 그가 잡혀가고 없거든 남아 있는 천도교의 중심인물이나 김성수(金性洙)·송진우(宋鎭禹)·현상윤(玄相允) 중 한사람을 만나 정부조직에 관한 33인의 의사를 알아오라"는 임무를 주어, 이봉수(李鳳洙)를 국내로 파견한 것이 그것이었다.[29]

그리고 국내와 연계하여 임시정부를 수립하고자 하였다. 임시정부 수립을 위해서는 국민의 지지와 기반이 필요하였지만, 상해에는 이것이 없었다. 때문에 국내와 연계하여, 즉 국내에서 임시정부를 수립하여 가지고 오기를 기다리고 있었다. 앞에서 언급하였듯이, 상해에 모여든 인사들 중 조소앙이 임시정부 조직을 강력하게 주장하였지만, 현순이 국내에서 무슨 명령이 오기전까지 기다리자고 한 것이 그것이었다.

그러나 상해와 국내와의 연락이 제대로 이루어지지 못하였다. 상해에서는 국내에서의 임시정부 수립이 극비밀리에 추진되고 있던 관계

29 李光洙, 「己未年과 나」, 『李光洙全集』 13, 삼중당, 1962, 234쪽.

로 그 주도자를 파악하지 못한 점도 있었고, 중간 연락자가 그 역할을 제대로 수행하지 않은 점도 있었다. 국내에서도 마찬가지였다. 국내에서는 상해에서 이루어지고 있는 논의나 진행 상황을 전혀 알지 못하고 있었다.

13도대표자대회에서 '상해의 사정'을 알아보자는 의견이 대두된 것은 이러한 상황 때문이었다. 서로의 사정을 알지 못하는 상황에서, 자칫 국내와 상해에서 각각 임시정부를 수립할 가능성이 있었던 것이다. 두 개의 임시정부가 수립될 것을 우려한 것이었다. 논의는 상해에서 임시정부가 수립되었는지의 여부를 확인한 후, 즉 '상해의 사정'을 알아본 후 결정짓는 것으로 귀결되었다.

5. 임시정부 수립을 둘러싼 혼선

홍진이 13도대표자대회를 개최한 직후, 그에게 사람이 찾아왔다. 상해에서 왔다는 사람이었다. 4월 3일 천도교 대표로 참여하고 있던 안상덕이 "상해에서 임시정부를 조직할 것을 획책하고 있는 사람"이라고 하면서 데리고 와 소개하였다.[30] 그의 이름은 홍진의(洪鎭儀)였다.

홍진은 상해에서 왔다고 하는 홍진의를 만났다. 이들 사이에 어떠한 의견이 오고갔는지는 알려져 있지 않다. 그러나 관련인사들의 심문조서에 의하면, 이들 사이에 한성정부 선포를 둘러싸고 의견의 충돌이 있었음을 알 수 있다. "임시정부의 선포문은 4월 8일경에 반포하자 하고, 한쪽은 그 이후에 하자고 하여 상의가 정해지지 못했다"는 것이 그것을 짐작케 한다.[31] 홍진은 한성정부의 수립을 4월 8일에 선포하자

30 「공판시말서(5)」(국사편찬위원회, 『韓民族獨立運動史資料集』 19, 34쪽).
31 「공판시말서(5)」(국사편찬위원회, 『韓民族獨立運動史資料集』 19, 34쪽).

고 하였고, 홍진의는 이를 뒤로 미루어야 한다고 한 것이다.

그러나 홍진을 찾아온 홍진의는 상해에서 온 사람이 아니었다. 홍진의는 국내에서 이춘숙(李春塾) 등과 함께 천도교측과 연계하여 임시정부 수립을 추진하고 있던 인물이었다.[32] 상해에서 온 사람은 이봉수였다. 앞에서 언급했듯이, 상해에서 임시정부 수립을 추진하고 있던 이광수가 33인의 의사를 알아보기 위해 국내로 파견한 인물은 이봉수였다. 이봉수는 함경도 홍원 태생이면서 명치대 출신으로, 홍진의와는 고향과 대학의 선후배사이였다. 국내에 온 이봉수는 주로 천도교측 인사들을 접촉하였고, 홍진의는 바로 이러한 일에 관련이 되어 있는 인물이었던 것이다.

당시 국내에서는 적어도 두 세력에 의해 임시정부 수립이 추진되고 있었다. 홍진과 이규갑이 주도한 것, 그리고 구체적인 내용은 알 수 없지만 천도교측에서도 임시정부 수립을 추진하고 있었던 것이다. 홍진의가 홍진을 찾아 온 것은 두 세력에 의해 추진되고 있는 임시정부 수립을 통합해보려는 의도가 있었다고 한다. '한성정부'에 참여하고 있던 천도교측의 신숙(申肅)이 양측의 통합을 중재, 안상덕을 내세워 홍진과 홍진의의 만남을 주선하였다는 것이다.[33] 그러나 이들 사이에는 적지 않은 의견의 차이가 있었고, 결국 양측의 통합은 실현되지 못하였다.

홍진은 홍진의를 만난 후, 한남수를 상해로 파견하였다. 홍진이 홍진의를 만난 것은 4월 3일이었다. 한남수는 4월 8일 서울을 출발하였다. 그러나 한남수가 상해에 도착하기 전에, 이미 상해에는 국내에서

32 洪鎭儀(가명 洪濤)는 함경도 함흥 출신으로 명치대학을 졸업하였으며, 일본 중앙대학 출신인 이춘숙과 함께 국내에서 임시정부 수립을 추진한 인물이다. 홍진의와 이춘숙은 1918년 7월 이후 함께 만주와 시베리아지방을 시찰하였고, 니콜리스크에서 文昌範·尹海 등을 만나 독립운동에 대해 깊은 감명을 받고 1919년 2월 국내에 들어와 활동하고 있었다(李賢周, 「3·1운동 직후 國民大會와 임시정부 수립운동」, 138-139쪽).

33 申肅, 『나의 一生』, 日新社, 1963, 50쪽.

조직한 '임시정부안'이 도착해 있었다. 4월 8일 강대현(姜大鉉)이 경성 독립단본부의 임시정부 각원 명단과 헌법초안을 가지고 상해에 도착한 것이다.[34] 그것은 홍진이 추진하고 있던 한성정부와는 다른 것이었다. 강대현이 가지고 온 각원 명단은 다음과 같다.

> 집 정 관 : 李東輝　　총 리 : 李承晩
> 내무총장 : 安昌浩　　차 장 : 曺成煥
> 외무총장 : 朴容萬　　차 장 : 金奎植
> 재무총장 : 李始榮　　차 장 : 李春塾
> 교통총장 : 文昌範　　차 장 : 玄楯[35]

이 명단은 직제와 명칭에서 약간 다른 면이 있지만, 4월 17일 평북의 철산·의주 등지에서 전단으로 살포된 '신한민국정부(新韓民國政府)'와 거의 일치한다.[36] 신한민국정부는 누가 어떤 과정을 통해 조직하였는지 알려져 있지 않다. 강대현이란 인물에 대해서도 거의 알려진 것이 없다. 다만 3·1운동 이후 국내에서 홍진의와 더불어 임시정부를 조직하기 위하여 비밀리에 활동하고 있었다는 사실만 확인될 뿐이다.[37]

한성정부와 다른 임시정부 조직안이 상해에 전달된 데에는 홍진의가 크게 작용했던 것으로 보인다. 그는 홍진을 찾아가 한성정부가 수립되는 실상과 진척상황을 파악하였던 것 같다. 그리고 홍진에게는 한성정부의 선포를 미루자고 해놓고, 자신들이 관여한 정부의 조직안을 강대현을 통해 4월 8일 상해에 전달한 것으로 추정된다.

34 국사편찬위원회, 『韓國獨立運動史』 임정편 4, 1968, 207-208쪽.

35 李賢周, 「3·1운동 직후 國民大會와 임시정부 수립운동」, 137쪽.

36 신한민국정부에는 직제가 '國務總理'로 되어 있고, 각원은 '部長'이라 하고 있다. 그리고 내무부장은 공석이고, 교통차장은 이희경, 노동부장에 안창호와 차장에 민찬호가 들어 있다.

37 高珽烋, 「세칭 한성정부의 조직주체와 선포경위에 대한 검토」, 199쪽.

이 문제에 대해서는 고정휴(高珽烋)와 이현주(李賢周)의 깊이 있는 연구가 있다.[38] 그 결론은 강대현이 가지고 간 각원명단이나 신한민국정부는 홍진의·이춘숙·이봉수·강대현 등의 작품이라는 것이다. 강대현을 제외한 3명은 모두 함경도 출신으로 일본에 유학한 경력을 가지고 있었다. 이들은 국내와 상해에서 추진되는 임시정부 수립에 관여하면서, 기호지역에 편중된 한성정부의 각료 인선에 불만을 품고 독자적으로 이동휘(李東輝)를 집정관으로 한 신한민국정부를 조직한 것으로 추론하고 있다.

강대현의 출현은 상해에 적지 않은 파문을 일으켰다. 이 무렵 상해에서는 독자적으로 임시정부 수립을 추진하여 최종 결정단계에 있었던 것이다. 강대현이 도착하던 4월 8일에는 임시정부의 형태와 임시의정원을 조직하고 이동녕(李東寧)을 의장으로 선출한 상태였다.[39] 이러한 때에 국내에서 수립된 임시정부조직안이 도착하였고, 이를 둘러싸고 적지 않은 논란이 일어난 것이다.

4월 10일 상해의 김신부로(金神父路)에서 임시의정원회의가 열렸다.

38 高珽烋의 「세칭 한성정부의 조직주체와 선포경위에 대한 검토」, 그리고 李賢周의 「3·1운동 직후 국민대회와 임시정부 수립운동」이란 논문이 그것이다.

39 현순은 상해에서 임시정부가 수립되는 과정에 대해 비교적 상세하게 기록해놓고 있다. 그 과정은 크게 4단계였다. 하나는 국내와 연계하여 수립코저 하였다. 3월말 국내운동을 應援하는 내외기관 설치안이 통과되어 연구위원으로 이동녕, 이시영, 조소앙, 이광, 조성환, 신헌민, 이광수, 현순 등 8인을 선정하였고, 이들은 수차 회합하여 상의하였으나 결과가 없었다는 것이다.
둘째는 국내와 연계가 어렵게 되자 독자적인 수립을 추진하였다. 4월 초순 이동녕, 이시영, 이회영, 신헌민, 신성, 신익희, 신채호, 조성환, 조용은, 이광수, 이광, 현순 등이 南京路 여관에서 회합하여 임시정부조직안을 토의하였다고 한다. 그러나 論調가 歸一치 못하여 산회하였다고 한다.
셋째는 "寶昌路 모처로 위의 인사 이외에 다수 청년들과 협동하여 임시의정원을 조직하고 원장은 李東寧이 당선하고 임시정부는 統領制로 하고 總理制를 채용하다"라 하고 있다. 이것이 4월 8일이었다.
넷째는 "법계 金神父路 부근에 일대 洋屋을 貰得하고 臨時議政院을 開하였다"고 하였다. 이는 4월 10일이었다(「玄楯自史」).

그동안 상해에서 추진해 온 임시정부를 정식으로 수립하기 위한 회의였다. 이 회의에서 주요한 논란이 되었던 것이 국내에서 강대현이 가지고 온 임시정부를 어떻게 하느냐 하는 문제였다.

> 本國에서 조직된 임시정부는 否認하자는 白南七의 동의와 李漢根의 재청이 有하였으나 此는 否決되고, 本 問題의 토의가 장시간을 亘하다가 臨時政府의 所在만 表明하고 官制와 國務員은 別로히 의결하자는 趙素昂의 동의와 鮮于爀의 재청이 可決되니라[40]

'본국에서 조직된 임시정부'라는 것은 강대현이 가지고 온 것을 말하는 것이었다. 국내에서 수립된 임시정부를 부인하자는 의견이 있었지만, 부결되고 말았다. 이후 의정원회의에서는 밤을 새워가며 국호를 대한민국, 관제를 국무총리제로 결정하고, 국무총리를 비롯하여 각원들을 선출하였다. 이때 선출된 각원은 다음과 같다.

국무총리 : 이승만	
내무총장 : 안창호	차　장 : 신익희
외무총장 : 김규식	차　장 : 현순
교통총장 : 문창범	차　장 : 선우혁
재무총장 : 최재형	차　장 : 이춘숙
군무총장 : 이동휘	차　장 : 조성환
법무총장 : 이시영	차　장 : 남형우[41]

이로써 1919년 4월 11일 상해에서 임시정부가 수립되었다. 강대현이 가지고 온 각원들 대부분이 상해에서 수립된 임시정부의 각원으로 그대로 선출되었다. 각원을 추천하고 선출하는 방법도 "국무총리에는 경성에서 조직된 임시정부의 국무총리 이승만으로 선정하자"는 식으로

40 국회도서관, 『大韓民國臨時政府議政院文書』, 1974, 39쪽.
41 이현희, 『대한민국임시정부사』, 집문당, 1982, 62쪽.

이루어졌고, 내무총장 안창호, 교통총장 문창범, 재무차장 이춘숙 등이 같은 방법으로 동일한 직책에 선출되었다. 상해에서 수립된 임시정부는 강대현이 가지고 온 임시정부조직안을 토대로 한 것이나 다름없었다.

6. 한성정부를 품에 안고 상해로

홍진은 상해에 파견한 한남수로부터 연락이 오기를 기다렸다. 한남수가 보내오는 전보 여하에 따라 한성정부의 수립을 계획대로 선포할 것인지, 아니면 중단할 것인지의 여부가 결정되기 때문이었다. 그러나 한남수로부터는 아무런 소식도 오지 않았다.

당시 한남수는 전보를 보낼 수 있는 처지가 되지 못하였다. 4월 8일 서울을 출발한 그는 4월 16일 상해에 도착하였다. 그가 도착하였을 때에는 이미 상해에서 임시정부가 수립되었다. 그러나 한남수는 그곳의 사정을 알 수 없었다. 3, 4일 동안 자신을 밀정으로 알고 만나주지 않았다는 것이고, 또 경찰의 단속이 엄중하여 사람을 찾아 돌아다닐 수 있는 상황도 못되었다고 한다. 상황을 파악하는데 적지 않은 시간이 걸렸고, 그는 4월 21일이 되어서야 "인삼시세가 나쁘니 사지 말라"는 전보를 보낼 수 있었다.[42]

홍진은 언제까지고 기다릴 수만 없었다. 더욱이 상해에서 왔다며 자신을 찾아온 홍진의를 만난 후, 그는 서둘러 상해로 가야겠다는 생각을 갖게 되었다. 홍진의가 찾아온 의도가 심상치 않았던 것이다. 상해로 간다는 것은 이미 한성정부의 수립을 추진하면서 계획되어 있었다. 국내에서, 그리고 국민적 기반 위에 임시정부를 수립하고, 이를 국외로 옮겨 활동한다는 것이, 당시 이들의 생각이었다.[43] 국외는 바로 중

42 국사편찬위원회, 『韓民族獨立運動史資料集』 19, 63쪽.

국 상해였다.

홍진은 이규갑과 함께 상해로 향했다. 13도대표자대회를 통해 결정된 '한성정부의 조직안'을 국민대회를 통해 선포해야 하는 절차가 남아 있었다. 그렇지만 홍진은 상해로 가는 발길을 서둘렀다. 국민대회 개최와 한성정부 수립을 선포하는 일은 현석칠(玄錫七) 등에게 인계하였다. 그리고 한성정부의 각원명단과 약법, 국민대회 취지서 등을 담배갑과 성냥갑 속에 감추어 국내를 떠났다.[44] 국내에서 한성정부가 수립되었다는 것을 상해에 서둘러 알리려는 것이었다.

홍진이 국내를 출발한 일자는 분명치 않지만, 4월 15, 16일경으로 짐작된다. 한남수에게 연락을 받지 못하고 출발한 것이다. 홍진은 먼저 평양으로 갔다. 그리고 서울에서 올라오는 이규갑을 평양역에서 만나, 용천(龍川)의 용천교회(龍川敎會)에서 하룻밤을 지내고 통나무 배로 압록강을 건너 안동(安東)에 도착하였다. 이 길을 교회 인사들이 안내하고 있다. 유확신(柳確信)이란 부인이 서울에서부터 길 안내를 하였고, 용천교회 백조사(白助事)의 도움으로 압록강을 건넜다.[45]

43 李奎甲은 이에 대해 "우리가 臨時政府를 조직했다고는 하지만 국내에서 日警의 눈을 피하여 정부구실을 하기는 불가능하였다. 3·1만세 이후 日警은 눈에 불을 켜들고 우리 독립운동자들을 잡는데 血眼이 돼 있었고, 政府를 지하로 끌고 들어간다 하면 결과적으로 그 機能이 有名無實하게 된다. (중략) 정부도 만들었으니 이를 해외로 가지고 가서 행동의 자유가 보장된 국제무대에 가서 외교적으로 독립운동을 하는 것이 좋겠다는 것이고"라 하고 있다.(이규갑, 「漢城臨時政府 樹立의 顚末」, 182쪽).

44 李奎甲, 「漢城臨時政府 樹立의 顚末」, 184쪽.

45 이규갑은 해방 후 한성정부 수립을 회고하는 과정에서, 상해로 망명하는 과정과 이를 도와 준 劉確信에 대해 "그때의 정부조직을 현 의정원의장 洪冕熹 선생과 나와 단 둘이서 그것을 품에 꼭 품고 상해로 향하여 갈 때의 北鮮이 고향인 東大門敎會 劉確信 傳道婦人이 길을 안내해 주어 우리는 무사히 平北 龍川敎會에 가서 密船을 타고 압록강을 무사히 건너가게 되었다. 고국에서 우리를 보내며 마음 노치 못하는 이들을 위하여 유확신 전도부인 치마고름에다 도장을 찍어 무사히 갔다는 票를 해주었으나, 그는 돌아오다 경찰에 붓들리어 얼마후에 獄死하였다는 소식을 퍽 오랜 후에 듣고 생각날 때마다 마음이 압헛다"라는 회고를 하고 있다(張時華 편, 『建國訓化』, 敬天愛人社, 1945, 7쪽).

渡鴨綠江　晚湖

臨風慟哭鴨江春興廢入間
夢耶眞半壁靑邱都刦火一
線黃道纔腥塵國讎己足平
生恨公敵何堪沒世親倚劍
斜陽還獨嘯煙波無限白鴻
隣

중국으로 망명할 때 압록강을 건너며 지은 한시.

압록강을 건널 당시 홍진의 나이 마흔 셋이었다. 압록강을 건넌다는 것은 그동안 국내에서 쌓았던 모든 것을 포기하는 것이나 다름없었다. 그러나 홍진은 조국이 식민지가 되었다는 현실을 받아들이기 어려웠다. 압록강을 건너면서 “나라의 원수가 이미 평생의 한(恨)이 되고 말았으니, 모두의 적을 어찌 죽은들 가까이 할 수 있으랴”라고 읊은 시가 전해지고 있다.[46]

홍진은 이름도 바꾸었다. 그의 본명은 홍면희였고, 당시까지 이를 사용하고 있었다. 압록강을 건너면서 그는 홍면희란 이름 대신에 홍진(洪鎭)이란 이름을 쓰기 시작한 것이다. 이후 진(鎭)자를 진(震)자로 바꾸었고, 그는 본명 대신에 홍진(洪震)이란 이름을 사용하였다. 아마도 이전까지 검사와 변호사로 살아온 삶을 버리고, 독립운동에 참여하는 새로운 삶을 시작하는 뜻에서 이름을 바꾼 것이 아닌가 한다. 그리고

46 ≪獨立新聞≫ 1919년 10월 2일자.

함께 한성정부 수립을 추진하고, 같이 상해로 망명하는 이규갑과 의형제를 맺었다.[47]

홍진이 압록강을 건너 도착한 곳은 안동[현, 단동(丹東)]이었다. 안동에서는 또 다른 청년이 도와주었다. 이규갑의 제자로 공주 영명학교 출신인 정약한(鄭約翰)이란 사람이었다. 홍진과 이규갑은 그가 가르쳐 주는 대로 콧수염을 깎았다. 옷도 중국옷으로 갈아입었다. 홍진은 이규갑과 함께 중국인으로 변장, 기차를 타고 산해관을 거쳐 4월 20일경 상해에 도착하였다.[48]

7. 국민대회를 통해 선포된 한성정부

홍진을 비롯하여 한성정부 수립을 추진하던 주요 지도자들은 대부분 상해로 떠났다. 인천만국공원에서 13도대표자대회를 개최한 후, 한남수가 상해로 향했고, 이어 홍진과 이규갑·장붕 등 주도자들도 상해로 향했다. 이들에게는 해결하지 않은 과제가 남아 있었다. 한성정부의 수립을 선포하는 일이었다. 한성정부의 수립은 국민대회를 개최하여 선포하도록 되어 있었다.

홍진은 이규갑과 함께 상해로 떠나면서, 국민대회 개최와 한성정부

47 李奎甲, 「漢城臨時政府 樹立의 顚末」, 183쪽.

48 홍진이 상해에 언제 도착하였는지는 분명치 않다. 함께 간 이규갑은 4월 20일경이라 하고 있다(李奎甲, 「漢城臨時政府 樹立의 顚末」, 183-184쪽). 그러나 이규갑의 회고는 50년이 지난 후에 있은 것이어서, 일자의 정확성을 다시 생각해 보아야 할 곳이 많다. 당시 상해에 있던 玄楯은 홍진 등이 4월 말경 상해에 도착한 것으로 기록해 놓았다(「玄楯自史」). 일제의 정보자료에는 "평양의 耶蘇教 목사 李奎昉(이규갑의 오기)이 평양 辯護士 洪冕熹와 같이 상해에 왔다"고 되어 있고, 4월 29일자로 상해의 독립운동지도자들을 조사하여 보고한 정보자료에 홍진의 이름이 보이고 있다(국회도서관, 『韓國民族運動史料』 중국편, 24쪽). 이로 보면 홍진은 적어도 4월 29일 이전에 상해에 도착하였을 것이다.

선포에 관한 일을 현석칠에게 위임하였다. 이 일은 김사국을 중심으로 한 학생조직이 맡았다. 김사국은 이규갑의 권유로 참여하였던 인물로서 임시정부 수립에 중요한 역할을 담당하고 있던 사람이다. 김사국은 학생들을 끌어들였다. 3월 중순 보성전문학교 출신으로 3·1운동에서 학생들의 주요 지도자였던 주익(朱翼)을 만난 것을 비롯하여, 주익의 소개로 김유인(金裕寅)을 만났다. 이어 장채극·김홍식·전옥결·이철·최상덕 등 주로 보성고보 학생들을 끌어들였다.[49]

이러한 학생조직을 이용하여 국민대회를 개최하기로 하였다. 일자는 4월 23일로 정하였고, 계획은 크게 두 방향으로 잡았다. 하나는 13도 대표자들이 서린동 봉춘관에 모여 임시정부의 수립을 선포한다는 것이었다. 다른 하나는 학생들이 종로 보신각을 중심으로 대규모 시위운동을 벌인다는 계획이었다. 자동차 3대에 '국민대회(國民大會)'와 '공화만세(共和萬歲)'라고 쓴 깃발을 달고 동대문·남대문·서대문에서 출발하여 인쇄물을 배포하고, 종로 보신각으로 사람들을 모은다는 것이 시위운동 계획의 핵심이었다. 방법상으로 보면 3·1독립선언서를 선포하는 것과 같은 방식이었다고 할 수 있다.

국민들에게 배포할 인쇄물은 준비되어 있었다. 인쇄물은 13도대표자 명의로 된 「국민대회취지서」, 그리고 임시정부의 각원명단, 평정관 및 파리강화회의에 출석할 위원명단, 약법, 선포문이었다. 이 인쇄물은 이규갑의 집안사람인 이민홍(李敏洪)의 집에서 조각공 두 사람을 데려다가 목판(木版)으로 새겨 6천매를 인쇄하였다.[50]

그러나 국민대회는 계획대로 순조롭게 진행되지 못하였다. 우선 13도대표자들이 봉춘관에 나타나지 않은 것이다. 그리고 종로 보신각을 중심으로 대규모의 시위운동을 벌인다는 것도 계획대로 추진되지 못

49 李賢周, 「3·1운동 직후 국민대회와 임시정부 수립운동」, 117쪽.
50 李奎甲, 「한성임시정부 수립의 전말」, 179쪽.

하였다. 일제 정보보고서는 당시 상황을 아래와 같이 파악하하고 있다.

> 4월 23일 오후 0시 10분 종로 보신각 부근에서 4~5명의 학생같은 자가 3本의 小旗를 흔들고 만세를 부르면서 질주하여 종로서 방면으로 향하는 것을 보고 추격하였다. 소기를 종로통에 버리고 관철동 소로로 도망하여 소재를 알 수 없었는데 24일 5명 중에서 2명을 체포했다. 소기는 목면제이며 2本에는 國民大會라고 쓰고, 1本에는 共和萬歲라고 묵서한 것이다. 4월 23일 경성에서 「임시정부선포문」「국민대회취지서」 등 불온인쇄물을 발견하였다.[51]

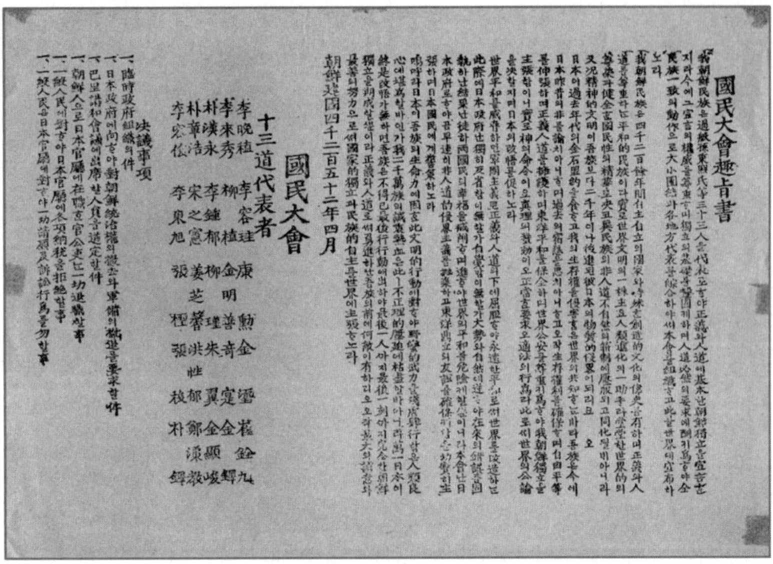
國民大會趣旨書

國民大會

十三道代表者

朝鮮建國四千二百五十二年四月

決議事項

국민대회 취지서

3·1운동으로 일제의 경계망이 삼엄한 가운데, 더욱이 서울 한복판에서 13도대표자들이 모이고, 많은 인원들이 참여하여 시위운동을 전개

51 국회도서관, 『韓國民族運動史料』 3·1운동편 3, 1979, 323쪽.

한다는 것은 어려운 일이었다. 그렇지만 일제측의 보고서가 증명하듯이, 4월 23일 학생들은 계획한대로 '국민대회'와 '공화만세'라고 쓴 깃발을 들고 종로 일대에서 시위를 벌였으며, 「임시정부선포문」과 「국민대회취지서」를 배포하였다. 이로써 한성정부의 수립이 선포되었다.

제 3 장

한성정부의 시련과 부활

1. 상해의 임시정부, 한성정부 불인정

홍진은 국내에서 한성정부를 조직하고, 이규갑과 함께 한성정부를 품안에 안고 상해에 도착하였다. 그러나 그가 도착하였을 때는, 이미 상해에서 임시정부가 수립되어 있었다. 1919년 4월 10일 임시의정원 회의를 개최하고, 국내에서 강대현이 가지고 온 '임시정부안'을 기초로 하여 4월 11일 대한민국임시정부를 수립한 것이다.

상해에 도착한 홍진은 프랑스 조계 하비로(霞飛路)의 한 여관에 거처를 정하였다. 그리고 상해에서 수립된 임시정부측과 연락을 취하고자 하였다. 그러나 연락이 닿지 않았다. 임시정부는 수립되었지만, 국무총리를 비롯하여 각원들이 취임하지 않은 상태였다. 국무총리 이승만은 미국에 있었고, 각원으로 선출된 총장이나 차장들도 대부분 미주나 노령지역에 있었다. 총장으로서는 유일하게 재무총장 이시영(李始榮)만 상해에 있었을 뿐이다. 그리고 외무차장 현순과 국무원 비서장 조소앙 등 일부 차장들이 시무를 위한 준비를 하고 있는 정도였다.

상해의 대한민국임시정부 청사

홍진을 비롯한 한성정부측 인사들은 연락과 교섭의 대상자를 명확하게 파악하지 못하고 있었다. 상해에서 수립된 임시정부의 누구와 연락하고 교섭을 해야 할 지에 대한 판단이 분명하게 서지 않은 것이다. 이규갑은 당시의 상황을 '상해정부의 각원이나 중진급 지도자들이 모이기를 기다리고 있었다'는 것으로[1] 설명하고 있다.

홍진과 이규갑이 상해에 도착한 후, 상해에는 적지 않은 파문이 일어나고 있었다. 그 과정이나 실상에 대해서는 알 수 없지만, 이들은

1 李奎甲, 「漢城臨時政府 樹立의 顚末」, ≪新東亞≫ 1969년 4월호, 184쪽.

한성정부의 조직을 상해측 인사들에게 알렸다. 상해의 인사들은 당황스러웠다. 이미 국내에서 가지고 온 임시정부 안을 토대로 하여 4월 11일 임시정부를 수립하였는데, 홍진 등이 국내에서 수립하였다고 하는 또 다른 '한성정부'를 가지고 온 것이다. 상해측 인사들은 상해에서 수립한 임시정부와 홍진이 가지고 온 한성정부를 둘러싸고 여러차례 논의를 하였던 것 같다. 이러한 상황을 현순은 다음과 같이 기록해 놓고 있다.

> 4월 하순경에 韓南洙·李奎甲·洪震·張鵬 등이 국내로 來滬하야 漢城國民代表會에서 조직한 정부를 선포하니, 즉 총재에 李承晩을 戴한 소위 多煩多端의 漢城系統인 정부였다. 在滬人士들과 聯席하야 수차 회합하야 漢城政府는 勿施하고 上海系統의 임시정부를 그대로 推戴하야 內外施政에만 노력하기로 하였다.[2]

홍진은 상해에 도착하여 국내에서 국민대회를 거쳐 한성정부를 수립하였다는 사실을 선포하였던 것 같다. 이로 인해 상해에는 적지 않은 파문이 일어났고, 상해에서 임시정부를 수립한 인사들은 여러 차례 논의를 거듭하였다. 그 결과 한성정부의 수립은 인정하지 말고, 상해에서 수립된 임시정부를 인정하자는 것으로 결론을 맺고 있다.

임시의정원에서도 한성정부를 인정하지 않기로 결정을 내렸다. 한성정부에 대해서는 1919년 4월 22일 열린 제2회 임시의정원 회의에서 논의되었다. 이 회의는 정부의 관제(官制), 즉 차장제(次長制)를 폐지하고 위원제(委員制)를 채택하기 위해 소집된 회의였다. 위원제 채택과 이에 의해 각부의 위원을 선임한 후, 이춘숙이 "內地에 在한 國民大會에 대하야 임시의정원이 성립된 것을 發布하자"는 안을 제안한 것이다.[3] '내지에 있는 국민대회'는 곧 한성정부를 지칭하는 것으로, 이 안

2 玄楯의 자서전 「玄楯自史」(윤병석 교수 소장).

3 국회도서관, 『大韓民國臨時政府議政院文書』, 1974, 42-43쪽.

은 한성정부를 취소시켜야 한다는 것이나 다름없었다.

이 안(案)의 제안자인 이춘숙은 국내에서 홍진의·이봉수 등과 임시정부 수립을 추진하던 인사였다. 앞에서 언급했듯이, 이들이 한성정부 측보다 한발 앞서 상해에 도착, 상해의 임시정부 수립에 작용하였다. 한성정부를 배제시키려는 논의나 움직임은 이들이 중심이 되었던 것 같다. 이춘숙·홍진의·이봉수 등이 이 회의에 모두 참여하고 있고, 이에 비해 한성정부측 인사로는 당시 상해에 도착해 있던 한남수만 참여하고 있었다.[4]

임시의정원은 한성정부를 인정하지 않는다는 것을 결정, 이를 임시정부 이름으로 발표하도록 하였다. 일제의 정보자료에 보이는 다음과 같은 내용이 그것을 짐작케 한다.

> 4월 23일 京城에서 제정한 臨時政府組織宣布文과 閣員 選定에 대해 上海臨時政府는 이를 인정하지 아니하고 5월 3일 회의 결과 별지 譯文과 같은 임시정부 성립에 대한 인쇄물을 한국내로 송부하기 위해 不日 사람을 한국으로 파견하려고 준비 중이다.[5]

5월 3일자 임시의정원 회의록이 남아 있지 않기 때문에 자세한 내용은 알 수 없지만, 임시의정원에서는 한성정부를 인정하지 않기로 결정하고, 이러한 내용을 상해의 임시정부로 하여금 발표토록 하였다. 그리고 임시정부에서는 상해에 임시정부가 수립되었다는 사실을 국내에 알리고자 하였고, 이를 위한 증거로서 별지 번역문이라고 한 '임시정부 각원 명단', '대한민국임시헌장', '선서문' 등, 상해에서 임시정부를 수립한 문건을 국내로 보내려 한 것이다.

4 국회도서관, 『大韓民國臨時政府議政院文書』, 42쪽.
5 「上海에 있어서의 韓國獨立運動」(국회도서관, 『韓國民族運動史料』 중국편, 1976, 26쪽).

2. 상해측 인사들의 의심스런 눈길과 곤경

'한성정부'를 인정하지 않는 논의와 결정은 주로 임시의정원을 통해 이루어지고 있었다. 4월 22일 제2회 의정원 회의에서 이춘숙 등이 '한성정부'의 취소를 제기한 이래, 5월 3일 '한성정부'를 인정하지 않고 상해에서 수립된 임시정부를 국내에 통보한다는 결정이 모두 의정원 회의를 통해 이루어지고 있었던 것이다.

의정원에서 한성정부를 인정하지 않는 논의와 결정이 이루어지고 있을 때, 홍진이 의정원 회의에 참여한 것으로 나타나 있다. 4월 30일 개최된 제4회 의정원 회의에 충청도 의원으로 참여하고 있는 것이다.[6] 홍진이 왜, 어떤 이유로 의정원 의원이 되었는지는 알 수 없다. 그가 의정원 의원이 되었다는 것은 곧 상해에서 수립된 임시정부에 참여하는 것을 의미하는 것이고, 당시의 분위기로 보면 이것은 한성정부를 포기한 것이나 다름없는 것이었다.

홍진이 이러한 길을 택하였던 것 같지는 않다. 아마도 의정원을 통해 한성정부의 존재를 인정받으려는 의도가 아니었나 생각된다. 그러나 5월 2일 의정원 회의에서 재정문제를 언급한 것[7] 이외에는, 그가 의정원에서 어떠한 활동을 하였는지가 분명하게 나타나지 않는다. 오히려 의정원에서 '밀정'으로 몰려 곤경에 처하는 상황을 맞게 되었다.

그가 곤경에 처하게 된 앞뒤의 정황은 의정원 회의록을 통해 짐작할 수 있다. 5월 6일 의정원 회의에서 이명교(李命敎)와 함께 '不良分子'(일제의 밀정)로 지목을 받았고, 유정근(兪政根)·이광수(李光洙)·신석우

6 국회도서관, 『大韓民國臨時政府議政院文書』, 45쪽.

7 홍진은 5월 2일 회의에서 吳義善 등과 함께 "公債의 발포, 의연금의 수합, 세금의 징수를 재원으로 하고 재정통일기관을 설치하여 각지에 특파원을 파송하며 불복하는 경우에는 강제 징수하자"는 제안을 하고 있다(국회도서관, 『大韓民國臨時政府議政院文書』, 46-47쪽).

(申錫雨) 3명의 의원으로부터 조사를 받았다는 것이다.[8] 이명교는 한성정부 수립에 관련된 인사였다.

홍진이 조사를 받게 된 것은 황옥(黃鈺)과의 관계였다. 5월 9일 심사위원 신석우는 이명교에 대해 '황옥의 주선으로 여권을 받아 상해에 왔다'는 사실을 보고하고 있다.[9] 황옥과 직접 관계가 있었던 것은 홍진이었다. 황옥은 평양복심법원 검사국 서기로 있다가 일제 경찰이 되었던 인물로,[10] 홍진이 평양에서 변호사로 활동하고 있을 때 가까이 지냈다.

뿐만 아니라 홍진 등이 상해로 망명할 때, 이와 관련된 준비를 황옥이 담당하였다. "상해에 도착하니 그가 망명생활의 준비를 위해 미리 파견해 놓은 왜경(倭警)의 경시(警視)로 있던 황옥이란 사람이 우리를 맞는 것이었다"라는[11] 이규갑의 회고가 있다. 홍진이 미리 황옥을 상해에 파견하여 준비를 해 놓았다는 내용이다. 아마도 홍진은 국내에서 출발하기 전에, 황옥을 상해에 파견하여 망명생활에 대한 준비를 하도록 하였던 것 같다.

홍진이 의정원에서 조사를 받게 된 것은 이러한 황옥과의 관계 때문이었다. 그러나 이 사건을 한성정부측 인사들에 대한 배척으로 해석하는 견해도 있다.[12] 즉 이봉수·홍진의 등이 한성정부측 인사들을 배제 내지 제거하려는 의도가 작용한 것이라는 분석이다. 어쨌든 이를 계기로 이명교는 사면청원을 제출, 의정원 의원을 자진사퇴하였다.

홍진도 적지 않은 타격을 받았던 것으로 보인다. 그는 1919년 7월에 개회된 의정원 회의에서 법제위원장(法制委員長)에 이름이 올라 있는

8 국회도서관, 『韓國民族運動史料』 中國篇, 29쪽.
9 국회도서관, 『大韓民國臨時政府議政院文書』, 49쪽.
10 김영범, 『한국근대민족운동과 의열단』, 창작과 비평사, 1997, 83쪽.
11 李奎甲, 「漢城臨時政府 樹立의 顚末」, 184쪽.
12 李賢周, 「3·1운동 직후 國民大會와 임시정부 수립운동」, 149쪽.

것으로 보아[13] 의원직은 그대로 유지하고 있었다. 그러나 의정원 회의에 참석하였는지 조차 알 수 없을 정도로, 별달리 활동하지 않고 있다. 의정원 회의록에도 그가 발언한 내용이나 활동과 관련한 사실을 찾을 수 없다. 다른 곳에서도 그의 존재가 전혀 드러나지 않는다.

홍진은 3·1운동을 계기로 국내에서 임시정부를 수립하여 상해로 가지고 나왔다. 그렇지만 상해에는 이미 국내에서 조직하였다고 한 '임시정부안'이 전달되었고, 이를 기초로 한 임시정부가 수립되어 있었다. 그리고 상해에서 수립된 임시의정원이나 임시정부에서는 한성정부를 인정하지 않았다. 한성정부가 보따리도 풀어보지 못한 채 묻혀버릴 상황에 직면한 것이다. 뿐만 아니라 의정원에서 일제의 밀정으로 의심받아 조사를 받는 곤경을 치르기도 하였다.

3. 노령·상해·한성정부의 통합운동

3·1운동을 계기로 상해와 국내에서 임시정부가 수립되었다. 이외에 또다른 곳에서 수립된 임시정부가 있었다. 노령에서 수립된 대한국민의회(大韓國民議會)였다. 대한국민의회는 연해주지역에서 활동하던 인사들이 국내에서 3·1운동이 발발하자, 블라디보스톡에서 3월 17일 독립선언식을 갖고 조직한 것이다. 명칭은 의회였지만, 소비에트제를 채용하여 행정과 사법의 기능까지 갖는 임시정부였다.[14]

이로써 3·1운동을 계기로 세 곳에서 임시정부가 수립되었다. 노령의 대한국민의회, 상해의 대한민국임시정부, 국내의 한성정부가 그것이었다. 어느 곳에서 수립되었든, 임시정부는 한민족을 대표하는 기구로

13 국회도서관, 『大韓民國臨時政府議政院文書』, 51쪽.
14 반병률, 「大韓國民議會의 성립과 조직」, 『韓國學報』 46, 1987, 147쪽.

수립한 것이고, 또 그 역할을 수행하여야 하는 것이 임시정부였다. 세 곳에서 수립된 임시정부가 모두 민족을 대표하는 기구와 그 역할을 할 수 없었다.

노령과 상해에서 수립된 임시정부 사이에 통합운동이 일어났다. 통합에 대한 논의는 상해에서 임시정부가 수립된 직후인 4월 15일 노령측의 원세훈(元世勳)이 대한국민의회와 임시의정원을 병합하고 정부의 위치는 노령으로 하자고 제의한 데서 비롯되었다.[15] 그러나 당시 상해측은 통합문제를 추진할 책임자가 없었다. 국무총리 이승만은 미국에 있었고, 총장들도 부임하지 않은 상태에 있었던 것이다.

통합운동은 내무총장 안창호가 부임하면서 구체화되었다. 미국에 있던 안창호는 1919년 5월 25일 상해에 도착하여 6월부터 내무총장으로 부임하여 업무를 시작하였다. 그리고 이승만이 취임치 않고 있는 국무총리직도 그가 겸임하였다.[16] 이로써 상해의 임시정부는 안창호를 비롯하여 차장(次長)들을 중심으로 한 조직을 갖추었고, 이를 기반으로 통합운동에 적극적으로 나서게 되었다.

양측의 통합은 정부의 소재를 어디에 두느냐 하는 문제를 비롯하여, 통합의 방법, 통합정부의 주도권 등, 해결해야 할 문제들이 얽혀 있었다. 안창호는 부임한 이후 노령측과 통일방안을 모색하였다.[17] 통일방안을 모색하는 과정에서 한성정부의 존재가 부각되었다. 통일방안은 노령이나 상해측이 모두 동의할 수 있는 것으로 마련되어야 했고, 이러한 조건을 맞추기 위한 대전제는 민족의 대표성을 갖는 것이 어느

15 반병률, 「大韓國民議會와 上海臨時政府의 統合政府 수립운동」, 『한국민족운동사연구』 2, 1988, 98쪽.

16 ≪獨立新聞≫ 1919년 9월 13일자 「臨時政府의 活動」.

17 안창호는 통합을 추진하면서 노령과 상해의 임시정부를 직접 통합하지 않는, 제3의 방안을 모색하기도 하였던 것 같다. 노령·중국·미주 세 지역을 대표하는 3인을 선출하여, 이들을 중심으로 독립운동을 전개하자는 소위 三頭政治를 구상하였다는 것이다.

정부냐 하는 문제였다. 이 과정에서 한성정부의 존재가 다시 대두된 것이고, 상해측에서는 한성정부를 중심으로 한 다음과 같은 통일방안을 마련하였다.

1. 상해와 아령에서 설립한 정부들을 일체 작소하고, 오직 국내에서 13도대표가 창설한 한성정부를 계승할 것이니 국내의 13도대표가 민족전체의 대표인 것을 인정함이다.
2. 정부의 위치는 아직 상해에 둘 것이니 각지에 연락이 비교적 편리한 까닭이다.
3. 상해에서 설립한 정부의 제도와 인선을 작소한 후에 한성정부의 집정관총재 제도와 그 인선을 채용하되, 상해에서 수립이래 실시한 행정은 그대로 유효를 인정할 것이다.
4. 정부의 명칭은 대한민국임시정부라 할 것이니 독립선언 이후에 각지를 원만히 대표하야 설립된 정부의 역사적 사실을 살리기 위함이다.
5. 현재 정부 각원은 일제히 퇴직하고 한성정부가 선택한 각원들이 정부를 인계할 것이다.[18]

이는 노령측에 제안할 상해측의 통일안이었다. 상해와 노령에서 수립한 임시정부는 모두 없애고, 국내에서 수립한 한성정부를 계승하는 형식으로 통일을 이루자는 것이다. 그 방법으로 한성정부의 제도와 인선을 그대로 따르고, 한성정부의 각원들로 하여금 정부를 인계토록 하자는 방안을 제시하고 있다. 한성정부가 국내에서 13도대표들에 의해 수립됨으로서 민족전체의 대표가 된다는 점이 그 명분이었다.

이로써 한성정부의 존재가 다시 부각되기 시작하였다. 앞에서 언급하였듯이, 상해의 임시정부에서는 한성정부를 공식적으로 인정하지 않기로 결정한 바 있었다. 역사의 뒤안길로 사라질 뻔한 한성정부가 노령과 상해의 임시정부 사이에 통합운동이 추진되면서 그 존재를 인정

18 반병률, 「대한국민의회와 상해임시정부의 통합정부 수립운동」, 105-106쪽.

받게 된 것이다. 국내에서 수립되었다는, 그리고 13도대표들에 의해 수립되었다는 것이 한성정부를 인정하게 된 이유였다.

한성정부를 중심으로 통합을 이루자는 상해측의 안은 곧바로 노령측에 전달되었다. 당시 상해에 와 있던 노령측의 대표격인 원세훈에게 이러한 방안이 전달되었고, 이어 노령에도 사람을 보냈다. 안창호는 내무차장 현순과 김성겸(金聖謙)을 블라디보스톡으로 파견하여, 노령의 대한국민의회 인사들에게 이를 직접 전달하도록 한 것이다.[19]

노령측에서도 한성정부를 중심으로 통합을 이룬다는데 찬성하였다. 상해측의 안이 전달된 후, 문창범(文昌範)·이동휘(李東輝)를 비롯한 대한국민의회 인사들은 이 문제를 협의하기 위해 의원총회를 열었다. 8월 30일 블라디보스톡에서 개최된 대한국민의회 의원총회에서는 '한성정부를 봉대한다'는 전제하에 통일을 이루기로 하고, 그 자리에서 만장일치로 대한국민의회의 해산을 선포하였다.[20] 자신들이 수립한 임시정부를 해산하고, 한성정부를 봉대하는 형식으로 상해의 임시정부와 통합한다는 것이었다.

4. 한성정부를 중심으로 통합된 대한민국임시정부

노령의 대한국민의회와 상해의 임시정부가 통합을 추진하는 과정에서 한성정부의 존재가 다시 되살아나게 되었다. 상해측이 국내에서 수립된 한성정부를 중심으로 통합을 이루자는 통일안을 제안하였고, 이것을 노령측이 받아들인 것이다. 결국 양측은 한성정부를 중심으로 통일하자는 데 합의를 이루었다. 국내에서 13도대표에 의해 수립되었다

19 「玄楯自史」; ≪獨立新聞≫ 1919년 9월 6일자 「我政府特派員의 一行」.
20 반병률, 「대한국민의회와 상해임시정부의 통합정부 수립운동」, 107쪽.

는 것이 그 명분이었고, 이것이 통일을 위한 조건이 되면서 한성정부가 되살아나게 된 것이다.

이와 함께 이승만이 미국에서 '집정관총재'와 '대통령'이란 명칭을 사용하면서, 한성정부 수반을 고집하고 있었던 것도 한성정부가 되살아나는 주요한 계기로 작용하였다. 이승만은 상해의 임시정부에서 국무총리, 한성정부에서는 집정관총재로 각각 선임되었다. 당시 이승만은 미국에 있었고, 전보나 인편을 통해 자신이 임시정부 수반으로 선임된 사실을 알게 되었다. 상해로부터는 현순의 전보를 통해, 한성정부로부터는 신흥우(申興雨)가 미국으로 와 알려주었다.[21] 이승만은 하나만을 택하지 않았다. 두 정부의 수반을 모두 수락하였다.[22]

이승만은 '집정관총재'와 '대통령'이란 명칭을 사용하며 임시정부의 수반으로 활동하기 시작하였다. 1919년 6월 12일 파리강화회의에 파견되어 있던 김규식을 전권대사로 임명하면서 '대한민주국 대통령 겸 집정관총재'란 명의를 사용한 것이다. 이어 임시정부의 명칭을 「Republic of Korea」, 집정관총재를 '대통령'(President)으로 번역하여 대외적 명칭으로 삼았다. 그리고 '대한공화국 대통령' 명의로 임시정부가 수립되었다는 것과 자신이 대통령으로 선출되었다는 사실을 각국에 통보하는 한편, '대통령선언서'를 통해 국내외 동포들에게도 한성정부 대통령에 선출된 사실을 공포하였다.[23]

이승만이 '대통령'이란 명칭을 사용한 것은 한성정부나 상해의 임시정부와 협의한 것이 아니었다. 한성정부에서 집정관총재로 선출한 것

21 고정휴, 『이승만과 한국독립운동』, 연세대출판부, 2004, 63·76쪽.

22 이승만에게 상해 임시정부의 국무총리 선출 사실을 알렸던 현순은 이와 관련한 내용을 "先是에 在美 李承晩은 上海系統인 임시정부의 總理의 職을 受하야 반포하고, 또 此際에는 漢城系統인 政府의 總裁의 職도 受하야 반포하고"라 적고 있다(「玄楯自史」).

23 유영익, 『이승만의 삶과 꿈』, 중앙일보사, 1996, 148쪽.

을 근거로 하여, 독자적으로 '대통령'이란 명칭을 사용하며 활동한 것이다. 상해의 임시정부에서는 이에 대해 제동을 걸었다. 안창호는 '상해의 정부는 국무총리 제도이고 한성정부는 집정관총재임'을 상기시키면서, 어느 정부에서나 대통령 직명이 없으므로 대통령 명칭을 사용하지 말도록 요청하였다.[24] 이는 한성정부의 수반으로 활동하지 말라는 것이었다. 그러나 이승만은 '이미 대통령 명의로 각국에 국서를 보냈다는 것과 대통령 명칭을 가지고 왈가왈부하게 되면 독립운동에 방해가 된다'는 요지로, 이를 받아들이지 않았다.[25]

이승만은 '대통령'이란 명칭의 사용을 고집하면서 한성정부 수반으로 활동하였다. 상해의 임시정부측은 이러한 이승만의 고집을 꺾을 수 없었고, 한성정부의 존재를 인정하지 않을 수 없게 되었다. 안창호가 임시의정원 회의에서 연설한 다음과 같은 내용에서 그러한 일면을 엿볼 수 있다.

> 상해의 임시정부와 동시에 한성의 임시정부가 발표되어 이승만 박사는 전자의 국무총리인 동시에 후자의 대통령을 겸하여 세상으로 하야곰 아민족에게 2개 정부의 존재를 疑케 한다. 동시에 우리 정부의 唯一無二함을 내외에 표시함은 긴요한 일이니 如此히 하려면 상해정부를 희생하고 한성의 정부를 승인함이 穩當할지라[26]

이승만이 한성정부의 대통령으로 활동함으로서, 2개의 정부가 존재하게 되었다. 정부를 하나로 통합해야 하는데, 그 방법은 상해에서 수립된 정부를 희생하고 한성정부를 인정할 수밖에 없는 상황이라는 것이다.

24 김원용, 『재미한인 50년사』(독립운동사편찬위원회, 『독립운동사자료집』 8, 1971, 859쪽) ; 주요한, 『안도산전서』 상, 범양사, 1990, 222쪽.

25 한시준, 「이승만과 대한민국임시정부」, 『이승만연구』, 연세대출판부, 2000, 171−172쪽.

26 ≪獨立新聞≫ 1919년 9월 2일자 「臨時憲法改訂案 臨時政府改造案」.

노령과 상해측이 한성정부를 중심으로 한 통합에 합의하면서, 그리고 이승만이 한성정부 수반으로 활동하면서, 한성정부는 다시 빛을 보게 되었다. 한성정부를 중심으로 한 양측의 통합이 이루어졌다. 통합에 대한 절차와 작업은 상해의 임시의정원에서 마무리되었다. 한성정부의 제도와 각원을 그대로 따르고, 집정관총재를 대통령으로 한다는 것, 그리고 헌법개정을 핵심으로 한 「臨時政府改造及 臨時憲法改訂案」을 임시의정원에 제출, 9월 6일 통과된 것이다.[27]

이로써 통합을 위한 절차와 기반이 마련되었다. 통합정부의 이름은 대한민국임시정부로 결정하고, 의정원에서는 9월 8일 이승만을 임시대통령으로 선출하였다.[28] 정부의 각원들은 한성정부의 각원을 그대로 계승한다고 하였으므로 대통령이 관여할 수 없었다. 대통령은 이들을 임명하는 형식을 취했고, 9월 11일 통합정부가 다음과 같이 조직되었음을 공포하였다.[29]

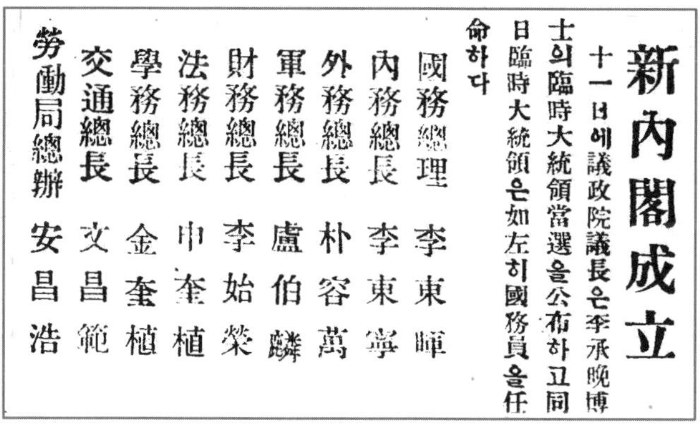

新內閣成立

十一日에議政院議長은李承晩博士의臨時大統領當選을公布하고同日臨時大統領은如左히國務員을任命하다

國務總理 李東暉
內務總長 李東寧
外務總長 朴容萬
軍務總長 盧伯麟
財務總長 李始榮
法務總長 申奎植
學務總長 金奎植
交通總長 文昌範
勞動局總辦 安昌浩

1919년 9월 11일 성립된 신내각

27 국회도서관, 『大韓民國臨時政府議政院文書』, 64쪽.

28 이승만은 의정원에서 찬성 16표, 무효 1표로 당선되었다(국회도서관, 『대한민국임시정부의정원문서』, 64쪽) ; ≪獨立新聞≫ 1919년 9월 9일자 「臨時大統領當選」.

29 ≪獨立新聞≫ 1919년 9월 16일자 「新內閣成立」.

노령의 대한국민의회와 상해의 임시정부가 한성정부를 중심으로 통합을 이루었다. 통합정부의 각원은 홍진 등이 국내에서 수립한 한성정부의 각원과 같은 것이다. 다만 집정관총재라는 명칭이 대통령으로 바뀌었을 뿐이다. 이는 이승만이 대통령이란 명칭을 고집하여 사용한 때문이었다. 이로써 3·1운동 직후 수립된 노령과 상해의 정부가 한성정부를 중심으로 통일을 이루었고, 이를 통해 자칫 역사 속으로 사라져 버릴 뻔하였던 한성정부는 대한민국임시정부로 다시 되살아났다.

5. '희생'만이 살길

노령과 상해의 임시정부가 한성정부를 중심으로 통합을 이루었지만, 통합정부의 출범은 순조롭지 못하였다. 무엇보다도 대통령을 비롯한 정부의 각원들이 한동안 취임하지 않음으로써, 정부의 조직을 구성하지 못한 것이다. 여기에 대통령 이승만과 국무총리 이동휘와의 반목과 불화, 그리고 노령측에서 제기한 '승인 개조'를 둘러싼 분쟁이 주요한 불씨가 되었다.

대통령으로 선출된 이승만이 상해에 부임하지 않았다. 그는 미국에 있으면서, 대통령직을 수행하고자 하였다. '상해의 일은 국무총리가, 미주의 일은 대통령인 자신이 담당하되 중요한 일은 서로 상의하자'는 것이 이승만의 생각이었다.[30] 그러나 대통령이나 국무총리가 각각 미국과 상해에 있으면서 역할을 분담하자는 제안은 이승만 자신의 의도에 지나지 않았다. 국무총리 이동휘와 불화를 겪게 되면서, 이러한 역

30 이승만은 이동휘가 국무총리에 취임하자 축하전문을 보내면서 "遠東의 일은 총리가 주장하여 하고 중대한 事만 余와 문의하여 하시오. 구미의 일은 余에게 임시로 위임하시오. 중대한 事는 정부와 문의하겠오"라 하였다(≪大韓民國臨時政府公報≫ 第7호, 1919년 11월 17일자 ; 金正明, 『朝鮮獨立運動』 2, 原書房, 1967, 210쪽).

할분담은 이루어지지 못하였다.

국무총리 이동휘는 상해에 왔지만, 한 달여 이상 국무총리에 취임하지 않았다. 이동휘는 상해에서 파견하였던 현순·김성겸과 함께 9월 18일 상해에 도착하였다. 그러나 국무총리 취임을 보류하고 있었다. 주요한 이유는 상해에 도착하여 이승만의 위임통치청원 사실을 알게 되었고, 이를 근거로 하여 이승만에 대해 '독립정신이 불철저한 썩은 대가리'라고 공격하며 이승만 밑에서 총리가 될 수 없다고 고집하였다는 것이다.[31] 여기에 뒤에서 언급될 '승인 개조'문제가 걸려 있었다. 이동휘는 '승인 개조'문제로 대한국민의회측과 상해측 사이에 야기된 갈등 속에서, 국무총리 취임여부를 고민해야 하는 상황이었다.

각원들의 취임도 늦어지고 있었다. 법무총장 신규식(申圭植)은 항주(杭州)에, 내무총장 이동녕(李東寧)과 재무총장 이시영(李始榮)은 북경에 머물고 있었고, 군무총장 노백린(盧伯麟)과 학무총장 김규식(金奎植)은 미국에 있었다. 그리고 외무총장으로 선출된 박용만(朴容萬)은 북경을 근거로 활동하면서 임시정부 참여자체를 거부하였고, 교통총장 문창범은 뒤에서 언급하는 승인 개조문제를 제기하며 취임하지 않았다. 각원 중 상해에는 블라디보스톡에서 도착한 국무총리 이동휘와 노동국총판 안창호만 있었다.

여기에 상해에 도착한 노령의 대한국민의회측 인사들에 의해 '승인 개조'문제가 제기되었다. '승인 개조'문제란 노령측은 상해의 임시의정원과 노령의 대한국민의회가 동시에 해산하는 것으로 알고, 또 한성정부를 그대로 봉대하는 것으로 알고 협상안을 수락하였다는 것이다. 그런데 상해에 와보니 임시의정원은 해산하지 않고 그대로 존속하고 있으며, 집정관총재를 대통령으로 개조하였다는 내용이 핵심이다.[32] 이에

31 반병률, 『성재 이동휘 일대기』, 범우사, 1998, 215쪽.

32 반병률, 「대한국민의회와 상해임시정부의 통합정부 수립운동」, 108-109쪽.

대해 원세훈·문창범 등은 상해측이 노령측을 기만하였다고 하면서, 상해측을 추궁하고 비판하기 시작하였다.

'승인 개조'문제를 둘러싸고 분쟁이 일어나면서, 상호불신과 배타성이 팽배해지기 시작하였다. 그리고 각원들의 사퇴가 이어졌다. 교통총장 문창범은 "민의(民意)에 부합되지 않는 정부의 각원에 열(列)됨은 본의가 아니라"하며 취임을 거부하였고, 협상안을 가지고 노령에 갔던 현순도 내무차장직을 사퇴하였으며, 노동국총판 안창호도 정부개조에 대한 책임을 지고 사직서를 제출한 것이다.[33]

통합임시정부가 이와 같은 여러가지 요인으로 출범하지 못하고 있었다. 많은 인사들이 이를 안타깝게 여기고, 조속한 출범을 위해 노력하였다.[34] 홍진도 통합정부 출범을 위해 다각적인 노력을 기울였다.

한성정부를 중심으로 한 통합정부의 수립을 지켜보면서 홍진의 감회는 남달랐을 것이다. 한성정부가 민족의 대표성과 정통성을 인정받았다는 점도 있었지만, 노령과 상해측이 각기 자신들이 수립한 정부를 희생하고 한성정부를 받들었다는 점에서 그랬다. 이러한 희생 위에서 이루어진 통합정부가 출범하지 못하고 있었던 것이다. 홍진은 통합정부의 조속한 출범을 바랐고, 이를 위해 나섰다. 국무총리 이동휘를 찾

33 ≪獨立新聞≫ 1919년 11월 11일자「安總辦辭表」.

34 이규갑은 그의 회고에서 安昌浩와 더불어 한성정부와 상해정부의 통합을 논의한 것으로 설명하고 있다. "어렵게 생각하였던 두 정부의 통합문제도 島山과 내가 마주앉아 의논하게 되니 쉽사리 그 실마리가 풀려나갔다"고 하면서, "나는 한성정부보다 상해정부가 단 며칠이라도 먼저 생겼으니 우리가 상해정부에 合流하는 것이 마땅하다고 양보하였고, 島山은 아무리 상해정부가 활동력있는 쟁쟁한 독립지사들이 만든 것이라 하더라도 이는 나라를 떠난 유랑자들에 의하여 된 정부이고, 한성정부야말로 국내에서 13도대표들이 모여 국민의 總意에 입각하여 만든 정부이니 상해정부를 해체하고 한성정부의 法統에 순응해야 한다고 극력 사양하였다"라 하고 있는 것이 그것이다(이규갑,『한성임시정부 수립의 전말』, 185-186쪽). 한성정부를 중심으로 한 통합임시정부 성립에서의 홍진의 역할에 관하여, "홍진이 서울政府를 대표하여 상해임시정부에 併入하였다"라는 중국의 자료가 있다(葛赤峯,『조선혁명기』, 20쪽).

아가 희생을 강조한 것이다.

> 우리는 다 一身을 犧牲하는 覺悟를 가져야 하리라. 閔忠正의 遺言에 要生者必死 期死者得生이라 함을 생각하라. 余 過日 國務總理를 訪하야 速히 犧牲的 準備를 實行키를 勸하엿노라[35]

이는 홍진이 자신을 찾아와 취재한 독립신문 기자에게 한 말이다. 독립신문사에서는 통합정부 출범을 둘러싸고 정국이 혼란해지는 상황에서, 한성정부 수립의 주역인 홍진을 찾아왔던 것으로 보인다. 이때 홍진은 '희생'을 강조하였다.

홍진은 그 자신이 한성정부 수립을 주도하면서 각원을 맡지 않았다. 또 상해로 망명할 때 검사와 변호사로서의 터전과 기반을 모두 버렸다. 통합정부의 출범을 위해서는 자신과 집단의 이해관계를 모두 버려야 한다는 것이 그의 생각이었다. 홍진은 상해에 도착하였지만, 취임을 보류하고 있는 국무총리 이동휘를 직접 찾아가 바로 희생을 강조하였던 것이다.

통합정부의 출범은 실마리를 찾아갔다. 무엇보다도 국내외에서 통합정부 출범에 커다란 기대를 걸고 있었던 민심이 격동되기 시작하였고, 국무총리에게 조속한 취임을 종용한 것이다. 국무총리 이동휘가 다른 각원들과의 합동취임을 내세우자, 신익희를 항주로 보내 신규식을 청해 오고, 북경으로는 현순을 파견하여 이동녕과 이시영을 오게 하였다.[36] 이동휘는 취임을 더 이상 미룰 수 없는 상황이 되었다.

각부 총장들이 상해로 집결하고, 국무총리가 취임을 받아들였다. 그 결과 1919년 11월 3일 국무총리 이동휘를 비롯하여 내무총장 이동녕, 법무총장 신규식, 재무총장 이시영, 노동국총판 안창호가 참여한 가운

35 ≪獨立新聞≫ 1919년 9월 30일자 「一死가 有할 뿐, 洪鎭先生談」.
36 「玄楯自史」.

데 취임식을 거행하였다.[37] 이로써 9월 11일 통합정부의 수립이 선포된 지 50여일 만인 11월 3일 통합정부가 공식적으로 출범하게 되었다.

통합임시정부의 출범은 커다란 의미를 갖는 것이었다. 일제에게 나라를 빼앗긴 지 만 9년 만에 민족을 대표하는 유일한 정부를 수립하였다는 데 그 의미가 있다. 그리고 3·1운동 직후 노령·상해·국내 세 곳에서 각각의 기반을 갖고 수립된 임시정부가 하나로 통합하면서, 민족의 독립운동 역량을 총결집한 것이기도 하였다. 여기에는 노령이나 상해측이 자신들의 기득권을 포기한, 즉 희생이 있었다. 이러한 희생이 새로운 길을 연 것이다. 홍진이 강조한 희생이 바로 이것이었다.

37 ≪獨立新聞≫ 1919년 11월 4일자 「國務總理三總長 就任式의 光景」.

제 4 장

임시정부를 유지 옹호

1. 파국으로 치닫는 임시정부

독립운동에 임하는 홍진의 자세와 정신은 '희생'이었다. 홍진은 자신을 희생하면 길이 열린다고 믿었다. 그는 노령과 상해의 정부가 통합을 이룰 수 있었던 것도 기득권을 포기한 그들의 희생에 의한 것이라 생각하였고, 통합임시정부도 이러한 희생정신으로 운영되기를 바랐다. 그러나 통합임시정부는 출범 당시부터 '승인 개조'논쟁에 휩싸였고, 대통령과 국무총리의 갈등으로 결국에는 파국으로 치닫고 말았다.

통합의 한 축인 노령의 대한국민의회가 '개조'를 이유로 통합을 거부하고 재건을 선언하였다. 노령측은 상해와 노령의 정부를 모두 해산하고 한성정부를 승인하는 전제하에 통합에 찬동하고 대한국민의회를 해산하였는데, 상해에 와보니 상해의 임시의정원은 해산하지 않은 채 그대로 존속하고 있다는 것이고, 또 통합정부도 한성정부의 봉대가 아닌 '개조'의 형식을 취하였다며 문제를 제기하였다.[1] 이로써 노령과 상해측 사이에 '승인 개조'를 둘러싸고 분쟁이 일어났다.

'승인 개조'분쟁으로 인해 노령과 상해측의 상호 불신이 심화되었다. 원세훈·문창범 등 노령측 인사들은 상해측이 '개조'라는 기만적인 방법으로 대한국민의회를 해산케 하였고, 이동휘를 속여 국무총리에 취임케 하였다고 하면서, 1920년 2월 해산한 대한국민의회를 재건하였다.[2] 통합을 파기한 것이다. 이로써 통합정부의 의미는 크게 상실되었고, 상해와 노령의 이동휘를 중심한 한인사회당 세력 일부만 참여한 부분적 통합에 그친 결과가 되고 말았다.

대통령 이승만의 '위임통치청원' 문제, 그리고 대통령과 국무총리 사이의 불화와 반목 등도 임시정부 파열의 주요한 요인이 되었다. 위임통치문제는 상해에서 임시정부가 수립될 때 신채호에 의해 제기된 바 있었다. 위임통치를 청원한 인물을 독립운동의 최고지도자로 선출할 수 없다는 이유로, 이승만의 국무총리 선출을 반대한 것이다.[3] 그렇지만 이승만은 국무총리로 선출되었고, 통합정부에서도 대통령으로 선출되었다.

위임통치론에 대해 부정적인 태도를 갖고 있던 인사들은 이승만이 대통령으로 선출되자, 反임시정부 세력으로 돌아섰다. 신채호 같은 경우는 이승만의 위임통치청원을 뻔히 알면서도 그를 대통령으로 선출한 것은 더 이상 참을 수 없다며, 임시정부에 대한 반대활동에 앞장섰다. 그는 1919년 10월 주간신문 ≪新大韓≫을 창간, 이를 통해 위임통치론을 논박하면서 이승만을 공격하였고, 동시에 임시정부

1 반병률, 「大韓國民議會와 上海臨時政府의 統合政府 수립운동」, 『한국민족운동사연구』 2, 1988, 109-110쪽.

2 반병률, 「大韓國民議會와 上海臨時政府의 統合政府 수립운동」, 116-117쪽.

3 신채호는 이승만이 국무총리에 천거되자 "이승만은 李完用보다 더 큰 역적이다. 이완용은 있는 나라를 팔아 먹었지만, 이승만이는 아직 우리나라를 찾기도 전에 팔아먹은 놈이다"라고 하며, 회의장을 박차고 나와버렸다고 한다(독립운동사편찬위원회, 『독립운동사』 4, 1975, 158쪽).

의 노선에 대해서도 비판하기 시작하였다.[4] 상해와 북경을 중심으로 이에 동조하는 세력들이 크게 형성되어 갔다. 상해에서는 남형우(南亨祐)가 신대한동맹단(新大韓同盟團)을 조직하여 그 세력을 결집하였으며, 북경에서는 박은식·김창숙 등의 동조하에 신숙·박용만을 핵심으로 한 반대세력이 확대되고 있었다.[5] 이로써 통합정부 출범과 함께 이승만에 반대하는 세력들이 반(反)임시정부 세력을 형성하게 되었다.

정부 내에서도 대통령과 국무총리 사이에 대립과 불신이 심화되었다. 이승만과 이동휘는 '외교론'과 '독립전쟁론'을 대표할 정도로 독립운동 노선에서 현격한 차이가 있었다. 정치적 이념도 각기 미국식 민주주의와 사회주의를 지향, 서로 달랐다. 노선과 이념이 달랐던 이들은 임시정부의 활동과 운영에 관해서도 의견이 엇갈렸고, 대통령은 미국에 국무총리는 상해에 있으면서 오해도 생겨났다. 그리고 '기호파'와 '서북파'라는 지역적 파벌이 형성되어 대립과 갈등이 증폭되기도 하였다.

대통령과 국무총리 사이의 불화와 대립은 통합정부 출범 당시부터 표면화되었다. 이동휘는 위임통치청원을 비판하면서 국무총리 취임을 미루고 있었다. 그리고 이승만을 '독립정신이 불철저한 썩은 대가리'라고 공격하는 한편, 이승만 밑에서는 총리가 될 수 없다고 하며 절대독립을 구호처럼 외쳤다고 한다.[6] 이승만은 상해에서의 비난에 관계없이 미국에서 독자적으로 활동을 계속하였다. 그는 통합정부의 대통령이었지만 한성정부의 집정관총재라는 명칭을 사용하는 한편,[7] 정부와 상의

4 한시준, 「중국관내 독립운동과 신문 잡지」, 『한국독립운동사연구』 12, 1998, 7쪽.

5 한시준, 「申采浩의 在中獨立運動」, 『韓國史學史學報』 3, 2001, 236-237쪽.

6 주요한, 『安島山全書』 上, 범양사, 1990, 246쪽 ; 반병률, 『성재 이동휘일대기』, 범우사, 1998, 215쪽.

7 이승만은 한성정부에서 '집정관총재'로 선출된 후 이를 '대통령'이란 칭호로 사용하였다. 그러나 통합정부에서 대통령으로 선출한 후에는 집정관총재라는 명칭을 사용하고 있었다. 여기에는 이승만이 한성정부를 중시하고 있었던 것도 있지만, 임시정부를 개조하여 자신을 대통령으로 선출하는 데 주도적 역할을 한 안창

없이 독립공채를 발행하면서 자신이 설립한 구미위원부를 기반으로 재정권을 장악하고 있었다.[8]

대통령과 국무총리의 대립은 임시정부를 파국으로 몰고 갔다. 이동휘가 공개적으로 이승만에 대한 축출을 시도한 것이다. 이동휘는 1920년 5월 자신의 측근인 국무원 비서장 김립(金立)을 비롯하여, 이승만에 대해 강한 불만을 갖고 있던 윤현진·이규홍·김철·김희선(金羲善)·정인과(鄭仁果) 등 젊은 차장들로 하여금 대통령 불신임안을 제출토록 하였다.[9] 국무총리에 의한 대통령 축출이 시도되면서, 임시정부는 파국의 상황으로 치닫게 되었다.

안창호를 비롯한 이동녕·이시영 등, 임시정부의 파국을 우려한 각원들이 이를 저지하고 나섰다. 특히 통합정부 수립에 주도적 역할을 하였던 안창호는 차장들을 찾아다니며 불신임안 철회를 종용하였다. 이로 인해 국무총리와 각원들 사이에도 충돌이 일어났다. 이동휘는 6월 18일 이승만에 대한 불신임 이유서와 국무총리직 사퇴서를 총장들에게 송부하고 위해위(威海威)로 떠나 버렸다.

2. 임시정부의 파국을 막아야

홍진은 임시정부가 파국으로 치닫는 상황을 보면서, 임시정부의 파국만큼은 막아야 한다고 생각하였다. 당시 임시정부 수립을 주도한 인

호에게 매이지 않으려는 의도도 있었던 것 같다. ≪태평양잡지≫에 실린 "이것을 (대통령) 만들어 놓고 전보와 편지로 말하기를 안씨(안창호)가 당신으로 대통령을 만들었으니 모씨와 악수하야 그의 뜻을 준행하라고 한 적이 여러 번인 것을 아는지라"고 하는 것이 그것을 짐작케 한다.

8 高珽烋, 「대한민국임시정부 구미위원부 연구」, 고려대 대학원 박사학위논문, 1991, 120쪽.

9 반병률, 「이승만과 이동휘」, 『이승만연구』, 연세대출판부, 2000, 286쪽.

물들이 그랬듯이, 홍진도 임시정부에서 아무런 직책을 맡고 있지 않았다. 임시의정원 의원이었지만, 의정원에서도 별달리 활동하지 않고 있었다. 그러나 자신이 주도한 한성정부를, 그리고 그 한성정부를 중심으로 통합을 이룬 임시정부가 파국으로 가는 것을 내버려 둘 수는 없었다.

홍진의 활동상이 잘 드러나지는 않지만, 그의 기본입장은 임시정부의 파국은 막아야 한다는 것이고, 이를 위해 임시정부를 개조하려고 하였던 것 같다. 일제의 정보자료에는 '정부의 전복'과 '정부의 개조'를 주장하는 두 세력이 있다고 하면서, 홍진은 최창식(崔昌植)·이희경(李喜儆)·이광수·이유필(李裕弼) 등과 후자의 세력이라 하고 있다.[10] 임시정부의 파국을 막기 위한 세력에서 활동하고 있었던 것이다.

이들이 임시정부를 어떻게 개조하려 했느냐에 대해서는 알려진 것이 없다. 다만 일제가 정부의 전복과 개조를 주장하는 두 세력이 정부를 공격하고 있다고 하면서, 그 이유를 "각원의 야비적 행동, 이승만의 위임통치설 및 각원이 각각 도당(徒黨)을 세우고 지방적 감정에 흘러 추호도 공공적 의무심(公共的 義務心)이 없으며"라 파악하고 있다는 것이[11] 그것을 짐작케 할 뿐이다. 이것이 홍진의 생각이었다고 할 수는 없지만, 임시정부의 파국상황을 보는 홍진의 생각도 이와 크게 다르지 않았을 것이다. 그는 지도자들이 민족에 대한 의무심과 희생정신을 가져야 한다는 것, 그리고 이를 기저로 임시정부를 개조해야 한다는 생각을 갖고 있었던 것으로 보인다.

홍진은 어쨌든 임시정부는 유지해야 한다고 생각하였다. 상해를 떠

10 일제의 정보자료에는 '정부의 전복'과 '정부의 개조'를 주장하는 두 세력이 있다고 하면서, 전자는 주로 元世勳을 비롯한 金立·李漢永·金科奉·金在喜·金萬謙 등이고, 후자는 李喜儆·李光洙·崔昌植·洪冕熹·李裕弼 등이라 하고 있다(국회도서관, 『韓國民族運動史料』 中國篇, 1976, 275쪽).

11 국회도서관, 『韓國民族運動史料』 중국편, 275쪽.

나지 않고 있었던 것도 이 때문이었다. 통합정부가 수립된 후 많은 인사들이 상해를 떠났다. 주로 이승만 대통령에 반대하는 인사들이, 그리고 정부 지도자들의 불화와 반목에 염증을 느낀 인사들이 북경으로 옮겨갔다. 신채호가 그랬고, 박은식·김창숙을 비롯하여 남형우·김응섭 등도 떠났다. 상해에 온 이래 함께 지냈던 김창숙,[12] 그리고 법관양성소 후배이면서 의형제를 맺었던 김응섭이 북경으로 향했지만, 홍진은 상해를 떠나지 않았다.

홍진은 상해에 있으면서 뜻을 같이 하는 인사들과 함께 임시정부에 압력을 가했던 것 같다. '오인구락부(吾人俱樂部)'라는 것이 그것이다. 일제 정보자료에 1920년 8월 홍면희·최창식 등이 호상친목을 목적으로 오인구락부를 조직하였다는 것과 단원은 20여명 정도이고 사무실은 애인리(愛仁里) 52호에 두고 있다는 내용이 보이고 있다.[13] 오인구락부의 실체는 명확하지 않지만, 정부의 잘못을 시정 촉구하기 위한 압력단체로 생각된다.

홍진은 대통령과 국무총리를 비롯한 각원들의 대립과 갈등이 해소되고, 정부가 새로운 면모를 갖추길 바랐다. 그러나 임시정부는 수습의 실마리를 찾지 못하고 있었다. 위해위에 가 있던 국무총리가 돌아오고, 대통령도 1920년 12월 상해에 부임하여, 다음해 1월 1일 신년축하식을 계기로 공식적인 집무를 시작하였다.[14] 이로써 대통령과 국무총리를 비롯한 정부의 각원들이 한 곳에 집결하여 임시정부를 운영하게 되었지만, 정부의 개혁 및 운영방안을 둘러싸고 심각하게 대립한

12 홍진은 상해에 온 이후 金昌淑·孫晉衡·孫永稷·張志必·鄭永植 등과 함께 지냈고, 김창숙이 가지고 온 '파리長書'를 번역하여 평화회의에 송부하는 일에도 관여하였다(金昌淑, 「躄翁73年回想記」, 『金昌淑文存』, 성균관대 대동문화연구원, 1989, 201쪽).

13 독립운동사편찬위원회, 『독립운동사자료집』 9, 1975, 912쪽 ; 국사편찬위원회, 『한국독립운동사』 자료 3, 1973, 540-541쪽.

14 한시준, 「이승만과 대한민국임시정부」, 『이승만연구』, 연세대출판부, 2000, 188쪽.

것이다.

한 자리에 모인 대통령과 국무총리의 대립과 불신이 격화되면서, 결국 임시정부는 파국의 길로 들어섰다. 1921년 1월 24일 "쇄신의안(刷新議案)을 국무회의에 제출했는데 한마디 심의도 없이 묵살하는 고로 자신의 실력으로는 이 난관을 헤쳐 나가기 어렵다"는 것을 이유로 국무총리 이동휘가 사임한 것이다.[15]

국무총리에 이어 각원들의 사퇴도 이어졌다. 학무총장 김규식과 군무총장 노백린에 이어 교통총장 남형우·노동국총판 안창호 등이 연이어 사퇴한 것이다. 국무총리 및 각원들이 사퇴하면서, 대통령 사임에 대한 요구도 일어났다. 이승만도 대통령직 사직의 뜻을 밝히고, 3월 5일 남경으로 떠나 버렸다.[16]

이로써 통합임시정부는 파국의 상황을 맞게 되었다. '개조'문제로 인해 대한국민의회가 탈퇴한데 이어 이동휘 세력마저 탈퇴함으로써, 통합의 한 축이었던 연해주 세력이 임시정부를 완전히 떠난 것이다. 그리고 임시정부를 지켜야 할 각원들의 사퇴가 이어졌고, 대통령마저 사직한다며 떠나버린 상황이었다. 임시정부가 마비된 상태나 다름없게 되었다.

3. 임시의정원 의장으로 선출

홍진은 임시의정원을 통해 임시정부의 파국을 막고자 하였다. 임시정부에서는 아무런 직책도 없었지만, 1919년 4월 30일 충청도 의원으로 선출된 이래 의정원 의원직은 유지하고 있었다. 의정원은 매년 2월

15 ≪獨立新聞≫ 1921년 1월 27일자 「국무총리 사직설」; 반병률, 『성재 이동휘 일대기』, 279쪽.

16 유영익, 『이승만의 삶과 꿈』, 중앙일보사, 1996, 156쪽.

에 정기의회를 개최하도록 되어 있었고, 1921년 2월에는 제8회 정기의회가 개최될 예정이었다.

홍진은 2월에 개최될 정기의회에서 어떤 시도를 계획하였던 것 같다. 일제가 임시정부 반대세력의 동향을 조사한 보고서에 홍면희·이유필 등이 "2월 하순에 개최될 의정원 회의에서 시비(是非)와 동시에 간부파의 실태를 공격하여 의사(意思)의 관철(貫徹)을 도모하기 위해 암중비약을 시도하고 있다"는 내용이 보이고 있다.[17] '의사의 관철'이 무엇인지는 알려져 있지 않지만, 의정원 회의에서 대통령과 국무총리를 비롯한 정부 각원들의 잘잘못을 따지고, 이를 통해 임시정부를 유지할 수 있는 방안을 찾고자 한 것이 아닌가 생각된다.

그러나 정기의회는 개최되지 못하였다. 2월 28일 개회가 예정되어 있었지만, 총의원의 반수 이상이 출석하지 않아 법정인원수가 부족하였기 때문이다. 3월 18일 24명의 의원이 출석함으로서 제8회 정기의회가 개회될 수 있었다. 그러나 의원의 사면청원이 이어지고, 또 결원된 의원의 보선(補選)으로 인해, 4월 6에서야 제2일째 회의를 개최하였다.[18]

홍진은 정기의회가 시작되면서 의정원을 중심으로 활발하게 활동하였다. 정기의회 시작과 더불어 그는 전원위원장(全院委員長)에 선출되었다. 임시의정원법에 의하면 전원위원장은 회기 개회 초에 선거를 행하도록 되어 있고,[19] 4월 6일 회의에서 홍진이 전원위원장으로 선출된 것이다.[20] 전원위원회는 상임위원회·특별위원회와 더불어 의정원의 대표 위원회로서, 국회의 운영위원회와 같은 것이다.

17 「反假政府的 不逞鮮人의 態度에 關한 件」(국사편찬위원회, 『韓國獨立運動史』 資料 3, 541쪽).

18 국회도서관, 『大韓民國臨時政府議政院文書』, 1974, 104쪽.

19 「改正臨時議政院法」(韓詩俊 편, 『大韓民國臨時政府法令集』, 국가보훈처, 1999, 370-371쪽).

20 ≪獨立新聞≫ 1921년 4월 9일자 「第8回臨時議政院記事」.

홍진은 의정원 회의에서 비교적 많은 발언을 하고 있다. 적극적으로 활동한 것이다. 회의록이 모두 남아 있지 않은 관계로 그의 활동을 정확히 언급하기는 어렵지만, 임시정부의 파국을 해결하기 위해 노력하고 있었다. 4월 30일 회의에서 "전 국무원이 출석하여 정부의 과거의 경과한 사실과 장래의 진행할 방침, 또는 국무원 각 개인의 의견을 설명하는 것"이 현시국의 해결책임을 강조한 것이 그러한 의도였다.[21] 이러한 제의는 여러 의원들의 동의를 얻었고, 3일 후 의정원에서는 다음과 같은 '정부촉성(政府促醒)의 제의안(提議案)'을 통과시키고 있다.

> 임시의정원은 임시대통령과 國務員으로 하여금 各文武官員을 일주일 이내에 精選任免하고 책임상 희생적 決心下에 더욱 督勵結束하야 제반 政務를 急速整頓케 하기를 결의함[22]

의정원이 임시정부를 파국으로 몰고 간 정부 각원들의 각성을 촉구한 것이다. 그리고 대통령과 각원들에게 일주일 이내에 정부를 재조직할 것을 요구함과 동시에, 희생적 정신을 발휘하라는 충고를 곁들이고 있다.

대통령 이승만이 임시정부의 마비상태를 수습하였다. 남경으로 떠났던 그는 몇몇 각원들의 압력으로 대통령직을 사퇴할 수 없다고 하면서, 상해로 돌아왔다. 그리고 정부의 조직을 재정비하기 시작한 것이다. 그 방법은 사퇴한 국무총리와 각원들을 공식적으로 면직시키고, 내각을 다시 구성하는 것으로 추진되었다.

1921년 4월말에서 5월초에 걸쳐 내각이 새로 조직되었다. 법무총장 신규식으로 하여금 국무총리를 대리하도록 한 것을 비롯하여, 의정원

21 국회도서관, 『大韓民國臨時政府議政院文書』, 114-115쪽 ; ≪獨立新聞≫ 1921년 5월 7일자 「現時局解決策」.

22 ≪獨立新聞≫ 1921년 5월 14일자 「政府促醒提議」.

의장이었던 손정도(孫貞道)를 교통총장, 그리고 외무총장과 학무총장은 차장인 이희경(李喜儆)과 김인전(金仁全)이 대리토록 하였고, 군무차장에 윤기섭(尹琦燮)과 국무원비서장에 신익희(申翼熙)를 임명하였다.[23] 주로 기호지역 출신 인사들을 중심으로 내각을 재조직한 것이다. 이로써 이동휘와 안창호를 대표로 하는 서북지역 인사들이 사퇴한 가운데, '기호파' 인사들이 임시정부를 장악하게 되었다.

정부의 조직이 재정비되는 가운데, 홍진이 임시의정원 의장으로 선출되었다. 의장이었던 손정도가 교통총장에 임명되면서, 의장직을 사임하였다. 이에 따라 5월 6일 기명단기식 투표로 의장에 대한 선거가 실시되었고, 선거 결과 홍진이 의장에 당선된 것이다.[24] 홍진은 이동녕·손정도에 이어 의정원의 제3대 의장이 되었다. .

4. 임시의정원을 정상화시키고

의정원의 상황도 임시정부와 크게 다르지 않았다. 임시정부가 파국으로 치닫고, 많은 인사들이 임시정부를 떠나면서, 의정원 역시 제대로 운영되지 못하고 있었다. 의정원은 매년 2월에 정기의회를 개최하도록 되어 있었지만, 1921년 2월의 정기의회는 의원수 부족으로 두 달이 지난 후에야 겨우 개원할 수 있었다. 이것이 당시 의정원이 직면하고 있던 현실이었다.

의정원은 의원들로 구성되고, 의원들에 의해 운영되었다. 의정원 의원은 경기·충청·경상·전라·함경·평안 각도와 중령(中領)·아령(俄領)에

23 연세대 현대한국학연구소, 『雩南李承晩文書』 6, 1998, 342-354쪽; 范廷傑, 「韓國臨時政府大統領李承晩中國來去」(尹炳奭 편, 『韓國獨立運動史資料集』 중국편, 한국정신문화연구원, 1993, 438쪽).

24 ≪獨立新聞≫ 1921년 5월 14일자 「議長選擧」.

서 각 6인씩, 그리고 강원·황해도 및 미주에서 각 3명씩, 모두 57명을 선출하도록 되어 있었다.[25] 그러나 아령지역에서는 '승인 개조' 분쟁을 계기로 임시정부를 떠난 이후 아예 의원을 선출하지도 않았다.

또 의원들 중에 일경에 피체된 경우도 적지 않았고, 국내 및 미주 등지에 있어 참석하지 못하는 경우도 많았다. 이외에 의원자격을 상실하거나 여러 이유로 사면청원이 잇따르기도 하면서, 참석의원이 과반수가 되지 못하여 개회에 어려움을 겪고 있었다. 1921년 3월 정기의회 개회 당시의 의원 현황을 보면 다음과 같다.

경기도 : 趙琬九, 張　鵬, 崔昌植, 申翼熙. (玄　楯, 崔謹愚)
충청도 : 洪　鎭, 金遠植, 申鉉彰. (兪政根, 金甲洙, 趙東祜)
전라도 : 金仁全, 羅容均, 鄭光好, 金　澈.
경상도 : 尹顯振, 李圭洪, 孫永稷. (柳璟煥, 李漢根)
강원도 : 李駿珪, 金振宇. (李鍾郁)
황해도 : 金泰淵, 徐丙浩. (金錫璜)
평안도 : 孫貞道, 金弘敍, 李元益, 李裕弼. (朴　宣, 李光洙)
함경도 : (李春塾, 洪　濤, 吳倫煥)
중　령 : 尹琦燮, 劉禮均. (桂奉瑀, 王三德)
미　령 : (鄭仁果, 安玄卿)[26]

* (　)안은 출석하지 않은 의원

당시 의원은 모두 43명이었다. 이중 24명이 참석하고, 19명은 불참하였다. 법정 의원수가 57명이었지만, 실제 의원은 그렇지 못했다. 정해진 의원을 모두 선출한 지역은 경기·충청·강원·황해·평안도 뿐이고, 나머지 지역은 법정 의원수도 선출하지 못하고 있었다. 그리고 김석황·유경환·이춘숙은 일경에 피체되어 감옥에 있었고, 이종욱·유정근·

25 「大韓民國臨時憲法」(韓詩俊 편, 『大韓民國臨時政府法令集』, 47쪽).

26 국회도서관, 『大韓民國臨時政府議政院文書』, 103쪽 ; ≪獨立新聞≫ 1921년 3월 19일자 「臨時議政院記事」.

오윤환은 타지에 있어 참석할 수 없는 상황이었다. 이후 정인과·윤현진 등 여러 의원들의 사면청원이 이어졌고, 또 정영준(鄭永俊)·강명옥(姜明玉) 등 새로운 의원들이 선출되면서, 의원의 동향에는 변화가 잇따랐다.

홍진은 의장으로 선출된 후 의정원의 조직을 정비하고, 의정원의 기능을 정상화시켜 나갔다. 부의장이었던 김인전(金仁全)이 학무총장을 맡게 되면서, 5월 9일 그 후임으로 조상섭(趙尙燮)이 부의장에 선출되었다.[27] 이로써 홍진과 조상섭을 의장과 부의장으로 한 체제가 갖추어졌다. 이어 그동안 결원이 되었던 상임위원회 각 분과(分科)위원을 새로이 보충하여 임명하였다.

> 제1과(법제) : 조완구, 홍진, 윤기섭, 나용균, 정태희
> 제2과(내무, 외무) : 서병호, 신익희
> 제3과(재무) : 윤현진, 정태희
> 제7과(청원, 징계) : 서병호, 김용원[28]

상임위원회는 모두 8개 분과로 나뉘어져 있고, 각 분과에는 상임위원 5명씩을 선정하도록 되어 있었다. 이러한 규정에 따르자면 모두 40명의 의원이 있어야 했다. 그렇지만 의원 수가 이에 따르지 못하였고, 의원들의 신분에 변화가 잇따름으로 인해 각 분과는 제대로 운영되기가 어려웠다. 홍진은 결원된 각 분과위원을 임명하여, 의회의 기능을 정상화시키고자 하였고, 제1과인 법제위원회에서 회계연도를 3월 1일에서 5월 1일로 하자는 제안을 내놓으면서 활기를 되찾았다.[29]

27 국회도서관, 『大韓民國臨時政府議政院文書』, 118쪽 ; ≪獨立新聞≫ 1921년 5월 14일자 「副議長辭免及補選」.

28 국회도서관, 『大韓民國臨時政府議政院文書』, 118쪽 ; ≪獨立新聞≫ 1921년 5월 14일자 「各科常任委員補缺」.

29 국회도서관, 『大韓民國臨時政府議政院文書』, 118-119쪽.

이와 같이 임시정부와 의정원의 조직이 재정비되면서, 임시정부는 일단 파국의 국면을 수습하게 되었다. 그러나 임시정부를 둘러싼 진통은 쉽게 가라앉지 않았다. 특히 북경을 중심으로 한 세력들이 이승만에 대한 성토와 함께 임시정부를 부정하고 나선 것이다. 1921년 4월 박용만·신숙 등은 북경에서 국내외 단체대표들을 참여시켜 군사통일회의를 개최하면서, "我 이천만 형제자매를 향해 이승만과 정한경이 대미위임통치청원(對美委任統治請願) 곧 매국매족의 청원을 제출한 사실을 들어 그 죄를 성토한다"로 시작되는 성토문을 작성, 54명의 공동명의로 발표하였다.[30]

이들은 이승만에 대한 성토에만 그치지 않았다. 군사통일회의에서는 임시정부와 임시의정원에 대한 불신임안을 의결하고, 1919년 4월 국내에서 발표된 대조선공화국임시정부(大朝鮮共和國臨時政府)의 계통을 잇는 새로운 정부를 조직하자고 하면서, 이를 위한 국민대표회 개최를 결의하였다.[31] '대조선공화국임시정부'는 한성정부를 일컫는 것이었다. 이들은 이러한 뜻을 신성모(申性模)를 상해로 파견하여 임시정부에 전달하는 한편, "총차장은 거의 퇴직하였으나 이승만은 불사하며"라고 하면서 이승만의 사퇴를 요구하고 나섰다.[32]

이러한 압력은 상해에서도 일어나고 있었다. 안창호를 비롯하여 상해의 교민들이 국민대표회 소집을 요구하고 나선 것이다. 1921년 5월 12일 안창호·여운형 등은 연설회를 개최하고 "우리 독립운동은 우리 민족의 손으로는 성공이 불능하며 미국이 원조해주지 않으면 안된다고 하여 미국만을 우러러보고 있소. 그러나 이것은 독립정신을 위배하는 것이오"라고 하여, 이승만의 노선을 정면으로 비판하면서, 국민대

30 국회도서관, 『韓國民族運動史料』 3·1運動篇 1, 1977, 628-630쪽.

31 尹炳奭, 「1920년대 獨立軍團과 統合運動」, 『國外韓人社會와 民族運動』, 一潮閣, 1990, 108쪽.

32 한시준, 「이승만과 대한민국임시정부」, 192쪽.

표회 소집을 주장한 것이다.[33]

대통령 이승만의 입지는 고립되어 갔다. 북경의 인사들에 이어 임시정부를 사퇴한 인사들과 상해의 교민들이 국민대표회 소집을 요구하면서, 임시정부의 지지기반도 축소되었다. 이승만과 임시정부에 대한 공격이 격화되어 갔고, 결국 이승만은 미국으로 돌아가는 길을 택하였다. 1921년 5월 17일 '외교상 긴급과 재정상 절박'으로 인해 상해를 떠난다는 내용의 교서(敎書)를 임시의정원에 남기고, 이승만은 5개월여 만에 상해를 떠났다.[34]

국무총리 이동휘가 사퇴한 데 이어 대통령 이승만도 상해를 떠나면서, 임시정부는 존립의 위기에 직면하게 되었다. 그러나 법무총장 신규식이 국무총리 대리로 활동하면서 정부의 조직을 유지 운영해 갔다. 이와 더불어 홍진은 임시의정원 의장으로서 의정원의 조직을 유지 운영하고 있었다. 신규식과 홍진을 중심으로 정부와 의정원이 유지되는 상황이 된 것이다.

5. 태평양회의를 후원

신규식과 홍진이 국무총리 대리와 의정원 의장으로 정부와 의정원을 유지 운영해가는 상황이 되었을 때, 국제정세에 중요한 변수가 나타났다. 1921년 4월 한국독립에 우호적인 입장을 갖고 있는 손문(孫文)이 중국 광동에서 호법정부의 비상대통령으로 선출되었고, 11월에는 미국 워싱턴에서 군비축소를 핵심으로 한 태평양회의가 개최될 예정이라는 것이 그것이었다. 신규식과 홍진은 이러한 국제정세 변화에 능

33 ≪獨立新聞≫ 1921년 5월 21일자 「安昌浩氏의 演說」; 도산안창호선생기념사업회, 『島山安昌浩全集』 6, 2000, 546쪽.

34 ≪獨立新聞≫ 1921년 5월 31일자 「大統領의 敎書」 및 「大統領離」.

동적이고 적극적으로 대처하여 임시정부의 활로를 모색하고자 하였다.

광동 호법정부에 대한 교섭은 신규식이 맡았다. 신규식은 중국의 신해혁명에 참가하여 활동한 인물로 중국혁명가들과 두터운 교분을 갖고 있었다. 그는 1921년 11월 임시정부 전권대사 자격으로 손문과 접견하고, 임시정부에 대한 정식승인을 얻어냄과 더불어 한국독립운동에 대한 지원을 약속받았다.[35] 이는 중국이 임시정부를 지원하게 되는 계기를 마련하였다는 점에서 중요한 의미를 갖는 외교적 성과였다.

태평양회의에 대해서도 커다란 기대를 걸고 있었다. 태평양회의는 미국의 주도하에 영국·프랑스·이태리·일본 등이 참가하여 해군군비축소와 아울러 태평양 및 극동문제를 토의하기 위해 1921년 11월 11일부터 워싱턴에서 개최되는 회의였다. 이 회의에서 한국문제가 주요 의제로 다루어질 것이라는 전망을 갖게 된 것이다. 이에 따라 임시정부와 의정원에서는 태평양회의에 대해 적극적인 외교활동을 전개하기로 하였다.

홍진이 태평양회의에 관한 일을 주도하게 되었다. 1921년 8월 13일 상해교민단 사무소에서 1백여 명이 참가한 가운데 태평양회의에 대한 외교를 후원하기 위한 회의가 열렸다. 여기서 이를 위한 기구로 '대태평양회의외교후원회'를 발족시키면서 홍진을 임시회장에 선출한 것이다.[36] 외교후원회는 상해의 교민들이 태평양회의를 후원하기 위해 조직한 것으로, 민간차원의 기구였다.

홍진은 외교후원회의 조직을 갖추고, 이를 기반으로 연설회 개최와 자금모집 등의 활동을 전개해 나갔다. 8월 26일 외교후원회 제3회 총회를 열어 규칙을 통과시키고, 간부들을 선임하여 외교후원회를 공식

35 閔弼鎬, 「韓中外交史話」(金俊燁 편, 『石麟 閔弼鎬傳』, 나남출판, 1995, 243 - 246쪽) ; 姜英心, 「申圭植의 생애와 독립운동」, 『한국독립운동사연구』 1, 1987, 247쪽.

36 在上海日本總領事館 警察部 第二科, 『朝鮮民族運動年鑑』, 1932, 144-145쪽.

적으로 출범시켰다. 외교후원회의 대표는 간사장으로 하였다. 간사장에는 홍진이 선출되었다. 홍진을 간사장으로 한 외교후원회의 조직과 임원은 다음과 같다.

> 幹　事　長 : 洪　鎭
> 서무전임간사 : 張　鵬
> 서기 : 李東周
> 간사 : 李　鐸, 張德櫓, 金泰淵, 呂運弘
> 재무전임간사 : 趙尙燮
> 서기 : 金仁全
> 간사 : 申鉉彰, 梁基瑕[37]

조직을 간사 중심으로 한 것은 효과적인 실무를 진행하기 위한 것이었다고 생각된다. 그리고 외교후원회의 활동과 관련된 모든 일은 간사회에서 토의 결정하고, 간사들이 이를 집행하였다.

홍진은 외교후원회를 조직하고 활동을 시작하면서, 간사장 명의로 된 「선언서」를 작성하여 발표하였다.[38] 8월 26일 제1회 간사회에서 "홍진이 후원회 취지서를 인쇄반포하기로 결정함"에 따른 것이었다. 홍진은 이를 통해 우리와 직접 관계가 없었던 파리강화회의에서도 외교활동을 전개하여 적지 않은 성과가 있었던 것을 상기시키고, 우리의 근거지인 극동의 문제를 토의 해결하고자 하는 태평양회의야말로 천재일시(千載一時)의 기회라는 것을 강조하였다. 그리고 "모든 것을 다 희생하고 동일한 기치(旗幟) 하에서 용장(勇壯)한 후원군(後援軍)이 되야 노력분투할 것"을 촉구하면서, 외교후원회의 결의사항 3가지를 다음과 같이 언급하고 있다.

37 『朝鮮民族運動年鑑』, 146쪽 ; ≪獨立新聞≫ 1921년 10월 5일자 「太平洋會議에 對한 外交後援會」.

38 洪鎭, 「宣言書」(연세대 현대한국학연구소, 『雩南李承晩文書』 8, 387－389쪽).

1. 태평양회의에 참여한 列邦은 동양평화의 근본문제인 대한독립을 완전 승인하기까지 적극적 활동을 계속할 事
2. 내외 각지방에 在한 각 단체나 개인을 물론하고 상호연락을 취하야 盛히 고취하며 선전하여써 일치행동을 圖할 事
3. 전국민으로 하여곰 대내대외에 맹렬한 운동을 行케 하며 상당한 금전을 수합하야써 경비에 충용할 事

간사장으로서 외교후원회의 활동방향을 천명한 것이다. 태평양회의에서 독립을 승인 받도록 적극적으로 활동할 것을 전제로 하고, 국내외에 산재해 있는 국민을 대상으로 한 선전활동과 자금모집 활동을 전개한다는 방침이었다.

홍진은 연설회를 개최하고, 자금을 모집하는 활동을 시작하였다. 9월 3일 안창호와 김태연(金泰淵)을 연사로 초청하여 한구로(漢口路) 모이당(慕爾堂)에서 연설회를 열었다. 연설회는 대성황을 이루었고, 성과 또한 적지 않았다. 제4회 간사회에서 장붕이 보고한 바에 의하면, 연설회에 출석한 인원이 280여명에 이르렀고, 이 자리에서 의무금 및 기부금 명목으로 약 7백여 원 정도의 수입이 있었다고 한다.[39]

자금모집도 적극적으로 추진하였다. 재무전임간사 조상섭을 남경으로 파견하여, 그곳의 교민들을 대상으로 모금활동을 전개한 것이다. 그리고 서무간사 여운홍이 귀국 중 검거되었다고 했는데,[40] 그도 국내로 자금모집 임무를 띠고 파견되었다가 일경에 체포되었다. 자금모집의 전체적인 규모는 알 수 없지만, 조상섭의 보고에 의하면, 9월 2일부터 17일까지 의무금 및 기부금을 허락한 인원이 170여명이고, 수입금은 859원이었다고 한다.[41]

선전활동을 위해 ≪선전(宣傳)≫이란 이름의 주간지를 발행하기도

39 『朝鮮民族運動年鑑』, 148쪽.
40 『朝鮮民族運動年鑑』, 151쪽.
41 『朝鮮民族運動年鑑』, 148쪽.

하였다. 제5회 간사회에서 ≪선전≫을 발행하기로 하고, 주필에 장붕, 기자에 장덕로·홍진·이동주·김태연·김인전·양기하 등을 선임하였다.[42] 이들은 모두 외교후원회 간사 및 서기를 맡고 있던 인사들이었다. 그러나 발행 비용이 문제가 되었다. 제7회 간사회에서 "인쇄비는 홍진이 부담하기로 결정"이란 것을 보면, 홍진 자신이 ≪선전≫발행에 필요한 경비를 부담하였던 것 같다. ≪선전≫의 발행은 "內로는 충실한 민기(民氣)를 불러 일으켜 맹렬한 운동을 격진(激進)시키고, 外로는 원만한 국교(國交)와 결탁하여 공정한 판단을 수행하는 것"을 주요 임무로 한다고 하였다.[43] 당초 계획은 주간지로 발행한다고 하였지만, 1921년 10월 29일에 발행된 제1호와 11월 30일을 발행일자로 한 제2호만 전해지고 있다.

외교후원회의 활동과 함께, 임시의정원을 통해서도 홍진의 활동은 계속되었다. 임시의회를 개최하여 태평양회의에 대한 안건을 토의 처리한 것이 그 하나다. 임시정부에서 태평양회의에 파견할 대표를 선정하여 그 동의를 요구해 왔다. 홍진은 1921년 9월 25일부터 10월 1일까지 임시의회를 개최하고, 이승만을 대표장·서재필을 부대표로 하는 태평양회의에 출석할 대표인선동의요구안을 표결을 통해 통과시켰다.[44] 이로써 태평양회의에 파견할 대한민국 대표단이 결정되었다.

홍진은 임시의정원 의장의 자격으로 미국에 있는 이승만과 서재필 등에게 태평양회의 출석대표로 임명된 사실을 통보하였다. 9월 29일 의정원 회의에서 '정당(正當)하고 적법(適法)'한 절차에 따라 이승만 대표장·서재필 대표·정한경 서기·프레드릭 돌프(Frederic A. Dolph) 고문 등을 대표단으로 임명하는 데 동의하였다는 사실, 그리고 태평양회의

42 『朝鮮民族運動年鑑』, 151쪽.

43 「創刊辭」(≪宣傳≫ 제1호, 1921년 10월 29일).

44 ≪獨立新聞≫1921년 10월 28일자 「太平洋會議에 出席할 代表人選同意要求案」; 국회도서관, 『大韓民國臨時政府議政院文書』, 124-125쪽.

에서의 활동을 비롯하여 열국과의 교섭이나 조약 체결 등 전권(全權)을 대표단에게 위임하였다는 내용을 알렸다.[45]

이어 홍진은 의정원 의장으로서 각국 국회와 지방의회를 대상으로 한국독립에 협력해줄 것을 요청하는 활동을 전개하였다. 의정원 의원

大韓民國三年十一月三十日 宣傳 第二號 (一)

宣傳

發行所 對太平洋會議外交後援會

通信處 上海中國信箱百十七號

對太平洋會議宣言書

태평양회의외교후원회에서 발행한 ≪선전≫
(1921년 11월 30일)

45 「軍備制限會議에 出席할 大韓民國代表團任命案을 同意하는 證書」(연세대 현대한국학연구소, 『雩南李承晩文書』 6, 429-430쪽).

25명의 명의로 작성 발표한 「태평양회의에 대한 한국독립의 청원서」가 그것이다.[46] 이는 '세계평화를 도모하려면 극동문제를 해결해야 하는데 극동문제 해결은 한국의 완전한 독립에서 비롯된다'는 것과 '한국의 독립이 실현되지 않는다면 세계평화는 기대할 수 없다'는 논리로, 각국 국회와 지방의회 의원들에게 한국독립에 대한 여론을 조성하여 태평양회의에 압력을 가해줄 것을 요청한 것이었다.

홍진은 태평양회의에 대해 남다른 열정을 보였다. 외교후원회의 간사장을 맡아 직접 「선언서」를 작성 인쇄하여 발표한 것이나 ≪선전≫ 발행 비용을 그 자신이 부담하고 있었던 것 등을 통해 볼 때 그렇다. 자신의 온 힘을 기울여, 또 자신을 희생하면서 활동하였던 것이다. 홍진은 대표단에게도 '희생'으로 임하여 줄 것을 당부하였다.

> 閣下여 大韓民國의 莊嚴한 운명은 大韓民族의 유일한 희생으로써 결정될 것이므로 모든 행복과 영예가 모다 우리의 희생적 代償物됨이 甚히 명백한지라. 그러면 元首로부터 일반국민까지 각각 자기의 사명을 自覺하며 임무를 責勉하야 大韓의 국가를 本位로 한 外에난 무엇이라도 희생에 供함이 아니면 우리의 獨立事業은 완전한 효과를 期키 難할지라[47]

이는 외교후원회 간사장 홍진과 간사 장붕·조상섭 명의로 태평양회의 대표인 이승만과 서재필에게 보낸 글의 앞부분에 들어 있는 내용이다. 홍진은 독립운동에 참여하면서 무엇보다도 '희생정신'을 강조해 왔다. '승인 개조'분쟁이 일어나고 국무총리와 대통령이 알력을 빚어 통합정부가 파국을 맞게 된 것도 희생정신이 부족한 때문으로 여기고 있었다.

46 국회도서관, 『韓國民族運動史料』 中國篇, 234-235쪽.
47 「李徐兩代表에게 글을 보냄」(≪宣傳≫ 1921년 11월 30일자).

홍진이 '희생'을 당부한 것은 이승만을 향한 것이었다고 생각된다. 그는 같은 글에서 태평양회의가 한국독립에 중요한 관계가 있다고 하면서, "이에 반(伴)하여 각하(閣下)의 책임이 가장 중대함으로 전민족의 시선(視線)이 모다 각하의 신상(身上)에 총집(叢集)하였나이다. 각하여 신중(愼重)하소서, 각하의 일언일동(一言一動)이 국가전도(國家前途)의 막대(莫大)한 긍경(肯綮)이 되나이다"라 하여, 특별히 이승만 대통령에 대해 당부하고 있다.

뿐만 아니라 대표단이 태평양회의에 제출할 내용에 대해서도 규정해 주고 있다. 같은 글에서 홍진은 "우리의 요구하는 進路는 亶히 우리 국가의 행운을 도모함에 止함이 아니라 적어도 東亞의 平和를 보장하며 세계의 행운을 조성코자 함이니"라고 하여, 한국의 독립은 물론이고 동아와 세계의 평화를 요구하는 내용을 포함시키도록 한 것이다. 그리고 자신이 이러한 내용을 담은 5가지 안을 마련하고, 대표단에게 이를 태평양회의에 제출하라고 요구하였다.

1. 미국정부에 對하야 我代表를 출석 참가케 함을 요구할 것
2. 列國에 對하야 我大韓의 완전 독립 승인을 요구할 것
3. 일본에 對하야 일본이 한국을 병합함이 不法行爲 又는 强迫에 出함을 肯定하는 동시에 被併後 종래 大韓國家 又는 국민에게 貽한 일체 손해를 賠償케 함을 요구할 것
4. 중화민국의 주권 및 영토권을 완전 회복케 하며 국제간 평등권을 향 유케 함을 요구할 것
5. 시베리아에 대한 일본의 침략정책을 防止하며 무조건 철병을 요구할 것[48]

홍진이 중국과 시베리아 문제까지 포함시키고자 한 것은 나름대로 의도가 있었다. 동아평화의 화근(禍根)을 제거하기 위해서는 일제가 주

48 「李徐兩代表에게 보내는 글」(≪宣傳≫ 1921년 11월 30일자).

권을 침탈하고 영토를 강점하고 있는 중국과 시베리아 문제도 해결되어야 한다는 것이 기본적인 생각이었다. 그리고 한국과 이들 양국은 서로 의지하는 관계라는 점에서, 또 일제의 침략이라는 같은 입장이라는 점에서, 이를 타개하기 위해서는 3국이 서로 애휼(愛恤)하며 원조할 필요가 있다고 생각한 것이다.

임시정부 외에도 국내외 독립운동자들이 태평양회의에 커다란 기대를 걸고 있었다. 1921년 9월 국내에서 각 사회단체와 지역 대표자 372명이 서명한 「한국인민치태평양회의서(韓國人民致太平洋會議書)」를 태평양회의에 보낸 것을 비롯하여,[49] 11월에는 일본유학생들이 태평양회의에서 한국의 독립문제를 거론해 줄 것을 호소하며 시위운동을 전개하기도 하였다.[50]

태평양회의에 대한 한국인들의 기대는 컸지만, 열강들은 한국문제에 관심을 기울이지 않았다. 이승만·서재필을 비롯하여 정한경 및 미국인 고문들이 태평양회의 의장인 휴우즈(Charles Evans Hughes) 미국무장관을 방문하고 각국의 유력 인사들을 찾아다니는 등 다양하고 활발하게 활동하였다.[51] 그러나 열강들은 기존의 국제질서를 유지하고 일본의 비위를 거스르지 않으려 하였다. 결국 태평양회의는 한국문제를 거론조차 하지 않은 채 1922년 2월 6일 막을 내리고 말았다.

6. 임시의정원 의장을 사임

태평양회의에 대한 기대가 컸던 만큼, 그것으로 인한 실망감과 좌절

49 연세대 현대한국학연구소, 『雩南李承晩文書』 8, 391-403쪽.
50 鄭用大, 『大韓民國臨時政府外交史』, 한국정신문화연구원, 1992, 145쪽.
51 홍선표 편, *My Days in Korea and Other Essays*, 연세대출판부, 1999, 221-226쪽.

감도 적지 않았다. 또 그것이 임시정부를 둘러싼 독립운동전선에 끼친 파장도 대단했다. 홍진이 갖는 낭패감은 어느 누구보다도 더 컸다. 그는 이러한 국면을 빨리 벗어나고자 하였다. 1922년 2월 8일 제10회 임시의정원 정기의회가 개최되었고, 이를 통해 국면의 전환을 도모한 것이다.

정기의회는 태평양회의가 종막을 고한 이틀 후에 개원되었다. 개원식에는 의정원 의원과 정부측에서 국무총리 대리 신규식을 비롯하여 재무총장 이시영·군무총장 노백린·전(前)노동국총판 안창호 등이 참여하였고, 방청석에는 경무국장 김구(金九)를 포함한 수십명이 자리를 함께 하고 있었다.[52] 정부의 각료들과 의정원 의원들이 한 자리에 모인 것이다. 이 자리에서 홍진은 식사(式辭)를 통해, 모두 함께 힘을 모아 난국을 전환하고 활로를 찾자고 하면서 다음과 같이 호소하고 있다.

> 더욱 誠力을 殫竭하며 知慮를 奮發하여서 頹勢를 挽救하며 난국을 轉環케 하여 우리의 大業을 期成함이 우리 同人等의 유일한 職志이므로 (중략) 국가광복의 天職을 自任하며 民治要衝에 處한 우리 同人으로서 千鈞一髮에 금일에 당하여 오히려 평범한 例套로 苟且塞責함은 어찌 국민의 부탁을 受한 本意리오. 우리는 이러한 勢形과 이러한 苦情에서 難棘을 排除하고 정당한 運路를 開展코자 하려면 由來의 경험을 鑑式하며 장래의 損益을 고찰하여 明快한 判斷 勇敢한 血誠으로 改正하며 革除하며 撐支하며 擴張함이 오늘날 우리 同人의 가장 避치 못할 책임으로 認하노라[53]

난국을 타개하고 새로운 활로를 찾는 것이 의정원 의원과 정부인사들 모두의 직분이며 책임이라는 것을 강조한 것이다. 개원 후 홍진은 위임받은 상임위원회를 서둘러 조직하고, 정부에서 제출한 「臨時駐外

52 국회도서관, 『大韓民國臨時政府議政院文書』, 125쪽.

53 ≪獨立新聞≫ 1922년 2월 20일자 「臨時議政院開院」.

財務官署官制」, 「臨時政府官吏宣誓條例」 등의 법안을 심의 의결하면서 의정원을 활기차게 운영해 나갔다.[54] 의정원의 활동을 활발하게 전개함으로써 침체된 분위기를 일신시키고자 한 것이다.

그러나 임시정부에는 태평양회의에서 한국문제가 거론조차 되지 않았다는 것에 따른 파장이 심각하게 불어닥쳤다. 내무총장 이동녕을 위시하여 이시영·손정도·신규식 등이 1922년 2월 하순부터 차례로 사직서를 제출한 것이다.[55] 태평양회의에 대한 책임으로 국무원이 총사직한 것이었다. 군무총장 노백린만 남아 있었다. 이로써 임시정부는 또다시 무정부상태에 빠지게 되었다.

홍진도 의정원 의장직을 사퇴하였다. 홍진은 외교후원회 간사장으로서 태평양회의에 관한 일을 주도하였던 실질적인 책임자였다. 그는 정기의회가 열리고 있는 상황에서 의정원 의장에 대한 사면청원을 제출하였다. 의정원에서는 4월 3일 홍진의 사면청원을 허락하였고, 후임 의장에는 김인전(金仁全)이 선출되었다.[56] 이로써 홍진은 1921년 5월 6일 제3대 의장으로 선임된 이래, 1922년 4월 3일까지 약 1년 동안 의장으로 활동한 것이다.

54 국회도서관, 『大韓民國臨時政府議政院文書』, 129-133쪽. 제10회 정기의회 당시 상임위원회의 조직과 위원은 다음과 같다.

제1과(法制) : 張鵬, 李裕弼, 鄭泰熙, 金容喆, 申鉉彰.
제2과(內外務) : 李裕弼, 申翼熙, 金仁全, 尹琦燮, 李駿珪.
제3과(財務) : 孫貞道, 金弘敍, 金仁全, 申鉉彰, 李駿珪.
제4과(軍務) : 梁基瑕, 閔忠植, 李秉周, 姜明圭, 尹琦燮.
제5과(交通) : 趙琬九, 梁基瑕, 申翼熙, 閔忠植, 李裕弼.
제6과(豫算決算) : 尹琦燮, 金容喆, 李秉周, 申鉉彰, 趙琬九.
제7과(請願懲戒) : 金九, 申翼熙, 閔忠植, 張鵬, 鄭泰熙.
제8과(敎育實業) : 金弘敍, 李秉周, 金仁全, 李裕弼, 孫貞道.

55 ≪獨立新聞≫ 1922년 3월 31일자 「國務員總辭職에 對하야」 및 1922년 12월 23일자 「우리의 過去 1年」.

56 ≪獨立新聞≫ 1922년 5월 27일자 「議長辭免處理案」.

7. 임시정부의 파괴를 우려

평양회의의 파장은 여기에 그치지 않았다. 태평양회의에 대한 기대로 주춤하였던 국민대표회 소집문제가 다시 추진되었고, 대통령 이승만에 대한 불신임안이 제기된 것이다. 이러한 문제들은 그동안 정부 밖에서 추진되고 있었다. 그러나 정기의회가 개회 중이던 1922년 4월 천세헌(千世憲) 등 102명이 국민대표회 소집을 요구하는 인민청원안(人民請願案)을 의정원에 제출하였고,[57] 6월에는 대통령 불신임안이 공식적으로 제기되기에 이르렀다.

대통령 불신임에 대한 것도 그렇지만, 국민대표회는 임시정부와 의정원의 운명을 결정지을 수도 있는 중대한 문제였다. 그러나 정부는 각원들이 사퇴한 가운데 무정부상태가 지속되고 있었고, 대통령은 하와이에 있으면서 임시정부 일에 관여하기보다는 자신의 세력기반인 동지회의 조직을 확대하고, 구미위원부를 유지시키는 일을 더 중시하고 있었다.[58] 정부와 의정원을 향해 회오리바람이 불어닥치고 있었지만, 이에 대응할 주도자가 없었던 것이다.

홍진은 인민청원안이나 대통령 불신임안에 대해 반대하였다. 의정원에서 인민청원안에 대한 토론이 벌어졌을 때, "나는 이 청원서를 받아 볼 때 마음이 아프고 등에 땀이 났오, 20세기는 군중(群衆)의 물건(物件)이오, 독립운동은 민족적이오, 탈선(脫線)치 않아야 되겠오"라고 하면서, "먼저 원칙을 정하고 모임이 가한데 덮어놓고 모이자 함은 불가하다"는 이유를 들어 반대의견을 피력하고 있는 것이다.[59] 절차와 방법상의 문제를 제기하고 있지만, 실제로는 국민대표회의 '임시정부 파

57 국회도서관, 『大韓民國臨時政府議政院文書』, 140-141쪽.
58 한시준, 「이승만과 대한민국임시정부」, 200쪽.
59 국회도서관, 『大韓民國臨時政府議政院文書』, 146쪽.

괴'를 우려하였기 때문이다.

대통령 불신임안을 반대한 것도 비슷한 이유였다. 대통령 불신임안은 1922년 6월 9일 오영선(吳永善)·안정근(安定根)·조상섭(趙尙燮)·양기하(梁基瑕)·차리석(車利錫) 등 5명의 의원이 '인민의 신망 결여와 정국수습 능력부족으로 독립운동의 정지를 초래' '워싱턴회의에서의 외교실패' '후계내각을 조직하지 못하고 무정부상태 초래' 등의 이유를 들어, 대통령 및 국무원에 대한 포괄적인 불신임안으로 제출되었다.[60]

이를 둘러싸고 6월 17일까지 찬반토론이 계속되었는데, 홍진은 대통령 불신임을 반대하면서 대통령 자신이 결론을 내리도록 유도하였다. 그는 대통령이 이미 3차례에 걸쳐 사직할 뜻을 표명했다는 것을 상기시키는 한편, "후임자 선거의 책임은 의정원에 있으니 염려치 말고 사직하시오"라는 전보를 이승만에게 보내도록 한 것이다.[61]

그러나 독립운동계의 여론은 이미 기울어지고 있었다. 태평양회의와 같은 시기에 모스크바에서 개최된 극동인민대표회의에 참가하였던 인사들이 돌아오면서, 국민대표회 소집문제가 적극적으로 추진되기 시작한 것이다. 북경을 중심으로 한 반(反)이승만 반(反)임시정부 인사들뿐만 아니라, 상해에서도 여운형·안창호 등이 국민대표회주비위원회를 결성하고 연설회를 개최하면서 국민대표회 소집을 추진하고 있었다.[62]

대통령에 대한 비난여론도 확산되어 갔다. 상해의 교민사회에서는 대통령이 미국으로 돌아가 임시정부를 방치하고 있다는 비난이 쏟아졌고, ≪상해타임쓰≫라는 등사판 신문은 집중적으로 이승만에 대한 비판을 퍼부으면서 대통령의 사직을 종용하고 있었다.[63] 이러한 분위기는 의정원에서도 그대로 나타났다. 의정원의 고유 권한을 포기하는

60 국회도서관, 『韓國民族運動史料』 중국편, 409-410쪽.
61 국회도서관, 「大韓民國臨時政府議政院文書』, 155쪽.
62 金喜坤, 『中國關內 韓國獨立運動團體硏究』, 지식산업사, 1995, 153쪽.
63 韓詩俊, 「중국관내 독립운동과 신문 잡지」, 8쪽.

것과 다름없는 인민청원안이 통과되었고, 6월 17일에는 대통령 불신임안도 통과되었다.[64]

국민대표회 소집문제가 구체화되고, 임시정부에 대해 내외적으로 여론이 악화된 가운데 대통령이 임시정부를 수습하고자 하였던 것 같다. 아직 다른 곳에서는 확인되지 않지만, ≪독립신문≫에 보도된 다음과 같은 두 가지 내용을 통해 그것을 알 수 있다.

- 다시 각원을 조직하지 못하고 多月間 내려오더니 這間에 현상유지책으로 하여 각원을 조직하였는데 총리는 盧伯麟씨로 하고, 각부 총장은 내무에 金九, 외무에 趙素昂, 재무에 李始榮, 법무에 洪鎭, 군무에 柳東說, 학무에 曺成煥, 교통에 金東三, 노동에 李沰씨로 하였으나, 노백린씨는 아직 정식 국무총리의 임명이 없고, 기타 이시영·조소앙 양씨를 제한외에는 모두 취임을 승낙치 아니하였더라[65]

- (전략) 대통령으로부터 후계내각을 조직하지 못하다가 8월에 至하여서야 소위 의정원의 통과형식하에 盧伯麟씨를 국무총리로 하고 金九, 趙素昂, 洪鎭, 李始榮, 曺成煥, 柳東說, 李沰, 金東三 諸氏를 각부 총장과 총판으로 조직하였으나 李始榮·趙素昂 數氏를 除한 외에는 다 취임치 아니하였으며[66]

이로 보면 이승만은 노백린을 국무총리로 한 내각을 구성하여 임시정부의 무정부상태를 수습코자 하였던 것 같다. 그러나 국무총리에 대한 정식 임명도 없었던 것 같고, 외무총장 조소앙과 재무총장 이시영 이외에는 아무도 취임하지 않고 있었다는 것이다. 홍진도 법무총장에 임명되었지만, 취임하지 않고 있었다.

64 국회도서관, 『大韓民國臨時政府議政院文書』, 148 ; 157-158쪽.
65 ≪獨立新聞≫ 1922년 11월 18일자 「最近의 政府狀況」.
66 ≪獨立新聞≫ 1922년 12월 23일자 「우리의 過去一年」.

8. 임시정부를 유지해야

국민대표회가 1923년 1월 3일 상해에서 열렸다. 각지의 지역대표와 단체대표 140여명이 참가하였고, 그해 6월까지 회의가 계속되었다. 국민대표회가 개최되면서 임시정부 문제를 둘러싸고 크게 두 가지 의견이 나타났다. 임시정부를 폐지하고 새로운 독립운동 기구를 설립하자는 주장과 기존의 임시정부를 개조하자는 주장이 대두된 것이다. 흔히 전자를 '창조파', 후자를 '개조파'라고 한다.

홍진은 국민대표회가 개최되자, 이에 대한 대책을 마련하고자 하였던 것 같다. 일제의 정보자료에 1923년 1월 5일 "홍진·손정도·조상섭·김인전·조완구·윤기섭·이유필·김구 등 십수명이 윤안리(潤安里) 홍진의 집에 모여 국민대표회에 대한 밀의를 거듭하고"라 한 것이 그것을 짐작케 한다.[67] 이들 사이에 어떠한 논의와 결정이 있었는지는 알려져 있지 않지만, 결론은 임시정부를 유지해야 한다는 것이었다고 생각된다.

홍진은 진작부터 임시정부 유지방안을 강구하고 있었다. 1922년 4월 25일 장붕·윤기섭 등과 함께 '임시정부와 임시의정원을 영구적 제도(永久的 制度)로 개정'하자는 제안을 의정원에 제출한 것이 그것이다.[68] 의정원에서도 이를 받아들여 구체적 방안을 마련하고자 하였다. "임시정부와 임시의정원의 법규(法規)와 제도(制度)를 개선하기 위하여 법정연구회(法政硏究會)를 설치하고 각 방면의 중의(衆議)를 모아 준비하자"는 데까지 논의가 진전되었다.[69] 아마도 6월 이후 정기의회가 제대로 열리지 못하면서, 구체적인 안을 마련하는데 까지는 이르지 못하였던 것 같다.

67 「上海情報」(국회도서관, 『島山安昌浩資料集』 1, 1997, 7쪽).
68 ≪獨立新聞≫ 1922년 7월 1일자 「議員張鵬等의 提案」.
69 ≪獨立新聞≫ 1922년 7월 8일자 「張鵬等提案에 對한 特別委員의 修正案」.

이 문제는 1923년 제11회 정기의회에서 더 구체화되었다. 국민대표회가 한창이던 4월 의정원에서 “임시대통령제를 폐지하고 종전 대통령에게 속하였던 직권(職權)의 일부를 국무원(國務院)과 의정원에 넘기자”고 하면서, 이를 위해 헌법을 개정하자고 한 것이 그것이다.[70] 의정원이 임시정부를 유지하기 위한 방안으로 헌법개정을 택한 것이고, 이로써 국민대표회에 참여하고 있는 인사들과 타협의 여지가 마련되었다.

홍진은 국민대표회의 ‘창조파’ 및 ‘개조파’ 인사들을 만나 타협을 추진하였다. 일제측은 현정부 유지파인 홍진·손정도·이시영 등이 개조파의 안창호·정신(鄭信)·김철·이유필, 그리고 윤해(尹海)·원세훈·신숙 등 창조파 인사들과 포석로(蒲石路) 신민리(新民里) 14호에서 수차례 회합한 것으로 파악하고 있다.[71] ‘창조파’와는 타협이 이루어지지 못하였다. 그러나 ‘개조파’와는 각원을 개선하고 헌법을 개정하여 임시정부를 유지한다는 데 의견을 같이 함으로써 타협을 이루게 되었다.

‘개조파’와 타협을 이룬 홍진은 헌법개정을 추진하였다. 1923년 7월 2일 임시헌법개정기초위원회 규정을 마련하고, 기초위원회를 조직한 것이다. 기초위원회는 정부측에서 외무총장 조소앙·법무총장 홍진, 그리고 의원 이유필·조완구·정신·이진산(李震山)·오영선·윤자영(尹滋英)·서영완(徐永琬)·윤경일(尹敬一)·손정도·김준(金濬)·김철·이중호(李重浩)·왕삼덕(王三德)·조상벽(趙相壁)·김이대(金履大)·백남준(白南俊) 등,[72] 소위 ‘유지파’와 ‘개조파’들로 구성하였다.

임시헌법개정은 법무총장 자격으로 추진하였던 것 같다. 홍진은 1922년 8월 법무총장에 임명되었지만, 앞에서 언급했듯이 다른 각원들과 마찬가지로 취임하지 않고 있었다. 그런데 헌법개정기초위원회 명

70 《獨立新聞》 1923년 5월 2일자 「臨時憲法改正案」.

71 국회도서관, 『韓國民族運動史料』 중국편, 321쪽.

72 「上海假政府憲法改正計劃ニ關スル件」(1923년 7월 21일, 高警 제2496호)

단에서 처음으로 법무총장이란 직책이 표시되었다. 그리고 1924년 2월 제12회 임시의정원 회의를 소집하는 임시대통령령(臨時大統領令)에도 국무총리 노백린, 내무총장 김구, 외무총장 조소앙, 재무총장 이시영과 나란히 법무총장 홍진이라고 되어 있다.[73]

임시헌법개정 문제는 제12회 의정원 정기의회에서 다루어졌다. 정기의회는 1924년 2월 29일 개원되었다. 그러나 개원 직후부터 의정원에서 논의된 주요 문제는 새로이 보선된 의원의 자격과 권리에 대한 것이었다. 속기록이 많이 누락되어 있어 전모는 파악하기 어렵지만, 당선된 때부터 의원으로서의 자격과 권리를 가진다는 주장과 의정원에서 자격심사를 통과하기 전까지는 권리를 행사할 수 없다는 것이 주요 쟁점이 되고 있었다.

의원의 자격과 권리를 둘러싼 공방에는 정치적인 의도가, 특히 '기호파'와 '서북파'의 주도권 문제가 있었다. 의원들의 발언을 보면 엄항섭·조완구 등 '기호파' 의원들은 당선과 더불어 의원의 자격과 권리를 행사해야 한다는 주장을 펴고 있고, 조상섭·최석순·김붕준 등 '서북파' 인사들은 당선만으로 의원의 권리를 인정할 수 없다는 주장이었다.

양측의 주장은 타협점을 찾지 못하였다. 6월 6일에 있은 조상섭의 "개원(開院)이래 헌법개정문제로 금일까지 왔오. 평안도 의원이 기호파를 멸시하려는 것이 아니오"라는 발언에서[74] 짐작할 수 있듯이, 6월에 이르기까지 서로 팽팽하게 대립하는 상황이 계속되고 있었던 것이다.

내외로부터 불어닥친 위기를 수습하고 임시정부를 유지하기 위해 임시헌법개정을 추진하였던 홍진은 의정원의 상황을 지켜보면서 커다란 실망감을 갖게 되었다. "우리의 운동방략(運動方略)이 뇌확(牢確)한 조직체를 이루지 못하고 한갓 병적(病的) 상태에서 편당적(偏黨的) 감

73 ≪獨立新聞≫ 1924년 3월 1일「臨時大統領令」.
74 국회도서관,『大韓民國臨時政府議政院文書』, 193쪽.

정이 농후하여 갈 뿐"이라고 한탄했다는 ≪독립신문≫의 표현이[75], 당시 홍진의 심정을 잘 대변해 준다고 하겠다.

국내에서 한성정부를 수립하고 그것을 상해로 가져왔던 홍진은 어떻게든 임시정부만은 유지해야 한다는 생각이었고, 이를 위해 전력을 기울여 왔다. 그는 의정원에서 '기호파'와 '서북파' 사이에 의원의 자격과 권리문제를 가지고 지루한 공방이 벌어지던 때인 1924년 4월 16일 법무총장을 사임하였다.[76] 그리고 상해를 떠나, 남경 근처에 있는 진강(鎭江)이란 도시로 갔다. 이후 2년여 동안 홍진은 진강에 은거해 있었다.

75 ≪獨立新聞≫ 1926년 9월 3일자 「洪領의 來歷」.

76 ≪大韓民國臨時政府公報≫ 제1호, 1924년 9월 1일.

제 5 장

임시정부의 국무령

1. 진강(鎭江)에 은거하며 새 방안을 강구

홍진은 법무총장을 사임한 직후 자취를 감추었다. 임시정부가 있는 상해를 떠난 것이다. 그가 간 곳은 진강(鎭江)이란 곳이었다. 진강은 강소성(江蘇省)에 있는 한 도시로 남경(南京)에서 멀지 않은 곳에 있었다. 법무총장을 사임한 것이 1924년 4월이었고, 국무령이 되어 다시 상해로 나온 것은 1926년 7월이었다. 2년 3개월 동안 진강에서 생활하였다.

진강의 생활에 대해서는 알려진 것이 거의 없다. 다만 국무령이 되었을 때 ≪독립신문≫이 그를 소개하면서 "(전략) 국면(局面)의 변화가 날로 소사(所思)에 멀어짐에 스스로 시비(是非)를 떠나 진강(鎭江)에 이우(移寓)하여서 조용히 대계(大計)를 위하여 연구와 저술에 힘을 모으다가"라고 한 것과,[1] 일제측이 국무령 홍진의 신상을 조사하면서

1 ≪獨立新聞≫ 1926년 9월 3일자 「洪領의 來歷」.

"1924년 5월 사퇴한 이래 강소성 진강에 잠거(潛居)하며 불우(不遇)한 생활을 하고 있는 者이다"라는[2] 것이 전부이다.

≪독립신문≫이 1926년 9월 3일에 게재한 홍진의 글. 「통분과 절망」의 일부 내용을 발췌하여 "大衆아! 모혀라"는 제목으로 게재하였다.

2 「上海臨時政府國務領의 退任과 同地 韓人獨立運動者의 策動」(국회도서관, 『韓國民族運動史料』 中國篇, 1976, 598쪽).

진강에서의 생활은 어려웠던 것 같다. 그리고 별다른 활동은 하지 않았고, 연구와 저술을 하며 지낸 것으로 보인다. 홍진은 진강에 있는 동안 「통분(痛忿)과 절망(切望)」이란 글을 썼다고 한다. 완성된 글이 아니라고 홍진이 주저하였지만, 독립신문은 그를 설득하여 「大衆아 ! 모혀라」는 제목으로 게재하였다.[3] 글 전체를 모두 게재한 것은 아니었고, 「통분과 절망」의 주요 내용을 편집한 것이다.

이 글에는 임시정부의 새로운 활동방향을 정립하고자 하는 홍진의 의도가 물씬 배어 있다. 많은 부분이 생략되었기 때문에 논리가 체계적이진 않지만, 임시정부 수립 이후 나타난 여러 가지 문제점을 지적하고, 자신의 방안을 분명하게 제시하고 있다. 홍진이 가장 큰 문제로 지적한 것은 '지방적 감정(地方的 感情)'과 '계파적 배척(系派的 排斥)'이었다. 이로 인해 상호간 증오와 반목이 조성되고, 민심은 날로 흩어진다고 하면서 "일시흥분(一時興奮)되었든 모든 사업이 차차 회심상태(灰心狀態)에 도라가게 되었다"라 하고 있다. 3·1운동으로 임시정부를 수립하여 큰 기대를 모았지만, 지역과 파벌의 대립으로 인해 기대와 희망이 무너졌음을 이야기 한 것이다.

지도자들이 독립운동에 대한 이념과 방략을 가지고 있지 못함도 문제점으로 지적하고 있다. 그동안 '민의법리(民意法理)' '군사(軍事)' '타협과 조정' '외교' '선전' 등을 내세우고 활동하였지만, 쟁단(爭端)과 혼란만을 불러 일으켰다는 것이다. 심지어는 권력을 남용하여 동지를 상해(傷害)한 경우도 있고, 국채횡령 및 정부전복의 음모를 감행한 자도 있다고 하였다. 그리고 "아츰에 사회혁명(社會革命)을 절규하는 자도 저녁에는 자본주의자(資本主義者)로 화(化)함이 잇고, 이곳서는 때가 이르럿다 어서 혈전(血戰)에 이러나라 떠들든 자도 저곳 가서는 일이 아즉 머럿스니 생취교훈(生聚敎訓)으로 서서히 준비하자 말한다"고 하면서,

3 ≪獨立新聞≫ 1926년 9월 3일자 5-6면.

지도자의 이념과 방략이 없음을 통렬하게 비판하고 있다. 이로 인해 우리 민족은 모래와 같이 흩어져서 방황할 수밖에 없는 상태가 되고 말았다는 것이다.

홍진은 이러한 문제들이 임시정부에 끼친 악영향에 대해 한탄하고 있다. 임시정부의 독립운동이 "소수굴강자(小數屈强者) 반항운동의 정도에 불과"하게 되었다는 것이고, 임시정부는 정신적으로는 민족을 대표할 수 있지만, 민족전체의 권한을 대행하는 데는 많은 결함을 갖게 되었다고 하였다. 독립운동 전반이 그렇지만, 특히 임시정부가 쇠퇴해 가는 것을 홍진은 안타깝게 여기고 있었다.

홍진은 임시정부를 중심으로 한 '민족의 대결합(大結合)'을 구상하고 있었다. '민족의 자유'와 '국가의 건설'이란 위대한 사업을 실현하려면, 이를 움직여나갈 만한 민족적 대결합이 있어야 한다고 하면서, 독립운동의 우선적 과제가 '민족의 대결합'에 있음을 강조하였다. 그리고 민족의 대결합을 실현하는 방법으로 '일정(一定)한 주의(主義) 정강(政綱)'을 마련해야 한다는 것과, 이에 '희생'과 '복종'이 뒤따라야 한다는 것을 역설하고 있다.

> 此時를 當한 우리 同志들의 중대한 사명이 무엇이냐. 小數로부터 多數에, 불완전으로부터 완전에까지 奮鬪, 堪忍, 鼓動, 引導가 모두 희생의 天職이다. 아모리 各個人의 思想精神이 철저하여도 一心一德에 服從體를 이룸이 업스면 遠大한 사업을 期必할 수 업슬 뿐아니며 旣成한 局勢조차 유지할 수 업다. 그럼으로 우리는 더욱 死力을 다하여 무엇보다도 이것으로써 急務를 삼어야 할 것이다. 陳腐한 사상과 虛僞의 욕망은 胸際로부터 一掃하여 버리고 光明牢確한 참 精誠으로 一定한 主義 政綱에 유일한 服從者가 되자. 權利는 복종에서 생기는 것이다.[4]

4 洪震, 「大衆아 ! 모혀라」(≪獨立新聞≫ 1926년 9월 3일자).

민족의 대다수가 희생하고 복종할 수 있는 일정한 주의·정강을 마련하고, 이를 중심으로 민족의 대결합을 이루어야 한다는 것이었다. 이것이 진강에 은거하며 홍진이 생각한 독립운동 방안이었다. 홍진이 국무령에 선임되어 '민족대당(民族大黨)'을 추진한 것은 바로 여기에서 비롯된 것이었다.

2. 대통령의 탄핵과 국무령제 채택

홍진이 진강에 은거하고 있는 동안, 임시정부에는 커다란 변화가 있었다. 박은식(朴殷植) 내각이 출범하고, 이에 의해 이승만 대통령에 대한 탄핵이 단행된 것이다. 이와 함께 임시정부의 헌법을 개정하는 작업도 이루어졌다. 수립 당시의 임시정부 체제와 헌법을 바꾸는 일대 개혁이 이루어진 것이다.

홍진이 법무총장을 사임하고 진강으로 간 후, 박은식 내각이 구성되었다. 1924년 12월 박은식이 국무총리 겸 임시대통령 대리를 맡게 되었고, 이유필(내무), 오영선(법무), 조상섭(학무), 이규홍(재무 겸 외무), 노백린(교통 겸 군무), 김갑(노동국총판), 김붕준(국무원비서장)을 중심으로 한 내각이 출범한 것이다.[5] 각원들 대부분이 '서북파' 인사들이었다. 그동안 임시정부는 '기호파' 중심으로 유지 운영되어 왔다. '기호파'가 물러나고 '서북파'가 주도권을 장악하게 된 것이다.

박은식 내각은 출범과 더불어 두 가지 일을 동시에 추진하였다. 이승만 대통령에 대한 탄핵과 임시헌법을 개정하는 작업이 그것이었다. 대통령에 대한 탄핵은 그동안 의정원에서 여러 차례 추진된 일이 있었다. 그리고 임시헌법을 개정하는 문제는 국민대표회가 개최될 때,

5 백암박은식선생전집편찬위원회, 『白巖朴殷植全集』 6, 동방미디어, 2002, 635쪽.

홍진이 '개조파'와 타협하여 임시정부를 유지하기 위한 방안으로 제안한 것이었다.

대통령을 탄핵하고 임시헌법을 개정하는 문제는 정부와 의정원 인사들이 함께 추진하였다. 박은식 내각이 출범한 지 열흘만인 1924년 12월 28일 각원 전부와 의정원 의장 최창식·법제위원장 윤자영 등이 회합을 가졌다. 여기서 '재정통일 및 의무금 수합의 건'을 비롯하여 여러 안건들이 논의되었는데, 그 핵심은 임시헌법에 대한 개정과 이승만 대통령에 대한 탄핵을 단행하기로 결정한 것이었다.[6]

대통령 탄핵과 헌법개정은 1925년 의정원 정기의회에서 이루어졌다. 의정원의 정기의회는 매년 2월에 개최하도록 되어 있었다. 정기의회가 개최된 일자는 확실하지 않지만, 3월 14일 의원 최석순(崔錫淳)·문일민·임득산(林得山)·강경선·나창헌(羅昌憲)·김현구(金玄九)·곽헌(郭憲) 등의 연서로 된 「임시대통령이승만탄핵안」이 의정원에 제출되었다.[7] 대통령 탄핵에 대해서는 이미 정부와 의정원 사이에 협의가 있었고, 이러한 기초 위에 안건으로 제출된 것이다.

대통령 탄핵안은 신속하게 처리되었다. 안건으로 제출된 지 4일만인 3월 18일 통과되었고, 나창헌을 위원장으로 한 심판위원회를 구성하여 이승만의 위법사실을 조사 보고하도록 하였다. 심판위원회의 심리를 거치면서 '탄핵'이 '면직'으로 바뀌었고, 3월 23일 「임시대통령면직안」이 의정원의 결의로 통과되었다.[8] 이로써 1919년 9월 대통령으로 선출되었던 이승만이 의정원에 의해 사실상 탄핵을 당하였다. 의정원에서는 이승만 대통령에 대한 면직안을 통과시킴과 동시에 새로운 대통령을 선출하였다. 후임 대통령에는 박은식이 선출되었다.[9]

6 국회도서관, 『韓國民族運動史料』 중국편, 1976, 541쪽.
7 국회도서관, 『韓國民族運動史料』 중국편, 549-550쪽.
8 ≪獨立新聞≫ 1925년 3월 23일자 「審判書」.
9 ≪獨立新聞≫ 1925년 3월 23일자 「臨時大統領을 選擧」.

임시헌법도 개정하였다. 임시헌법의 개정은 1923년 7월 2일 임시헌법개정기초위원회가 결성되면서 추진되었으나, 1924년 제12회 의정원 정기의회가 의원의 자격과 권리문제로 공방을 벌이면서 중단되어 있던 상태였다. 의정원에서는 1925년 3월 30일 정부가 제출한 임시헌법 개정안을 통과시키고, 4월 7일 개정 헌법인 「대한민국임시헌법(大韓民國臨時憲法)」을 공포하였다.[10]

임시헌법을 개정한 데는 여러 가지 이유가 있었지만, 기본적으로는 대통령제로 인한 폐단을 없애자는 것이었다. 기존의 헌법에는 대통령 임기가 제한되어 있지 않았을 뿐더러, 대통령이 국무원이나 의정원과 마찰을 빚게 되었을 때 해결할 방도가 없었다. 개정된 임시헌법은 이를 보완한 것으로, 가장 큰 특징은 대통령제를 없애고 국무령제(國務領制)를 채택한 것이라고 할 수 있다.[11]

'국무령'이란 명칭이 결정될 때까지에는 상당한 고심이 있었던 것 같다. 헌법개정 초안에는 '국령(國領)'이라 되어 있었고, ≪독립신문≫에서 그 취지는 이해하지만 직명이 생소하다고 이의를 제기하고 있는 것이 그것을 짐작케 한다. "元首의 榮號를 是貪하여 椅子를 柱守不動하는 人士의 전례가 있음을 심히 고통으로 생각한 경험에 의하여 세계 初有의 새로운 職名을 제정한 듯" 하다고 하면서, '국령'이란 '나라의 수령'이라고 해석할 수도 있지만 '나라의 영토'라고 해석할 수 있는 여지도 있다는 것이다. 이러한 이의 제기와 함께 독립신문은 차라리 '나라의 공복(公僕)'이라는 뜻에서 '국복(國僕)'이라 하던지, 국무령(國務領)이라는 직명을 사용할 것을 제안하고 있다.[12]

임시헌법이 개정되면서 임시정부는 대통령제에서 국무령제로 바뀌

10 ≪獨立新聞≫ 1925년 3월 31일자 「改正憲法案이 通過」.

11 孫世一, 「大韓民國臨時政府의 政治指導體系」, 『3·1運動50周年記念論集』, 동아일보사, 1969, 920-921쪽.

12 ≪獨立新聞≫ 1925년 3월 23일자 「臨時憲法改正에 就하야」.

게 되었다. 국무령제는 "임시정부는 국무령(國務領)과 국무원(國務員)으로 조직한 국무회의의 결정으로 행정과 사법을 총판(總辦)함"(제4조), "국무령이 국무회의를 대표한다"(제5조)고 하여,[13] 국무령을 수반으로 한 집단지도체제 형식을 취하고 있다. 그리고 종전의 대통령은 임기 제한이 없었으나, 국무령은 3년으로 임기를 규정하였다(제14조).

3. 임시의정원에서 국무령으로 선임

개정된 임시헌법이 시행되면서, 국무령제가 실시되었다. 1925년 7월 7일부터 개정된 임시헌법이 시행되었고, 이에 따라 대통령제는 폐지되고 말았다. 개정 헌법의 시행과 동시에 대통령 박은식이 사임하였다. 대통령 박은식의 역할은 이승만 대통령을 탄핵하고 헌법을 개정하여 임시정부를 정상화시키는 데 있었다.

국무령제가 시행되면서, 개정된 헌법에 따라 새로이 국무령을 선출하였다. 명칭은 다르지만, 국무령은 대통령과 같은 것이었다. 헌법에 의하면 국무령은 의정원에서 선출하도록 되어 있었다. 초대 국무령은 서간도지역의 독립운동기지를 개척하고 당시에 정의부(正義府)의 실질적 지도자로 활동하고 있던 이상룡(李相龍)을 선출하였다. 임시정부가 만주지역 독립운동 세력을 연계하고 포괄하려는 배려가 작용한 것이었다.

그러나 국무령제는 쉽게 정착하지 못하였다. 이상룡이 내각을 조직하지 못한 것이다. 이상룡은 상해로 와 1925년 9월 국무령에 취임하였고, 이탁(李沰)·김동삼(金東三)·오동진(吳東振)·이유필(李裕弼)·윤세용(尹世

13 「大韓民國臨時憲法」(韓詩俊 편, 『大韓民國臨時政府法令集』, 국가보훈처, 1999, 52쪽).

茸)·현천묵(玄天默)·윤병용(尹秉庸)·김좌진(金佐鎭) 등 만주의 정의부와 신민부 인사들을 국무원으로 임명하여 내각을 조직하고자 하였다.[14] 그러나 국무원에 임명된 만주측 인사들이 이를 거부하고 취임하지 않았다. 이로써 이상룡은 내각을 구성하지 못한 채로 있다가, 다음해 2월 국무령을 사임하고 만주로 돌아갔다.[15]

이상룡의 뒤를 이어 양기탁(梁起鐸)이 국무령에 선출되었다. 의정원에서는 1926년 2월 18일 이상룡에 대한 면직을 처리하고, 동시에 양기탁을 국무령으로 선임하였다. 그러나 양기탁은 취임하지 않았다. 그는 4월 29일 정식으로 국무령에 취임하지 않는다는 것을 공전(公電)으로 보내왔고, 이에 따라 의정원은 양기탁의 국무령 선임을 무효로 선포하였다.[16]

양기탁에 이어 안창호가 국무령에 선출되었다. 당시 안창호는 미국에 가 있었다. 의정원에서는 미국에 갔던 그가 돌아온다는 소식을 듣고, 5월 3일 그를 국무령으로 선거하였다.[17] 그러나 안창호는 이를 승낙하지 않았다. 반대자가 있는 이상 취임하지 않겠다고 한 것이다. 결국 안창호는 그의 취임에 반대하는 인사가 있자, 의정원에 취임하지 않겠다는 공함을 보내고 평소에 희망해 왔던 이상촌을 건설한다며 남경으로 떠났다.[18]

선출된 국무령이 취임하지 않음으로써, 임시정부는 무정부상태나 다름없게 되었다. 1925년 7월 박은식 대통령이 사임한 이래 10개월이 넘도록 정부의 수반이 없었던 것이다. 의정원에서는 1926년 2월 19일 국

14 ≪大韓民國臨時政府公報≫ 제44호, 1926년 12월 16일.

15 蔡永國, 『韓民族의 만주독립운동과 正義府』, 국학자료원, 2000, 230쪽.

16 「國務領選任及解任」(≪大韓民國臨時政府公報≫ 제44호, 1926년 12월 16일).

17 위와 같음.

18 「上海臨時政府 國務領의 選任과 同地 韓人獨立運動者의 策動」(국회도서관, 『韓國民族運動史料』 中國篇, 598쪽) ; 「僭稱政府國務領後任者選任의 件」(도산안창호선생기념사업회, 『島山安昌浩全集』 6, 2000, 449-450쪽).

무령이 취임할 때까지 임시정부의 정무(政務)는 의정원 행정부(行政部)에 위임하고, 의장이 잠행(潛行) '집정(執政)'의 명의로 정무를 집행한다는 것을 결의하였다.[19] 이에 따라 의정원 의장 최창식이 집정이 되어 국무령을 대리하였고, 이로써 정부가 이름을 유지하게 되었다.

大韓民國臨時政府公報

第四十四號

大韓民國八年十二月十六日 臨時政府

臨時政府通信處 上海郵務信箱七三四號

◎國務員의選任及解任

大韓民國七年十月十日에李沰、金東三、吳東振、李裕弼、尹世茸、玄天默、尹秉庸、金佐鎭은國務員으로選任되다

大韓民國七年十月十二日에曹成煥은國務員으로選任되다

◎國務領選任及解任

國務領李相龍은二月十八日에臨時議政院의決議로免職되다

二月十八日에臨時議政院에서梁起鐸을國務領으로選擧하다

國務領梁起鐸은四月二十九日에就任치안는다는公電에依한臨時議政院의無効宣佈로解職되다

五月三日에臨時議政院에서安昌浩를國務領으로選擧하다

國務領安昌浩는五月二十四日에就任치안는다는公函에依한臨時議政院의無效宣佈로解職되다

七月七日에臨時議政院에서洪震을國務領으로選擧하다

◎國務員의選任及解任

國務員李沰、金東三、吳東振、李裕弼、尹世茸、玄天默、尹秉庸、金佐鎭、曹成煥은就任치안음으로解職하다 二月十八日

金應燮、李裕弼、趙尙燮、趙鏞殷、崔昌植은國務員으로選任되다 八月十八日

國務員崔昌植을內務長으로選任하다 八月三十日

國務員李裕弼을財務長으로選任하다 八月三十日

國務員趙尙燮을法務長으로選任하다 八月三十日

國務領洪震은外務長을兼攝하다 九月二十七日

◎職員의任免

李啓商으로警務員兼財務員을任하다 十月四日

金汝洪으로秘書를任하다 十一月二十二日

警務員兼財務員李啓商은願에依하여本兼職을免하다 十二月八日

秘書金汝洪은願에依하여職을免하다 十二月八日

◎法律及規程

國務會議規程

第一條 本規程은臨時憲法第四條에依한國務會議의議事規程임

第二條 國務會議는國務領이主席함但國務領이缺席할때는國務員中

≪대한민국임시정부공보≫에 게재된 홍진의 국무령 선임 기사(1926년 12월 16일자)

19 ≪大韓民國臨時政府公報≫ 제44호, 1926년 12월 16일.

선출한 국무령이 취임하지 않자, 국무령을 선출하는 방법을 달리하였다. 의정원 회의에서 특정한 인물을 선출하여 당사자에게 선출된 사실을 통보하는 것이 기존의 방법이었다. 이를 바꾸어 국무령의 대상자를 선정하고, 사전에 당사자를 만나 승낙을 받도록 하였다. 당사자의 승낙을 얻은 후, 의정원 회의에서는 공식적인 절차를 밟아 그를 국무령으로 선출한다는 것이었다.

안창호가 사퇴한 후, 의정원에서는 후임자를 물색하였다. 그 후임자로 선정한 것이 바로 홍진이었다. 당시 홍진은 진강에서 은거생활을 하고 있었다. 그를 국무령으로 선정한 이유나 과정에 대해서는 명확하게 알려진 것이 없다. 다만 다음과 같은 ≪독립신문≫의 두 가지 기사가 그것을 짐작케 한다.

- 선생의 天性은 方正하나 包容이 크고, 強直하나 圓滿하며, 慷慨하며, 磊落하며, 堅忍하며, 또 가장 大義를 존중하며, 勢利에 지극히 澹泊하야 一毫의 野慾이 없는 介潔한 志士의 典型 그대로인대, 더욱 見識이 透徹하고 사상이 탁월하며, 또 些毫의 黨派氣味가 없는 이다[20]

- 홍진선생은 左右에 간섭이 업시 觀戰究策의 태도를 취하여 벽지에 閑養中 好多의 方略을 求得하엿스며 吾人의 독립운동은 전민족적 대단결이라야 寸步를 始移 하리라는 절실한 각오에서 雄圖大界를 가진 不二의 적임자로서[21]

이는 국무령으로 선출된 후, ≪독립신문≫이 홍진을 소개한 글 속에 들어 있는 내용이다. 글의 성격상 그에 대한 찬사일 것은 당연하지만, 홍진의 본모습을 크게 과장한 것은 아니라고 생각된다.

20 「洪領의 來歷」(≪ 獨立新聞≫1926년 9월 3일자).
21 松園, 「新政局에 對하야」(≪獨立新聞≫ 1926년 10월 3일자).

홍진이 국무령에 선임된 것은 크게 두 가지 이유였다. 하나는 당파(黨派)에 기울여져 있지 않다는 것이었다. 임시정부가 수립 직후부터 파국으로 치닫고 침체상태에 빠지게 된 가장 커다란 요인은 이념적·지역적 파벌과 대립이 끊이지 않았다는 점이었다. "국민대표회 해산 이후로 어느 편에도 간섭없이 지내온 홍진씨의 각을 출현케 함이 가장 좋은 방책이었다"라는 ≪신한민보≫의 보도처럼,[22] 그는 이념적 대립이나 지역적 파벌에 초월해 있었다. 한성정부를 수립하여 상해로 가지고 온 후, 홍진은 오직 임시정부를 존속시키는 것을 최고의 신념으로 삼고 있었던 것이다.

다른 하나는 당시 임시정부가 처하고 있던 난국을 헤쳐 나갈 수 있는 독립운동의 방안을 갖고 있었다는 점이었다. 앞에서 언급하였듯이, 홍진은 진강에 머물러 있으면서 임시정부 수립 이후 나타난 여러 가지 문제점들을 분석하고, 향후 새로운 독립운동 방안을 강구하였다. 그는 이것을 「통분과 절망」이라는 제목의 글로 정리하였고, ≪독립신문≫에서는 이를 몇 차례 나누어 연재하기도 하였다.

홍진을 국무령으로 선정한 후, 의정원에서는 직접 홍진을 찾아갔다. 당시 홍진은 진강에 있었다. 홍진을 찾아간 것은 최창식이었다. 그는 의정원 의장이면서, 박은식 대통령이 사임한 이후부터 집정으로 국무령을 대리하고 있었다. 일제정보에 의하면 1926년 6월 중순 최창식이 직접 진강으로 가, 홍진에게 국무령이 되어 달라고 설득하였다고 한다.[23]

홍진은 최창식의 국무령 제의를 받아들였다. 최창식이 함께 오인구락부(吾人俱樂部)를 조직하여 활동한 인물이었다는 점도 크게 작용하였

22 ≪新韓民報≫ 1926년 8월 12일자 「서광이 보이는 정국」.

23 「上海假政府國務領決定難ト同地不逞鮮人ノ動靜ニ關スル件」(도산안창호선생기념사업회, 『島山安昌浩全集』 6, 472-473쪽).

겠지만, 임시정부가 무정부상태에 빠져 있는 것을 방관할 수 없었던 것이다. 또 앞에서 언급한 것처럼, 그에게는 임시정부의 활로를 개척하고, 독립운동을 활성화시키기 위한 나름대로의 방안도 있었다. 홍진은 2년여에 걸친 진강에서의 은거생활을 청산하고, 최창식과 함께 상해로 나왔다.

의정원에서는 공식적인 선거 절차를 밟아 홍진을 국무령으로 선출하였다. 그의 국무령 선출은 "임시의정원은 민국(民國) 8년 7월 7일 즉 임시헌법개정시행 제1주년 기념일을 期하야 全院一致로 警寰 洪震氏를 國務領으로 선거하얏다"라는 내용으로 보도되었다.[24] 그가 국무령으로 선임된 7월 7일은 마침 국무령제를 핵심으로 한 개정 임시헌법이 시행된 지 1주년이 되는 날이었다. 국무령제가 시행된 후 1년만에 임시정부를 이끌어갈 국무령이 선출된 것이다.

국무령에 선출된 후, 홍진은 새로운 각오를 다짐하였던 것 같다. 이름을 바꾸어 쓰기 시작한 것이다. 그는 중국으로 망명할 때 압록강을 건너면서 홍면희(洪冕熹)란 이름을 홍진(洪鎭)으로 바꾸었고, 중국에서는 이를 사용하였다. 그러다 국무령에 선출된 후에는 경환(警寰)이라는 자(字)와 함께, 이름도 '鎭'이 아닌 '震'을 쓰기 시작한 것이다. '洪震'이란 이름을 사용한 것은 국무령에 선출된 후부터였다. 이후 그는 '洪震'이란 이름을 사용하였다.

4. 임시정부 국무령에 취임

국무령에 선출된 후, 홍진은 곧바로 취임하였다. 국무령의 취임은 의정원에서 있었다. 국무령으로 선출된 다음 날인 1926년 7월 8일 의

24 ≪獨立新聞≫ 1926년 9월 3일자「國務領選擧就任」.

정원에서 취임식이 거행되었다.[25] 정식 절차를 거쳐 국무령에 취임한 것이다. 국무령제가 시행된 후, 국무령에 취임한 것은 이상룡에 이어 홍진이 두 번째였다. 양기탁과 안창호는 의정원에서 선출되었지만, 취임하지는 않았다.

홍진은 국무령에 취임하면서, 자신의 독립운동 방안을 제시하였다. 취임사를 통해 우선 위기에 있는 현 정국을 안정시키고, 동시에 독립운동을 "혁명적 원리에 근거하는 정궤(正軌)로 돌진(突進)되도록 힘쓸 것"이라고 하면서, 자신이 추진해나갈 3대 정강(政綱)을 다음과 같이 밝힌 것이다.

1. 비타협적 자주독립의 新運動을 촉진할 일
2. 전민족을 망라한 공고한 黨體를 조직할 일
3. 전세계 피압박민족과 연맹하야 協同戰線을 조직하는 동시에 또한 연락할 만한 友邦과 제휴할 일[26]

이는 국무령으로서 추진해 나갈 시정방침이었다. 홍진은 이미 진강에 은거해 있을 때 독립운동의 방안을 강구하고 있었고, 국무령에 취임하면서 이를 3가지로 정리하여 발표한 것이다.

홍진이 우선적으로 실행하고자 한 것은 전민족이 단결한 '정당(政黨)'을 조직하는 것이었다. 정당의 조직은 진강에서 구상한 '일정한 주의 정강을 기초로 한 민족의 대결합'을 현실화시키는 방법이었다. 독립운동세력의 대단결을 이루기 위해서는 일정한 주의와 정강이 있어야 한다는 것이었고, 이를 기초로 정당을 결성함으로써 민족의 대단결을 이룰 수 있다는 것이 그의 생각이었다. 홍진은 정당의 조직에 대해 강한 의지를

25 ≪獨立新聞≫ (1926년 9월 3일자)은 홍진의 국무령 취임을 "國務領 洪震氏는 民國 8년 7월 8일 卽其當選翌日에 躊躇업시 臨時議政院에 到하야 歡呼裏에 簡素한 節次로 任에 就하얏다"라고 보도하였다.

26 ≪獨立新聞≫ 1926년 9월 3일자 「國務領三條政綱」.

갖고 있었고, 이를 통해 독립운동전선에 일대 혁신을 이루고자 하였다.

홍진은 국무령에 취임한 후, 곧바로 내각 구성에 착수하였다. 그러나 내각을 구성하는 일은 쉽지 않았다. 그는 지역적 안배를 통해 각 파연립내각을 구성한다는 방침하에 이유필(평북)·조상섭(평북)·최창식(경기)·김구(황해)·조소앙(경기)·안공근(황해)·김철(전북)·오영선(경기)·김갑(경

(十) 第一百九十二號 독립신문 大韓民國八年九月三日

洪領을歡迎함

洪領의來歷

洪領訪問記

獨立運動을하로밧비成就하랴거든獨立戰線을하로밧비統一하여라

獨立戰線을하로밧비統一하라거든臨時政府로하로밧비集中하여라

홍진의 국무령 취임을 보도한 ≪독립신문≫(1926년 9월 3일자)

남) 등을 천거하였으나, '기호파'에서 이를 반대한 것이다.[27] 이로써 내각은 곧바로 구성되지 못하였다.

홍진이 내각 구성에 어려움을 겪고 있을 때, 안창호가 이를 도왔다. 잘 알려져 있듯이, 안창호는 임시정부 수립 당시에 내무총장으로서 국무총리를 대리하며 임시정부의 활동기반을 마련하고 노령·상해·한성정부의 통합을 주도한 인물로서, '서북파'를 대표하고 있었다. 안창호가 나서서 서북파와 기호파의 의견을 조율한 것이다.[28] 이로써 내각구성에 실마리가 풀렸다. 홍진은 김응섭·이유필·조상섭·조소앙·최창식을 국무원으로 추천하였고, 의정원에서는 8월 18일 이를 만장일치로 가결시켰다.[29]

홍진은 정부의 조직도 새롭게 정비하였다. 우선 '매주 월요일 국무회의를 개최한다'는 것을 비롯한 「국무회의규정(國務會議規程)」을 마련하여 1926년 9월 1일부터 시행토록 하였다. 그리고 정부의 부서도 「임시정부부서조직규정(臨時政府部署組織規程)」을 제정하여 내무부·외무부·군무부·재무부·사법원(司法院)의 5개 부서로 축소시켰다.[30] 정부의 기능과 조직을 활성화시키기 위한 조처였다. 법무부라 하지 않고 사법원이라 한 것이 이채롭다.

그리고 국무원들을 중심으로 정부의 조직을 갖추었다. 1926년 8월 30일에 다음과 같이 임명하였다.[31]

27 국회도서관, 『韓國民族運動史料』 中國篇, 600-601쪽.

28 홍진이 국무령으로 활동하는 데는 안창호의 후원이 적지 않았다. 홍진이 국무령으로 선출된 후, 안창호는 임시정부를 유지 운영하는 경제적 뒷받침을 위해 臨時政府經濟後援會를 조직하기도 하였다(도산안창호선생기념사업회, 『島山安昌浩全集』 6, 484-485쪽).

29 ≪大韓民國臨時政府公報≫ 제44호, 1926년 12월 16일.

30 ≪大韓民國臨時政府公報≫ 제44호, 1926년 12월 16일.

31 ≪獨立新聞≫ 1926년 9월 3일자 「國務員選任」, 「國務員就任」, 「新政府成立」, 「新政府部署」.

국무령 : 홍 진	
내무장 : 최창식	외무장 : 조소앙
재무장 : 이유필	군무장 : 김응섭
사법장 : 조상섭	

이로써 박은식 대통령이 사임한 이후 무정부상태에 있던 임시정부의 조직이 갖추어졌고, 홍진을 국무령으로 한 임시정부가 새롭게 출범하였다.

그러나 정부를 조직하고 운영하는 일은 마음과 같지 않았다. 선임한 국무원 중 김응섭과 조소앙이 취임하지 않은 것이다. 김응섭은 대한제국 법관양성소의 후배이면서 변호사로 같이 활동하고 의형제를 맺었던 인물이었다. 홍진이 그를 국무원으로 천거한 것은 이러한 관계도 작용하였을 터이지만, 반(反)임시정부 세력을 끌어안으려는 의도가 아니었나 생각된다.

김응섭은 국민대표회에서 임시정부의 취소를 주장한 창조파의 주요 간부였다. 그는 국민대표회가 종료된 후 창조파와 함께 블라디보스톡으로 옮겨갔다가 만주 길림성 반석현에 정착하여 1924년 8월 한족노동당을 조직하여 활동하고 있었다.[32] 이러한 김응섭을 군무장에 임명함으로써, 반(反)임시정부 세력을 포용하고, 또 만주의 독립군 세력과도 연계를 맺고자 한 것이다. 그러나 만주에 기반을 마련하고, 한족노동당 위원장으로 있던 김응섭으로서는 상해로 와 취임하기가 쉽지 않았던 것 같다.

국무원으로 외무장에 임명된 조소앙도 취임하지 않았다. "국무원 趙鏞殷氏(조소앙)난 身恙이 잇슴으로"라고 하여,[33] 병을 이유로 취임하지 않았다고 한다. 그러나 당시 조소앙이 이승만과 밀접한 관계를 가지고

32 김용달, 「韓族勞動黨의 조직과 활동」, 『한국독립운동사연구』 17, 2001, 307-308쪽.

33 ≪獨立新聞≫ 1926년 9월 3일자 「國務員就任」.

있었고, 또 기호파의 한 인물이라는 점으로 볼 때, 그 이면에는 다른 이유가 있었던 것 같다. 조소앙이 외무장에 취임하지 않자, 9월 27일부터 홍진이 외무장을 겸임하였다.[34]

5. 임시정부 회생의 발판을 마련

홍진이 국무령에 취임함으로서, 임시정부가 회생의 발판을 마련하였다. 임시정부는 3·1운동 직후 민족의 여망과 기대를 안고 수립되었지만, 내외적으로 여러 요인들이 작용하면서 침체상태에 빠져들고 있었다. 특히 1925년 대통령 탄핵사건을 정점으로 하여, 정부의 조직을 유지 운영할 수 없는 상황에 직면하게 되었다.

박은식 대통령이 사임한 1925년 7월 이후, 홍진이 국무령으로 취임할 때까지 사실상 무정부상태나 다름없었다. 1925년 9월 초대 국무령으로 이상룡이 취임하였으나 내각을 조직하지 못하고 있다가 다음 해 2월 만주로 돌아갔고, 그 후임으로 선출된 양기탁과 안창호는 취임하지도 않았다. 이로써 임시정부는 수반이나 내각이 구성되지 못한 채, 의정원 의장이 집정(執政)으로 정부의 명맥을 유지하고 있던 실정이었다.

이러한 상황에서 홍진이 국무령에 취임하고, 국무원을 선임하여 정부의 조직을 갖춘 것이다. 이로써 임시정부의 무정부상태가 수습되었고, 임시정부가 존속할 수 있는 기반이 마련되었다. ≪독립신문≫이 '홍진정부'의 성립에 대한 각계의 반응을 소개하면서, "모든 사람이 피하는 난국을 담당함을 감사"한 것도 허사가 아니었고, "정부수립 8년 이래 전무(前無)한 민중의 향응을 받은 정부"라고 치켜세운 것도 과장

34 ≪大韓民國臨時政府公報≫ 제44호, 1926년 12월 16일 「國務員의 選任及解任」.

이 아니었다.[35]

임시정부를 중심한 독립운동자들의 대동단결을 도모하였다는 점에서도 중요한 의미가 있다. 임시정부는 수립 이후 내부적으로 지역·이념·독립운동 방법 등을 달리하는 세력들이 계파와 파벌을 형성하여 대립 갈등을 빚으면서, 파란에 휩싸여 있었다. 홍진 국무령이 취임한 후, 임시정부와 의정원이 파란없이 안정된 모습을 보인 것이다.

> 홍진 내각 조직 후 제1회 의회에 해당하며, 파란없이 내외가 다같이 대동단결하고 있는 모양을 보여 그들 한인간에서는 매우 기대하는 의회이다. 府院의 의사는 종래 문제를 근본적으로 해결할 기세로서 부원 또한 일치하고 있는 모양이다.[36]

이는 1926년 9월 20일에 개회된 제18회 의정원 의회에 대한 일제의 정보보고에 들어 있는 내용 중 일부이다. 일제가 독립운동자들의 대립과 갈등을 의도적으로 조장하거나 과장하고 있었다는 것을 감안하면, 홍진의 국무령 취임을 계기로 임시정부와 의정원을 중심으로 대동단결이 이루어진 모습을 짐작할 수 있을 것이다.

또 개정헌법에 의해 출범한 첫 정부였다는 의미도 있다. 앞에서 언급하였듯이, 임시정부는 대통령제로 인한 폐단을 없애기 위해 1919년 9월에 제정된 대한민국임시헌법을 개정, 1925년 7월부터 국무령제의 대한민국임시헌법을 시행하도록 하였다. 그러나 국무령이 취임하지 않음으로써 개정된 헌법은 무의미해지게 되었다. "천신만고(千辛萬苦)한 헌법개정(憲法改正)이 무의미한 작극(作劇)에 돌아가고 대업(大業)의 전도(前途)는 암담하기 짝이 없더니 홍령(洪領)이 출임(出任)하여 (중략) 新憲施行의 제1차 임시정부가 조성되니 신국면은 이에 전개되었고"라

35 ≪獨立新聞≫ 1926년 10월 13일자 「洪政府에 對한 各方民衆의 響應」.

36 「臨時議政院第18回議會開催에 관한 건」(국회도서관, 『韓國民族運動史料』 中國篇, 613쪽).

는 《독립신문》의 보도가 잘 대변해주듯이,[37] 홍진이 국무령에 취임하여 정부를 조직하면서 비로소 개정된 헌법에 의한 정부가 조직된 것이다. 자칫 무의미해질 뻔한 헌법개정이 의미를 갖게 된 것이라 할 수 있다.

홍진 국무령에 대한 기대도 컸다. 미주에서 발행되던 《신한민보》는 홍진 국무령의 출범을 「서광이 보이는 정국」이란 제하로 보도하면서, 홍진과 정부에 대한 희망을 다음과 같이 피력하고 있다.

> 암담에 잠긴 정국을 붙들고 군세게 나가며 대혁명당의 조직을 이루도록 헌신적으로 힘쓰기를 맹서하고 (중략) 어쨌거나 그는 일을 할 실제적 인물이오 지난 이들과 같이 명패적이 아닐 줄 믿는다. 하물며 그의 정략이 그러함에는 우리 독립운동자의 선두에 서기에 가장 합당하며 파멸의 현상을 가졌던 운동계에는 무한한 행복임을 알겠다.[38]

홍진 국무령이 취임하면서 암담했던 정국에 서광이 비친다는 것이다. 홍진에 대한 기대는 실제적으로 일을 추진해나갈 인물이라는 점 때문이었다. 그리고 민족의 대결합을 통해 독립운동에 일대 혁신을 기하겠다는 그의 방안도 기대와 희망을 갖게 만들었다. 이와 함께 홍진이 구한국 시대에 검사와 변호사를 지낸 인물로 "법률상 경우에 매우 민첩하여 사리와 이해를 잘 시킨다고 판단하며 또 성정이 편벽되지 아니하야 대중을 융화케 할 만한 천연적 본능"을 갖고 있다고 하면서, 그에 대한 기대를 표시하고 있다.

37 《獨立新聞》 1926년 9월 3일자 「新政府를 祝함」.
38 《新韓民報》 1926년 8월 12일자.

제 6 장

민족유일당 결성을 추진

1. 유일당운동의 바람을 일으키다

홍진이 국무령으로 취임하면서, 임시정부를 중심으로 한 독립운동전선에 회오리가 일기 시작하였다. 전민족이 대동단결하여 당적(黨的) 조직체, 즉 민족의 유일한 '정당'을 조직하자는 바람이 불기 시작한 것이다. 유일당을 조직하자는 바람이 일기 시작한 것은 홍진이 국무령에 취임한 날인 1926년 7월 8일부터였고, 그 바람을 일으킨 것은 홍진과 안창호였다.

홍진은 국무령에 취임하는 자리에서 '민족대당체(民族大黨體)'의 조직을 제기하였다. 그는 국무령에 취임하기 전, 즉 진강에 있을 때부터 일정한 주의 정강을 마련하고 이를 중심으로 민족의 대결합을 이룬 '민족대당(民族大黨)'을 조직한다는 구상을 갖고 있었다. 국무령에 취임하면서, 이러한 자신의 구상을 현실화시키고자 하였다. 국무령으로서 추진할 3개 정강을 발표하면서, "전민족을 망라한 공고(鞏固)한 당체

(黨體)를 조직할 것"임을 천명한 것이 그것이다.[1]

'민족대당'을 조직한다는 것은 그의 의지이자 과제였다. 그는 임시의정원에서 거행된 취임식에서 "우리 운동계(運動界)에 불행한 공기를 헛치며 부단(不斷)의 성충(誠忠)을 다하여 일치(一致)한 주의(主義)와 정강(政綱) 하에서 우리 민족의 일대조직(一大組織)을 건립함이 우선 우리 부원동인(府院同人)들의 절대 책임"이라는 것을 강조하였다.[2] 국무령으로서 민족대당의 결성을 추진해 나가겠다는 강한 의지를 천명한 것이고, 임시정부와 임시의정원의 구성원들이 해야 할 주요 과제가 민족대당 결성에 있음을 강조한 것이었다.

이후 홍진은 여러 통로를 통해 '민족대당'의 결성을 주장하고 있다. ≪독립신문≫과의 인터뷰를 이용하여 이를 주장하고 있는 것이 그러한 예이다. 국무령 취임 다음 날인 7월 9일 독립신문 기자의 방문을 받았다. 국무령에 대한 독립신문의 인터뷰자리였다. 이를 통해 홍진은 현재 독립운동의 현상을 "운동의 기축(機軸)이 상당한 진로(進路)를 일코 정치의 생명이 군중(群衆)의 토대를 떠났다"고 진단하면서, 전민족이 대단결한 민족대당의 결성을 서둘러야 한다고 역설하였다.

> 세계혁명이 과학적으로 進步되나 금일에 우리 운동은 한갓 固滯된 立場에서 何等의 발전을 보지 못함이 사실인즉 우리난 맛당히 運動全線을 一新改進할 絶對必要에서 黨的組織이 민족적으로 건립됨이 우리 운동의 기초가 될 것이며 또 운동자들에게 유일한 使命이겟소[3]

현재의 독립운동전선은 세계혁명에 발맞추어 일대 혁신을 가져올 필요가 있고, 그 방법은 전 민족이 단결한 정당을 건립하여 이를 독

1 ≪獨立新聞≫ 1926년 9월 3일자 「國務領三條政綱」.
2 ≪獨立新聞≫ 1926년 9월 3일자 「洪國務領就任辭」.
3 ≪獨立新聞≫ 1926년 9월 3일자 「洪領訪問記」.

립운동의 기초로 삼아야 한다는 것이었다. 이러한 논리 하에 현재 독립운동자들의 유일한 사명이 정당을 결성하는 일임을 강조하고 있다.

국치일을 기념하는 자리에서도 '민족대당'의 결성을 주창하였다. 1926년 8월 29일은 국치를 당한지 17주년이 되는 날이었고, 상해교민단 주최 하에 삼일당에서 기념식이 열렸다. 홍진은 이에 참석하여 국무령의 자격으로 연설을 하면서, 역시 민족의 대결합과 정당의 결성을 주장하고 있다. 그는 죄악 중에서도 가장 큰 죄악은 '분열(分裂)'이고, 공능(功能) 중에서 가장 큰 공능은 '결합(結合)'이라고 하면서

> 蔽一言하고 우리는 민족적 大結合이 독립운동의 기초가 될 것이며, 이 기초를 위하야는 第一步로 集合運動이 개시되어야 할 것이오. 如斯한 우리 운동에 大範疇에서난 이에 抵觸되난 무엇무엇을 다 희생치 안으면 안될 것이오. (중략) 나난 다시 鄭重히 한말을 더하고저 함은 革命方略의 原理나 세계의 潮流나 우리의 환경과 勢形에서 大結合 大組織의 黨的 運動이 우리의 독립을 促成식히난 運會에 잇슴을 절실히 覺知한 우리들은 오날노부터 이것을 결행하기로 盟誓한 우에 의미 깁흔 이날을 기념하시기를 비옵니다.[4]

라고 하였다. '민족대당'을 결성해야 하는 당위성과 함께, 이를 실현하기 위한 운동을 시작하여야 한다는 것이었다. '민족대당'을 결성하기 위해서는 우선 '집합운동(集合運動)', 즉 통일운동을 개시하여야 하고, 통일운동을 전개함에 이에 저촉되는 모든 것을 다 희생하지 않으면 안 된다는 것을 강조하였다.

홍진이 국무령에 취임하여 '민족대당'의 조직을 주장하고 있을 때, 안창호도 정당의 조직을 제기하며 '유일당운동'의 바람을 일으키고 있었다. 뒷받침할 만한 자료는 없지만, 이 무렵 홍진과 안창호는 긴밀한 협력관계를 맺고 있었던 것 같다. 앞에서 잠깐 언급하였듯이, 홍진이

4 ≪獨立新聞≫ 1926년 9월 3일자 「洪領의 國恥演說」.

국무령에 취임하여 활동할 때 안창호가 이를 적극 돕고 있는 것이 그것을 말해준다. '유일당운동'의 바람을 일으킨 것도 이들 사이에 미리 계획되고 합의된 것으로 보인다.

안창호는 홍진이 국무령으로 취임하며 '민족대당'의 결성을 주장하던 바로 그 날, 즉 1926년 7월 8일 삼일당(三一堂)에서 연설회를 개최하였다. 「우리의 革命運動과 臨時政府問題」를 주제로 한 연설이었다. 이 연설회를 통해, 그는 임시정부 유지에 대해 확고한 의지를 표명함과 동시에 '혁명당'의 조직을 촉구하고 나섰다.

> 우리들이 生命의 復活을 위해서는 革命의 한 길이 있을 뿐이며 그것을 有力하게 함에는 보편적으로 또 有力한 一大革命黨의 조직을 필요로 한다. 과거의 散漫的 運動보다도 組織的 運動을 하려고 노력하지 않으면 안된다.[5]

독립운동을 조직적으로 발전시키기 위해서는 '일대혁명당'을 조직해야 한다는 것이었다. '혁명당'의 조직은 민족혁명을 위해 필요한 기구였다. 안창호는 "우리의 혁명은 민족혁명"이라고 하면서, 민족혁명은 민족의 독립을 가져올 수 있는 유일한 길이라는 것, 그리고 독립 후에 세울 국체(國體)와 정체(政體) 문제로 주의와 노선을 달리하며 분열하지 말고 민족혁명이라는 공통분모 하에 전민족이 대단결하여 하나의 '혁명당'을 조직할 것을 주장한 것이다.

안창호가 제기한 '혁명당'은 민족혁명을 위한 일종의 전위적 조직체였다. 중국이나 소련의 경우처럼 임시정부도 당을 조직하여 이당치국(以黨治國)의 형태를 갖추고, 이를 토대로 정부를 유지하자는 방안이었

5 안창호의 연설내용은 상해에서 발행된 ≪독립신문≫ 1926년 9월 3일자에 「오늘의 우리 革命」이란 제하로, 미주에서 발행된 ≪신한민보≫에서는 「대혁명당을 조직하자 림시정부를 유지」라는 제하로 4회에 걸쳐 연재하였다(도산안창호선생기념사업회, 『島山安昌浩全集』 6, 2000, 793-803쪽).

다.[6] 이와같이 국무령 홍진과 안창호가 '민족대당' '혁명당'의 조직을 주장하면서, 임시정부를 중심으로 유일당을 조직하자는 바람이 일어나기 시작하였다.

2. 유일당운동을 위해 국무령 사임

홍진은 전민족을 대표하는 정당의 조직을 주요한 과제로 삼고 있었다. 진강에 은거하면서 임시정부의 난국을 헤쳐 나가고, 독립운동전선을 활성화시키기 위한 방안으로 생각한 것이 전민족의 대결합을 이룬 '정당'이었다. 정당을 결성하여 이념·지역 등으로 분파 대립되어 있는 독립운동세력을 한 곳으로 집중 통일시키고, 이를 기반으로 임시정부를 유지 운영하면서 독립운동을 전개한다는 것이었다. 민족을 대표하는 유일한 정당을 조직한다는 것은 독립운동 세력을 통일하기 위한, 일종의 통일전선운동이기도 하였다.

홍진은 국무령으로 취임하면서, 이러한 자신의 구상을 현실화시키고자 하였다. 자신이 국무령으로서 추진해나갈 시정방침을 통해 '전 민족을 망라한 공고한 당체(黨體)를 조직할 것'이라 천명한 것이 그 출발이었다. 자신의 목표를 전민족이 대단결한 정당을 조직하는 데 둔 것이다. 그리고 국무령 취임식을 비롯하여 ≪독립신문≫등을 매개로 하여 '민족대당'의 결성을 주장해 나갔다.

이러한 그의 구상과 주장에 안창호가 함께 하였다. 홍진이 안창호와 어떤 관계인지는 명확하게 드러나지는 않는다. 하지만 국무령 취임을 전후하여 두 사람은 매우 밀접한 관계에 있었다. 안창호가 홍진의 내각 조직을 도왔다는 것과 재정적 뒷받침을 위해 임시정부경제후원회

6 金喜坤, 「안창호와 중국관내지역의 통일운동」, 『도산사상연구』 5, 1998, 166쪽.

를 조직하였다는 것은 앞에서 언급하였다. 그리고 홍진이 국무령에 취임하며 민족대당의 결성을 주장하던 바로 그날, 안창호도 삼일당에서 연설회를 개최하고 혁명당의 조직을 촉구하고 나선 것이다.

홍진과 안창호 사이에는 유일당 조직과 관련하여 사전에 협의가 있었던 것이 아닌가 하는 생각이 든다. 이를 뒷받침할만한 자료는 없지만, 정황으로 보면 그런 느낌을 받는다. 유일당 운동에 대한 역할도 분담한 것으로 보인다. 1926년 7월 8일 같은 날, 홍진은 국무령 취임식을 통해, 안창호는 연설회를 통해 유일당 조직을 제기하였다. 이후 두 사람의 행보나 유일당운동의 전개과정을 보아도, 역할을 나눈 것이 아닌가 하는 생각을 갖게 한다.

상해에서 '대혁명당'의 조직을 주창한 안창호는 북경으로 향했다. 북경은 임시정부를 반대하는 세력의 집결지나 다름없었던 곳이었다. 임시정부가 수립된 직후 이승만의 위임통치론을 빌미로 이에 반대하는 세력이 형성되었고, 이들이 북경을 중심으로 활동하면서 임시정부와 임시의정원을 부인한 일이 있었다.[7] 당시에는 그 세력들이 약한 상태였지만, 먼저 이들의 협조를 구할 필요가 있었던 것이다. 안창호가 북경으로 향한 것은 이들에게 '홍진정부'가 성립되었다는 사실을 알리고, 이들과 함께 대혁명당의 조직을 도모하고자 한 것이었다.

안창호는 북경에서 원세훈을 만났다. 원세훈은 안창호와 노령·상해·한성에서 수립된 세 임시정부의 통합을 주도하였던 인물이었다. 이후 원세훈은 '승인·개조' 분쟁을 계기로 임시정부를 탈퇴하여 反임시정부 세력의 핵심인물이 되었고, 국민대표회 창조파의 주요 간부로서 활동하기도 하였다. 안창호는 이러한 원세훈을 만나 전민족이 대단결한

7 북경을 중심으로 한 反임시정부 세력은 1921년 4월 군사통일회를 개최하고, 이 회의에서 임시정부와 임시의정원에 대한 불신임을 결의하였다(≪大同≫ 제3호, 1921년 7월 19일).

'대독립당(大獨立黨)'을 결성하자는데 의견을 모았다. 그리고 그 방법으로 우선 각지에 '대독립당' 결성을 촉구하는 촉성회를 조직하기로 하고, 1926년 10월 16일 북경에서 원세훈·장건상·박건병·배천택 등을 집행위원으로 한 '대독립당조직북경촉성회'를 창립하였다.[8]

북경에서 촉성회가 창립됨으로써, 상해에서 일어난 '유일당'을 조직하자는 바람이 확산되기 시작하였다. 유일당을 조직하자는 바람은 북경에 이어 국내와 만주로 퍼져 나갔다. 국내에서는 사회주의자들이 1926년 11월 '경제투쟁에서 정치투쟁으로 전환'과 '민족주의자와의 공동전선이 필요하다'는 내용의 「정우회선언(正友會宣言)」을 발표하면서,[9] 유일당운동의 바람이 일어났다. 정치적 이념을 달리하고 있던 민족주의 세력과 사회주의 세력이 공동전선을 형성하자는 것이었고, 국내에서 이러한 시도는 성과를 거두었다. 1927년 2월 좌우익 세력이 연합하여 신간회(新幹會)를 결성한 것이다.

만주지역에서도 '유일당운동'의 바람이 불었다. 안창호가 만주지역을 순회하면서 연설회를 개최하고 유일당 결성을 호소한 것이다. 안창호는 북경촉성회를 결성한 후 만주로 갔다. 그리고 1927년 1월 27일 길림시 동대문밖 대동공사(大東公社)에서 「조선독립운동의 과거와 현재, 미래」라는 주제로 연설을 하는 등,[10] 곳곳을 돌아다니며 유일당 결성의 필요성을 강조하였다.

각 지역을 돌아다니며 유일당의 필요성과 그것의 결성을 촉구하는 것이 안창호의 역할이었던 것 같다. 당시 안창호는 임시정부에서 아무런 직책도 갖고 있지 않았다. 그는 상해에서 홍진과 함께 유일당운동의 바람을 일으킨 후, 북경·만주 등지를 다니며, 유일당 조직에 대한

8 金喜坤, 『中國關內 韓國獨立運動團體硏究』, 지식산업사, 1995, 253쪽.
9 이균영, 『신간회연구』, 역사비평사, 1993, 63-64쪽.
10 이명화, 「安昌浩와 만주지역의 통일운동」, 『도산사상연구』 5, 1998, 205쪽.

필요성을 강조하는 연설회를 개최하고 있었던 것이다. 이러한 그의 역할은 상당한 성과를 거두었고, 국내외 독립운동전선에 유일당운동의 바람이 휘몰아치게 되었다.

홍진은 '유일당'을 조직하자는 바람이 국내외 독립운동전선으로 확산되는 것을 보면서, 유일당운동에 총력을 기울이고자 하였다. '유일당운동'의 바람을 일으킨 장본인으로서, 또 그것이 커다란 반향을 일으키는 것을 보면서, 그 자신도 유일당운동에 앞장서야 한다는 생각을 갖게 되었다. 그리고 1926년 12월 9일 국무령을 사임하였다.[11] 국무령이란 직책에 있으면서, 이를 추진하는데 한계가 있었던 것이다.

당시 독립운동전선에서 일고 있던 유일당에 대한 기대는 대단히 컸다. 임시정부가 유일당 결성에 대비하여 헌법을 개정한 것이 그것을 단적으로 말해준다. 홍진에 이어 국무령에 취임한 김구는 개헌을 추진하였고, 1927년 4월 11일 개정 헌법인 「대한민국임시약헌(大韓民國臨時約憲)」을 공포하였다. 이 임시약헌 제2조에 "대한민국의 최고권력은 임시의정원에 있음"이라고 하면서, "광복운동자의 대단결인 당이 완성된 때에는 국가의 최고권력이 그 당(黨)에 있음"이라는 단서 조항을 붙여놓았다.[12] 전민족이 대단결한 정당이 결성될 경우, 국가의 최고 권력은 그 당이 갖는다고 한 것이다. '유일당' 조직에 대한 기대가 얼마나 컸었던가를 짐작할 수 있는 부분이다.

3. 상해에서 유일당운동

'유일당'을 결성하는 문제가 당시 독립운동전선의 최대 과제로 대두

11 ≪大韓民國臨時政府公報≫ 제45호, 1926년 12월 17일 「國務領選任及解任」.
12 韓詩俊 편, 『大韓民國臨時政府法令集』, 국가보훈처, 1999, 56쪽.

되었다. 전민족이 대단결을 이루어 유일한 정당을 조직한다는 일은 임시정부 수립에 버금가는 대규모 사업이 아닐 수 없었다. 홍진이 국무령을 사임하고 유일당운동에 나선 것도, 그리고 임시정부가 헌법을 통해 새로이 결성될 유일당에 국가의 최고권력을 갖도록 한다는 것도 이 때문이었다.

홍진은 국무령을 사임한 후, 상해지역에서 유일당 결성을 위한 촉성회 조직을 추진하기 시작하였다. 유일당을 결성하는 방법은 우선 각 지역을 중심으로 촉성회를 조직하고, 각 지역에서 결성된 촉성회를 하나로 통일하여 유일당을 조직한다는 것이었다. 안창호가 북경으로 가 그곳에서 이미 북경촉성회를 조직하였다. 상해에서 촉성회를 조직하는 일은 홍진이 맡았다.

홍진은 상해에서 활동하고 있던 좌익세력들과 합작을 도모하였다. 당시 상해에는 홍남표(洪南杓)를 중심으로 한 화요파와 정백(鄭栢)을 비롯한 ML파가 큰 세력을 형성하며 활동하고 있었다. 홍진은 이들과 만나 유일당 결성에 대한 합의를 이끌어냈다. 그 과정에 대해서는 알려져 있지 않지만, 1927년 4월 10일 홍진과 홍남표의 공동명의로 「전민족적 독립당 결성의 선언문」이 발표되었다.[13]

홍남표는 공산주의 세력의 대표적인 지도자였다. 그는 제2차 조선공산당 중앙집행위원을 지냈던 인물로, 국내에서 6·10만세운동 때 일경의 검거를 피해 상해로 탈출하여 활동하고 있었다. 홍진과 홍남표가 공동으로 발표한 선언문은 전해지지 않지만, 좌우익 세력이 대동단결하여 전민족의 유일한 독립당을 결성하자는 데 합의를 이룬 것이었다.

좌익세력과 합의를 이루고 선언문을 발표한 후, 홍진은 상해에서 촉성회를 조직하였다. 1927년 4월 11일 좌우익 세력들이 참가한 가운데

13 金榮範, 「1920년대 후반기 민족유일당운동에 대한 재검토」, 『한국근현대사연구』 1, 1994, 111쪽.

삼일당(三一堂)에서 창립총회를 개최하고, 한국유일독립당상해촉성회를 조직한 것이다.[14] 상해촉성회는 상해에서 활동하고 있던 좌우익 세력들이 참가하여 조직한 것으로, 창립총회에서 24명의 집행위원을 선출하였다.

> 임시정부 계열 (16명)
>
> 홍 진, 이동녕, 이규홍, 조상섭, 조완구, 나창헌, 최석순, 최창식, 김 철, 김 갑, 오영선, 안공근, 김 구, 윤기섭, 송병조, 김규식
>
> 사회주의 계열 (8명)
>
> 홍남표, 조봉암, 황 훈, 강경선, 김두봉, 정 백, 현정건, 이민달[15]

상해촉성회의 활동방향과 목적은 유일당을 조직하는 데 있었다. 창립선언을 통해 "起합시다. 개인은 단체로, 단체는 유일당으로 하로밧비 완성케 합시다"라고 하면서, "한국의 유일한 대독립당(大獨立黨) 성립을 촉성함"과 "한국독립에 필요한 민족적 일체 혁명역량의 총집중을 노력함"이란 두 가지 강령을 제시하였다.[16] 유일당 결성과 이를 위한 혁명역량의 결집이 상해촉성회가 추진하고자 하는 활동목표였던 것이다.

이로써 북경촉성회에 이어 상해에서도 촉성회가 조직되었다. 북경촉성회가 안창호의 주도로 결성되었다고 한다면, 상해촉성회는 홍진이 주도하여 결성한 것이었다. 유일당운동의 바람을 일으킨 안창호와 홍진이 전면에 나서서, 촉성회를 조직하여 유일당 결성을 위한 발걸음을

14 경상북도 경찰부, 『高等警察要史』, 1934, 105쪽. 유호한국독립운동자동맹에서 발행한 기관지 ≪앞으로≫(창간호)에는 상해촉성회의 결성일자가 3월 21이라고 되어 있다(국회도서관, 『韓國民族運動史料』 중국편, 1976, 638쪽).

15 金喜坤, 「1920년대 임시정부의 협동전선운동」, 『대한민국임시정부의 좌우합작운동』, 한울, 1995, 25쪽.

16 「韓國唯一獨立黨上海促成會宣言」(백범김구선생전집편찬위원회, 『白凡金九全集』 4, 1999, 146-147쪽).

시작한 것이다.

북경과 상해에서 촉성회가 결성된 후, 중국관내 주요 도시에서도 촉성회가 연이어 결성되었다. 1927년 5월 광동(廣東)에서 김성숙(金星淑)·정학빈(鄭學彬) 등이 '대한독립당광동촉성회'를, 7월에는 무한(武漢)에서 박건웅(朴健雄)·백덕림(白德林) 등이 '한국유일독립당무한촉성회'를, 그리고 9월에는 남경(南京)에서 김일주(金一柱) 등이 '한국유일독립당남경촉성회'를 조직하였다.[17] '대독립당' '대한독립당' '한국유일독립당' 등 이름을 달리하고 있지만, 그 목표는 전민족이 대동단결하여 민족을 대표할 수 있는 유일한 '독립당'을 결성하자는 데 있었다.

중국관내 5개 지역에서 촉성회가 결성된 것을 계기로, 이들을 연합하는 문제가 대두되었다. 1927년 9월 북경촉성회가 상해측에 연합회 결성을 제의해 왔다. 홍진은 이동녕·김두봉·홍남표·조소앙 등 상해촉성회 인사들과 함께 각지에서 결성된 촉성회와 교섭, 그해 11월 9일 북경의 조성환(曺成煥), 광동의 정유린(鄭有麟), 무한의 백덕림, 남경의 김영호(金永浩)·김일주 등이 참가한 가운데 '한국독립당관내촉성회연합회'를 개최하였다.[18] 이로써 중국관내에서 결성된 5개 촉성회가 연합을 이루게 되었다.

관내촉성회연합회가 결성되면서, 유일당운동은 급진전되었다. 유일당을 촉성하는 단계에서, 유일당의 조직을 준비하는 단계로 진입한 것이다. 관내촉성회연합회에서는 1927년 11월 22일 「선언」을 통해 '대독립당'이던, '유일독립당'이던, '민족단일당'이던 전민족이 대동단결한 통일기관을 조직해야 한다는 전제하에, "속히 당조직주비회(黨組織籌備會)를 산출(產出)하는데 일치 노력할 것"을 촉구하였다.[19] 관내촉성회연합회를 결

17 金喜坤, 「1920년대 임시정부의 협동전선운동」, 28-29쪽.

18 경상북도 경찰부, 『高等警察要史』, 106쪽.

19 「(韓國獨立黨關內促成會聯合會)宣言」(국회도서관, 『韓國民族運動史料』 중국편, 620-621쪽).

성한 주요 목표가 유일당 결성을 위한 준비에 있음을 천명한 것이다.

관내촉성회연합회는 유일당 결성을 위해 추진할 사업방향을 설정하였다. 핵심은 만주·노령·미주 등지에 촉성회를 설립하고, 이들 지역에 촉성회가 설립됨과 동시에 당조직주비회를 성립시킨다는 것이었다.[20] 중국관내에서 조직된 촉성회연합회와 국내에서 결성된 신간회를 근간으로 하여, 만주·노령·미주 등지에 촉성회를 설립하고 이들을 묶어 전 민족의 유일한 '정당'을 조직한다는 계획이었다. 이를 위해 상해와 북경의 촉성회에서 대표를 선정하여, 우선 만주지역에 2명의 대표를 파견한다는 것을 결의하였다.[21]

홍진은 상해촉성회를 조직한 데 이어, 관내촉성회연합회가 결성되는 과정에도 깊게 관여하였다. 연합회 결성에 상해측 대표로 참가한 것을 비롯하여, 15인으로 구성된 집행위원회 위원으로, 그리고 진덕삼·김두봉·배천택·장건상 등과 함께 5인 상무위원회 위원으로 활약하고 있었다.[22] 연합회의 결성과 활동에서도 주도적 역할을 수행하였다.

4. 상해에서 만주로

홍진이 국무령에 취임하면서 일으켰던 유일당운동의 바람은 중국관내에서 일정한 성과를 거두었다. 북경·상해·광동·무한·남경 등지에서 촉성회가 조직되고, 1927년 11월에는 이들 5개 촉성회가 연합하여 한

20 「韓國獨立黨關內促成會規約」(국회도서관, 『韓國民族運動史料』 중국편, 618쪽).

21 경상북도 경찰부, 『高等警察要史』, 106쪽.

22 집행위원은 朴健秉(북경)·裵天澤(북경)·張建相(북경)·崔秋海(광주)·咸聲(광주)·鄭學彬(광주)·張聖山(남경)·金一柱(남경)·許悅秋(무창)·崔圓(무창)·陳德三(상해)·洪震(상해)·玄鼎健(상해)·趙素昻(상해)·金科奉(상해) 등 15명이었고, 상무위원은 洪震을 비롯하여 陳德三·金科奉·裵天澤·張建相 등 5명이었다(국회도서관, 『韓國民族運動史料』 중국편, 619쪽).

국독립당관내촉성회연합회를 결성하기에 이른 것이다. 중국관내지역에서 유일당 조직의 기초를 마련한 후, 홍진은 만주로 향했다.

홍진의 만주행은 관내촉성회연합회에서 추진하는 사업의 일환으로 이루어졌다. 관내촉성회연합회는 "만주·노령·미주 기타 각지에 人員을 파견 또는 공함을 발송하여 촉성회 설립을 실현하는데 노력한다"는 것을 주요 사업의 하나로 정하였고, 이를 위해 우선 만주지역에 2명의 대표를 파견하기로 하였다.[23] 홍진이 그 대표가 된 것이다. 그가 대표로 선정된 이유는 분명치 않다. 홍진 자신이 만주행을 자원한 것으로도 보이고, 또 만주지역의 중요성에 비추어 국무령을 지낸 비중 있는 인사를 파견한 것이 아니었나 생각되기도 한다.

홍진의 만주행에는 정원(鄭遠)이 동행하였다. 정원은 재중국본부한인청년동맹(在中國本部韓人靑年同盟, 약칭 중본한청)에서 파견한 인물이었다. 중본한청은 1927년 12월 북경·상해·광동·무한·남경의 한인청년회가 연합하여 결성한 것으로, 관내촉성회연합회의 전위조직을 자임하고 있던 단체였다.[24] 이념적으로 보면, 중본한청은 좌익계열이라고 할 수 있다. 조선공산당 화요파와 상해파의 일부, 그리고 의열단원들이 주요 구성원이었다. 이들은 만주의 청년단체들과 연계하여 한인청년의 총기관을 조직함으로서 '유일당' 조직 및 활동의 전위 역할을 담당하려고 하였고, 이를 위해 의열단원이면서 중본한청의 중앙집행위원인 정원을 만주로 파견한 것이다.[25]

홍진은 정원과 함께 만주를 향해 떠났다. 북경을 거쳐 북경촉성회 대표인 박건병(朴健秉)과 합류, 1928년 1월 길림(吉林)에 도착하였다.[26]

23 「在中國韓人獨立運動者의 運動統一計劃」(국회도서관, 『韓國民族運動史料』 중국편, 618쪽).

24 金榮範, 「1920년대 후반기 민족유일당운동에 대한 재검토」, 114쪽.

25 金榮範, 「1920년대 후반기 민족유일당운동에 대한 재검토」, 117쪽.

26 경상북도 경찰부, 『高等警察要史』, 125쪽.

길림은 정의부(正義府)의 본거지이면서, 만주지역 독립운동의 주요한 거점 역할을 하던 곳이었다. 그리고 이곳을 중심으로 만주지역의 유일당운동 바람이 일고 있었다. 안창호가 1년 전인 1927년 1월 길림에서 유일당 결성을 촉구하는 연설회를 개최한 바 있었고, 4월에는 정의부를 중심으로 한 단체들이 유일당 조직을 준비하기 위해 시사연구회를 조직하여 활동하고 있었던 것이다.

안창호에 이어 홍진이 길림에 도착하였다. 이로써 유일당운동의 바람을 일으킨 두 주역이 모두 길림에 온 결과가 되었다. 독립운동전선에서 만주지역이 갖는 비중이 그만큼 컸기 때문이었다. 안창호가 만주지역에서 유일당운동의 바람을 일으킨 역할을 하였다고 한다면, 홍진은 그것을 매듭짓기 위해 만주에 온 것으로 생각된다.

객관적으로 보면, 홍진은 만주지역에서 활동하고 있던 지도자들을 상대하여 유일당 결성을 추진하기에 적합한 인물이었다. 그의 경력(임시의정원 의장, 법무총장, 국무령 등)도 주요한 배경이 되었고, 지역적 파벌이나 이념적 당파에 치우치지 않은 그의 성향도 크게 작용하였다.

홍진에게는 반석현을 중심으로 활동하고 있던 김응섭이 커다란 힘이 되었다. 김응섭은 법관양성소 후배이자 평양에서 변호사로 같은 사무실을 사용한 적이 있었고, 의형제를 맺은 사이이기도 했다. 그리고 국무령에 취임하였을 때, 만주에 있는 김응섭을 국무원에 임명할 정도로 그에 대한 신임도 두터웠다. 김응섭은 1924년 11월 반석현에서 한족노동당을 결성하고 화전·액목·하얼빈 등지로 세력을 확대하면서 만주지역에 활동기반을 구축하였고, 1928년 2월에는 한족노동당을 재만농민동맹(在滿農民同盟)으로 개칭하여 활동하고 있었다.[27] 이러한 김응섭이 정의부와 함께 시사연구회에 참여하여 유일당운동에 관여하고 있었던 것이다.

27 金容達, 「韓族勞動黨의 조직과 활동」, 『한국독립운동사연구』 17, 2001, 309-311쪽.

5. 만주에서의 유일당운동

홍진은 만주에 도착한 후, 많은 단체와 지도자들을 직접 찾아다니며 통일과 유일당 결성을 종용하였다. 그가 만주에서 누구를 만나 어떻게 하였는지는 구체적으로 드러난 것이 없다. 단지 해방 후 국내에 돌아와서 술회한 것 중 "나는 통일광(統一狂)이란 별명까지 들었던 일이 있습니다"라며 "동삼성내(東三省內) 40여개 단체를 역방(歷訪)하고"란 내용이 보이고 있다.[28]

홍진이 만주에서 활동하고 있던 모습은 일제의 정보자료에도 나타나고 있다. 간략하지만, 일제의 정보보고에 "각 단체를 역방(歷訪)하며 통일과 유일당조직의 촉진을 종용하였다"는 내용이 그것이다.[29] 만주에 도착한 이후 그의 행적이나 활동상을 명확하게 밝혀낼 수는 없지만, 홍진은 만주지역에서 여러 단체와 지도자들을 찾아다니면서 통일과 유일당 조직을 종용하고 있었음은 충분히 짐작할 수 있다.

홍진이 도착한 후, 만주지역의 유일당운동은 급진전되었다. 정의부와 시사연구회를 중심으로 유일당을 조직하자는 움직임이 활발하게 진행된 것이다. 시사연구회에서는 1928년 3월 1일에 유일당조직을 위한 회의를 개최한다는 전제하에 만주지역 32개 독립운동 단체에 대표파견을 요청해 놓고 있었고, 정의부에서는 1928년 2월 영고탑(寧古塔)에서 3부의 간부들과 회합하여 4월중에 3부연합회의를 개최하기로 결의하였다.[30]

마침내 만주지역에서 유일당조직을 위해 회의가 개최되었다. 홍진이

28 「洪震先生篇(우리 政府는 同志가 共死의 決意로 民族統一에 싸워왔다)」(張時華 편, 『建國訓話』, 敬天愛人社, 1945년 12월. 36-38쪽).

29 경상북도 경찰부, 『高等警察要史』, 125쪽.

30 黃敏湖, 「만주지역 민족유일당운동과 3부통합운동」, 『爭點한국近現代史』 4, 1994, 43쪽.

정원·박건병과 길림에 도착하여 활동한 지 4개월여만인 1928년 5월 12일 화전현(樺甸縣)에서 정의부를 비롯하여 18개 단체가 참가한 가운데 '전민족유일당조직촉성회의'가 열린 것이다. 회의에 참석한 단체와 대표는 다음과 같다.[31]

> 正義府(12명) : 이청천, 이관일, 이종건, 고할신, 양세봉, 김문학, 배활산, 강제하, 전붕파, 이 웅, 이세창, 오세진
> 樂山일꾼組合(2명) : 이종락, 박 광
> 拉法青年會(1명) : 한상선
> 다물團(2명) : 이청우, 이동림
> 新光青年會(2명) : 안윤식, 장성덕
> 南滿青年聯盟(2명) : 윤 평, 최 봉
> 農友會 (1명) : 김세광
> 撫本青年會(2명) : 김홍해, 박영세
> 北滿朝鮮人青總(1명) : 김 인
> 東滿朝鮮人青總(1명) : 김 무
> 北滿青年總同盟(2명) : 황기찬, 이명도
> 南滿青年總同盟(2명) : 이 철, 김만전
> 東滿青年總同盟(1명) : 이희태
> 淞江青年總同盟(1명) : 손경호
> 麗族公議會(1명) : 이광민
> 哈長青年會(2명) : 윤정우, 김 문
> 哈長青年聯盟(1명) : 우성묵
> 在滿農民同盟(3명) : 박동초, 이도일, 김응섭

남만·북만·동만 등 만주지역 각지에서, 그리고 민족주의 계열과 사회주의 계열의 단체들이 참여한 대규모 회의였다. 정의부와 더불어 만주지역의 대표적 단체인 참의부(參議府)와 신민부(新民府)는 직접 참여하지 못하였다. 참의부에서는 대표를 파견하였으나 중국측의 삼엄한

31 국사편찬위원회, 『韓國獨立運動史』 4, 1968, 861-862쪽.

경비로 인해 중도에 돌아갔고, 신민부의 대표인 신숙은 회의가 종료된 후에야 도착한 것이다.[32]

홍진도 회의에 참석하였다. 그의 자격은 방청자였다. 일제의 정보자료에 "본 회의에 출석한 18개 단체 그 대표 39명이고 방청자가 30명이라"고 하면서, "방청자 중에는 정의부 간부를 비롯하여 상해 홍면희(洪冕憙) 북경 박건병(朴健秉) 등도 열석(列席)하였으나 차등(此等)의 者는 발언권은 有하여도 결의권은 없음"이라 하고 있다.[33] 홍진은 만주지역 단체의 당사자가 아니기 때문에 방청자일 수밖에 없었고, 회의에서 그의 활동이나 역할 또한 제한될 수밖에 없었다.

회의는 화전현과 반석현으로 장소를 옮겨가며 진행되었다. 만주지역의 주요 지도자들이 한 곳에 모였던 만큼, 일제의 기습을 우려한 조처였다. 참가한 단체들은 민족유일당을 조직한다는데 합의하고, 이를 준비하기 위한 기구로 재만운동단체협의회(在滿運動團體協議會)를 조직하였다. 회의는 재만운동단체협의회의 주관하에 진행되었다. 이관일(이규동)·이청천·이의태·이광민·이도일 등 5명을 진행위원으로 선출하여 회의를 진행토록 하였고, 시사연구회의 경과사항에 대한 보고에 이어 세계정세와 일본제국주의 타도에 대한 연설과 의견교환이 있었다. 그리고 유일당 조직을 위한 협의에 들어갔다. 반석현 호란집창자(呼蘭集廠子)로 옮겨 개최한 제2차 회의에서는 유일당조직 문제를 구체화시키고 군사·재정·정치·교육·노동·청년 등 분과를 설치하기로 결의하였다. 이어 반석현 남문 밖 대동농장(大同農場)으로 옮겨 개최한 제3차 회의에서는 유일당 조직을 추진하기 위한 집행위원 21명을 선출하여 이들에게 유일당 헌장의 기초를 일임하는 한편 유일당 조직을 위한 재정

32 金祥起·蔡永國, 「南滿洲에서의 韓國獨立運動」, 『中國東北지역 韓國獨立運動史』, 집문당, 1997, 346쪽.

33 국사편찬위원회, 『韓國獨立運動史』 4, 860-861쪽.

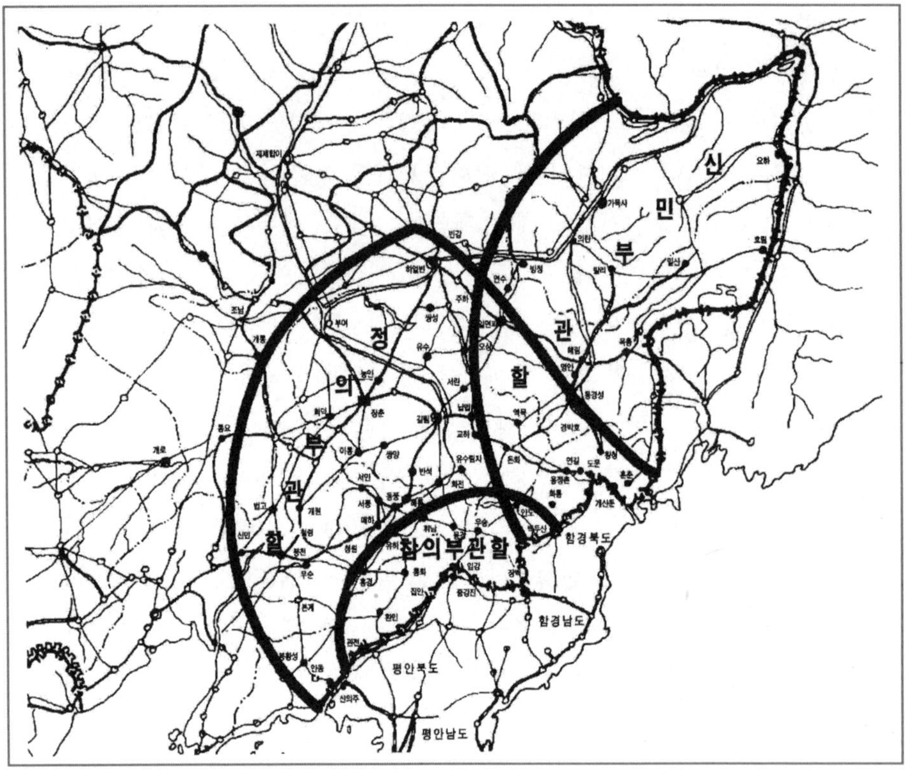

만주에서 활동한 정의부, 참의부, 신민부

은 각 단체에서 부담한다는 등 구체적 합의를 이루어냈다.[34]

비교적 순조롭게 진행되던 회의는 '재만운동단체협의회'에 대한 명칭문제로 인해 파장을 겪게 되었다. 북만청년총동맹·재만농민동맹을 비롯한 7개 단체가 "협의회로서는 당(黨)을 조직할 수 없음", "협의회는 중앙집권제가 아니기 때문에 당을 조직하기가 불가능함", "협의회가 당의 조직을 주최하는 것은 혁명원리에 위반됨" 등을 이유로 내세우

34 黃敏湖, 「만주지역 민족유일당운동과 3부통합운동」, 44쪽.

민족유일당촉성회의 개최지(지금의 반석빈관)

며 탈퇴를 선언한 것이다.[35]

참가한 대표들 중에 이러한 주장에 동조하는 인사들이 생겨났다. 정의부의 대표로 참석하였던 이청천은 "혁명관(革命觀)을 달리하기 때문에 협의회에서는 성공이 불능(不能)하다고 자신(自信)하고 개인으로서의 권리를 포기한다"고 하였고, 배활산은 "협의회 상설을 부인한다"며 탈퇴하였다.[36] 이러한 파장은 단순히 명칭문제에만 기인한 것이 아니었다. 참가한 단체들 사이의 주도권 문제도 있었고, 어떤 성격의 유일당을 조직할 것인가 하는 등의 문제가 있었다.

통일을 이루는 방법에 대해서도 의견이 달랐다. 장차 설립될 유일당은 기존의 단체를 연합하는 방식으로 조직해야 한다는 단체본위조직

35 국사편찬위원회, 『韓國獨立運動史』 4, 865쪽.
36 국사편찬위원회, 『韓國獨立運動史』 4, 865쪽.

론, 기존의 단체들은 완전히 해소하고 개인을 중심으로 유일당을 조직해야 한다는 개인본위조직론, 그리고 기존의 단체 중 가장 권위있는 유력한 단체를 중심으로 군소 단체가 종속되어 결합하자는 단체중심조직론의 세 가지 주장이 대두된 것이다.[37] 세 가지 주장 중 단체중심조직론에 대해서는 특별히 고집하는 단체가 없었다. 그러나 유일당운동을 주도하고 있었던 정의부는 단체본위조직론을, 동만청년총동맹·북만청년총동맹·재만한인동맹 등 사회주의 계열의 단체는 개인본위조직론을 주장하였다.[38]

'재만운동단체협의회'에 대한 명칭문제와 통일의 방법론을 둘러싼 의견대립은 합의점을 찾지 못하였고, 회의는 결렬되고 말았다. '협의회'란 명칭에 반대하고, 개인본위조직론을 주장하였던 남만청년총동맹·동만청년총동맹·북만청년총동맹·재만농민동맹·송강청년총동맹·여족공의회·합장청년회 등 7개 단체는 탈퇴를 선언하였다.[39] 이로써 유일당조직회의는 개최된 지 15일 만인 5월 26일 사실상 결렬되었다.

유일당조직회의가 결렬되면서 참가하였던 단체들은 각기 주장에 따라 두 세력으로 나뉘어졌다. 단체본위조직론을 주장하였던 정의부와 다물단·남만청년연맹·농우회·무본청년회 등 11개 단체는 호란집창자에 모여 전민족유일당협의회(약칭 협의회)를, 그리고 개인본위조직론을 주장하였던 남만청년총동맹·북만청년총동맹·동만청년총동맹·재만농민동맹 등 7개 단체는 세린하(細鱗河)에 모여 전민족유일당촉성회(약칭 촉성회)를 각각 결성한 것이다.[40] 이로써 만주의 독립운동 세력은 크게 '협의회파'와 '촉성회파'로 갈라지게 되었다.

37 蔡永國, 『韓民族의 만주독립운동과 正義府』, 국학자료원, 2000, 347-348쪽.
38 신주백, 『만주지역 한인의 민족운동사』, 아세아문화사, 1999, 167쪽.
39 국사편찬위원회, 『韓國獨立運動史』 4, 865-866쪽.
40 尹炳奭, 『獨立軍史』, 지식산업사, 1990, 276쪽.

6. 사라져간 유일당운동 바람

홍진이 유일당조직회의와 관련하여 어떠한 활동과 역할을 하였는지 알려주는 자료는 거의 없다. 다만 일제측의 기록에 "상해 홍면희(洪冕憙) 북경 박건병(朴健秉)은 촉성회측에 가담하였음"이라는 것이 보일 뿐이다.[41] 이로 보면 홍진은 유일당조직회의에서 기존의 모든 단체를 해체하고 개인을 중심으로 조직해야 한다는 입장을 갖고 있었던 것으로 생각된다.

유일당조직회의가 결렬된 후 홍진의 활동여건이나 입지는 상당히 좁아 들었던 것 같다. 만주의 독립운동 세력이 '협의회파'와 '촉성회파'로 나뉘어 대립하게 되면서, 어디에도 동조하거나 참가하기 어려워진 것이다. '협의회파'에는 동조할 수 없었을 것으로 생각된다. 유일당조직의 방법론을 달리하고 있었기 때문이다. 방법론이 다르면 함께 하지 못하는 상황이었다. 정의부의 간부들이 방법론의 차이로 정의부를 탈퇴한 것이 그러한 사례이다. 개인본위조직론을 지지하고 있던 김동삼·이청천·김원식 등은 1928년 8월 개최된 정의부 중앙의회에서 '협의회' 지지, 즉 단체본위조직론을 결의하자 정의부를 탈퇴하였다.[42]

'촉성회파'에도 참가하지 않았던 것 같다. 박건병과 더불어 촉성회측에 가담한 것으로 파악하고 있는 일제측의 자료, 그리고 정원(鄭遠)이나 김응섭과의 관계로 보면, 홍진은 촉성회파에 참가하였을 가능성이 높다. 상해에서 홍진과 함께 온 정원은 유일당조직회의가 결렬된 직후, 중국관내 청년단체인 중본한청과 남만·북만·동만의 청년총동맹 등 8개 단체가 참여한 재중한인청년동맹(在中韓人青年同盟)을 결성하였고,[43]

41 국사편찬위원회, 『韓國獨立運動史』 4, 862쪽.

42 지복영, 『역사의 수레를 끌고 밀며 -항일무장독립운동과 백산 지청천 장군』, 문학과 지성사, 1995, 181-182쪽.

43 경상북도 경찰부, 『高等警察要史』, 137쪽 ; 독립운동사편찬위원회, 『독립운동사 자료집』 10, 1976, 410쪽.

이것이 촉성회의 주요 세력기반을 이루고 있었다. 또한 법관양성소 후배이면서 의형제를 맺기도 했던 김응섭은 재만농민동맹을 결성하여 활동하면서 촉성회를 주도하고 있던 주요 인물이었다.

그러나 촉성회파의 활동에서 홍진의 이름을 찾아 볼 수 없다. 홍진은 촉성회측에도 가담하지 않은 것으로 보인다. 이유는 촉성회를 주도하고 있던 세력과의 이념적인 문제가 아니었나 생각된다. 1920년대에 들어서면서 만주지역에는 사회주의 사상이 유입되었고, 사회주의를 이념으로 한 청년단체들이 조직되어 활동하였다. 촉성회의 세력기반이었던 재만농민동맹이나 남만청년총동맹·북만청년총동맹 등이 바로 그러한 단체들이었고, 이들은 ML계인 만주고려공산청년회의 주도하에 조직되어 활동하고 있었다.[44] 민족의 대단결을 이루어 유일당을 조직하고자 한 홍진으로서는 두 파로 분열되어 있는 것이 그의 뜻에도 맞지 않았고, 또 어느 한쪽에도 가담하기 어려웠던 것으로 생각된다.

'협의회파'와 '촉성회파'는 서로 상대방을 비난하면서 별도로 유일당운동을 추진해 갔다. '협의회파'는 정의부의 주도하에 3부통합운동을 전개하였다. 정의부에서는 1928년 7월 참의부와 신민부에 3부통합을 제의하였고, 이에 의해 그해 9월 길림시 부근 신안둔(新安屯)에서 정의부·참의부·신민부의 대표가 참여한 3부통합회의를 개최하였다.[45] 만주지역의 대표적 단체인 3부를 중심으로 유일당을 조직하기 위한 시도였다.

그러나 3부통합회의도 유일당 조직의 방법을 둘러싸고 의견이 대립되었다. 신민부와 참의부에서는 3부를 완전히 해체하고 새로운 유일당을 조직할 것을 요구하였고, 정의부에서는 단체본위조직론을 주장하였

44 신주백, 『만주지역 한인의 민족운동사』, 68-73쪽.

45 蔡根植, 『武裝獨立運動秘史』, 147쪽 ; 黃敏湖, 「만주지역 민족유일당운동과 3부통합운동」, 48쪽.

민족유일당회의가 개최되었던 신안둔(新安屯)의 원경

다. 이로써 5월에 개최된 회의와 똑같은 상황이 반복되었다. 여기에 신민부가 군정파(軍政派)와 민정파(民政派)로 분열되었고, 또 참의부에서는 내부의 사정으로 대표를 소환하는 일이 일어났다.[46] 이로서 3부 통합회의도 더 이상 진전을 보지 못한 채 결렬되고 말았다.

촉성회 역시 독자적으로 활동하였다. 1928년 7월 길림성내의 김응섭의 집에서 김동삼·이종건·김상덕·배활산 등이 참가한 가운데 임시간부회의를 개최하고, 유일당촉성을 위하여 각자가 구역을 나누어 조직과 선전을 적극 전개하기로 결정한 것이다.[47] 이에 대한 내용이 구체

46 신민부에는 金佐鎭·黃學秀 등을 중심으로 무장투쟁을 주장하는 세력과 崔灝·金墩 등 교육 및 산업에 우선을 두자는 세력이 있었다. 이들이 '군정파' '민정파'의 두 파벌을 형성하면서 각기 자신들이 신민부의 본체임을 주장하면서, 각기 독자적으로 활동하였다.

47 朴永錫, 「海外獨立運動의 基本構造 -1920年代 後半 滿洲地域 革新議會를 중심으로-」, 『韓國史學』 8, 한국정신문화연구원, 1986, 201쪽.

적으로 알려져 있지는 않지만, 촉성회가 주도하여 개인을 중심으로 한 유일당조직을 추진하고자 하였던 것이라 생각된다.

촉성회는 협의회파가 주도한 3부통합회의가 결렬된 후, 적극적으로 유일당운동을 추진하고자 하였다. 정의부를 탈퇴한 김동삼·김원식·이청천·김상덕 등을 비롯하여 참의부의 참의장인 김승학, 신민부의 군정파인 김좌진·황학수·정신 등이 참가한 가운데 1928년 12월 하순 혁신의회(革新議會)를 조직한 것이 그러한 의도였다.[48] 혁신의회는 촉성회의 주도로 유일당운동을 전개하기 위해 조직한 기구였다. 혁신의회의 활동방향은 "대당촉성(大黨促成)의 적극적 방조(幇助)"로 설정되었고, 유일당을 촉성하기 위해 민족유일독립당재만책진회(民族唯一獨立黨在滿策進會)를 조직하여 활동하기도 하였다.[49]

혁신의회는 신민부 군정파와 참의부, 그리고 정의부의 일부 세력이 연합하여 군정부를 설립할 때까지 임시기관으로 설립한 것이었다. 혁신의회는 군민평의회(軍民評議會), 또는 군민의회(軍民議會)라고도 하였던 것 같다.[50] 홍진이 군민평의회에 관여한 것으로 나타나기도 한다. 조경한은 그의 회고록에서 군민의회가 조직되었다는 사실을 설명하는 가운데, 군민의회의 직원을 다음과 같이 기술해 놓았다.

> 의　　장 : 김동삼
> 부 의 장 : 홍　진
> 비 서 장 : 이응서
> **군무위원** : 이청천, 김좌진, 황학수, 박창식, 전성호

48 朴永錫, 「海外獨立運動의 基本構造 -1920年代 後半 滿洲地域 革新議會를 중심으로-」, 200-201쪽.

49 蔡永國, 『韓民族의 만주독립운동과 正義府』, 359-361쪽.

50 이에 참여하였던 金承學은 그의 저서인 『韓國獨立史』(독립문화사, 1965)에서 '군민평의회'라 하였고, 趙擎韓은 그의 회고록인 『白岡回顧錄』(한국종교협의회, 1979)에서 '군민의회'라고 하였다.

| 민사위원 : 김승학, 김소하, 김동진, 정　신, 이관일[51]

홍진이 군민의회의 부의장으로 나타나 있다. 의장은 정의부의 지도자였던 김동삼(金東三)이었다. 군민의회와 홍진의 관련여부를 명확하게 확인할 수는 없지만, 당시 홍진은 독립운동에서 주요한 지도자로서 위상을 갖고 있던 인물이었다. 이러한 점을 감안하면, 그가 혁신의회의 부의장으로 추대되었을 가능성이 있다.

혁신의회는 설립 후, 관할구역을 설정하고, 이를 중심으로 세력기반을 확립해 나갔다. 관할구역은 참의부가 활동하던 지역은 남일구(南一區), 신민부가 활동하던 지역은 북일구(北一區), 그리고 정의부에서 탈퇴한 재야혁명회의 활동지역은 중일구(中一區)로 명명하여, 모두 3개구로 정하였다.[52] 이로써 혁신의회의 활동구역이 설정되었고, 그 범위는 남만주에서 북만주 일대까지 걸쳐 있었다.

이와 같이 '촉성회파'가 혁신의회를 결성하고 관할구역을 설정하여 활동을 전개하고 있을 때, '협의회파'에서는 민족유일당조직동맹을 기반으로 통일을 추진하였다. 그리고 그 성과를 거두었다. 1929년 4월 1일 정의부의 현익철·고할신·이동림, 참의부의 심용준·임병무·유광흘(劉光屹), 신민부의 민정파인 김돈(金燉)·송상하(宋尙夏)·이영희(李英熙) 등이 참여한 가운데 국민부(國民府)를 결성한 것이다.[53] 국민부는 정의부의 주도하에 참의부와 신민부의 잔여 세력이 통일을 이루어 결성한 3부의 통합체였다. 이로써 만주지역의 유일당운동은 사실상 종말을 고하게 되었고, 만주지역을 휘몰아쳤던 유일당운동의 바람도 사라지게 되었다.

51 趙擎韓, 『白崗回顧錄』, 78-79쪽.

52 蔡根植, 『武裝獨立運動秘史』, 151쪽 ; 黃學秀의 『回顧錄』(윤병석 교수 소장).

53 張世胤, 「在滿 朝鮮革命黨의 民族解放運動 硏究」, 성균관대 대학원 박사학위논문, 1996, 66-67쪽.

제 7 장

만주에서 항일무장투쟁을 전개

1. 북만주에 터전을 마련

만주에서 추진한 유일당운동이 결렬되었지만, 홍진은 상해로 돌아가지 않았다. 만주에 그대로 남았다. 유일당조직에 대한 미련을 떨쳐버리지 못한 것이다. 홍진은 만주에 새로운 터전을 마련하고, 이를 기반으로 유일당을 조직하려는 꿈을 갖고 있었다. 그가 새로운 터전을 마련한 곳은 북만주였다.

'협의회파'가 국민부를 결성한 후, '촉성회파' 인사들은 혁신의회를 해체하고 각기 자신의 활동근거지로 돌아갔다. 신민부의 군정파인 김좌진 등은 영안현(寧安縣) 해림(海林)으로, 참의부의 김승학 등은 남만주로, 정의부의 이청천 등은 그들의 관할구역인 오상현(五常縣)의 충하진(沖河鎭)이라는 곳으로 이동하였다.[1] 홍진은 자신의 활동근거지라 할

1 지복영, 『역사의 수레를 끌고 밀며 -항일무장독립운동과 백산 지청천 장군』, 문학과 지성사, 1995, 191쪽.

수 있는 상해로 돌아가지 않았다. 그는 이청천이 이동해 있던 오상현으로 가 그곳에 터전을 마련하였다.

홍진은 유일당운동이 결렬된 후, 길림성 안에 있었다. 김응섭의 집에 머물고 있던 그는 1929년 4월 오상현을 향해 떠났다. 이규보(李圭輔)와 조경한(趙擎韓)이 함께 동행하였다. 조경한의 회고록에 의하면,[2] 홍진은 이들과 함께 길림성에서 동북방으로 1백 40리를 걸어 소성자(小城子)에 도착하였다. 이곳에는 경상도 의성 출신인 김영동(金領東)과 충청도 공주 출신인 이청호(李淸湖) 등이 거주하고 있었다. 여기서 다시 1백 20리를 더 가 화수천(樺樹川)이란 곳에 들렀다. 여준(呂準)과 이진산(李振山)이 농장을 경영하고 있는 곳이었다. 여준과 이진산도 동행하여 일행이 되었다. 이들 일행이 도착한 곳은 화수천에서 30리 떨어진 서란현의 노흑정자(老黑頂子)였다. 이곳은 대한제국 국군 장교 출신인 이장녕(李章寧)의 근거지였고, 여기에는 신민부에서 김좌진과 함께 군정파로 활동하였던 황학수(黃學秀)도 와서 동거하고 있었다. 황학수 역시 대한제국 육군무관학교 출신이었다. 여기서 다시 70리를 더 걸어가 오상현 충하진이란 곳에 도착하였다. 이들의 여정으로 보면, 충하진은 길림에서 3백 60리 정도의 거리였다.

오상현은 길림과 하얼빈 중간에 위치하고 있었다. 오상현과 더불어 하얼빈 근처의 아성현·유수현·빈강현 등은 정의부가 관할하던 구역이었다.[3] 이들 지역은 목단강에서 하얼빈으로 이어지는 중동철도 연변의 영안현(寧安縣)·위하현(葦河縣)·주하현(珠河縣) 등과 더불어 흔히 북만주라고 불렸다. 북만주지역에는 1910년대 후반 이후 수전(水田)이 가능해지면서 많은 한인들이 이주하기 시작하였고, 이주한 한인들 대부분은 논농사를 짓고 있었다. 1930년 현재 북만주에 이주한 한인은 약 4만 4

2 趙擎韓, 『白岡回顧錄』, 한국종교협의회, 1979, 84-87쪽.
3 蔡永國, 『韓民族의 만주독립운동과 正義府』, 국학자료원, 2000, 124쪽.

천여 명에 이르렀고, 이중 영안현에 1만여명을 비롯하여 위하현에 1,265명, 주하현에 5,200명, 오상현에 1,235명 등이 거주하였다고 한다.[4]

홍진은 오상현에서 이청천과 함께 활동하였다. 홀홀단신이었던 홍진은 아예 이청천의 집에서 기거하였다고 한다. 오상현에 정착한 홍진은 이청천·이장녕·황학수 등과 함께 생육사(生育社)라는 단체를 조직하였다. 생육사에 대해서는 일제의 정보자료에 다음과 같이 나타나 있다.

> 오상현 충하에 근거를 둔 생육사는 1929년 봄 홍진·황학수·이청천·김좌진·이장녕·金昌煥·朴一萬 외 수명의 발기에 의하여 창립된 것인바, 그 취지는 표면 親睦 殖産 修養을 목적으로 하는 것이라고 約章에 규정되었으나, 本社는 원래 상해 가정부 국무령 홍진을 社長으로 하고 기타 간부는 一流의 불령선인 巨頭를 망라한 비밀결사로서, 생산 저축을 장려하고 이에 따라 독립운동 자금의 충당을 꾀하며 나아가서는 혁명적 인재의 양성을 기도하는 목적으로 조직된 것이다.[5]

이로 보면 생육사는 1929년 봄 오상현 충하진에서 비밀결사로 조직되었다. 홍진·황학수·이청천 등이 북만주에 정착하면서 그곳에 정착해 있던 인사들과 함께 조직한 것이 생육사였다. 이장녕은 서란현의 노흑정자에서, 김창환은 유수현에서, 박일만은 충하진에서 농장을 경영하고 있었던 인물들이었다.[6]

홍진이 이들과 함께 생육사를 조직한 것은 북만주 일대를 중심으로 독립운동을 도모하려는 의도가 있었다. 유일당운동을 전개할 때부터 뜻을 함께 하였던 이청천·황학수·이장녕·김좌진 등은 만주에서 독립군을 조직하여 활동하고 있던 유명한 군사지도자들이었다. 그리고 당

4 신주백, 『만주지역 한인의 민족운동사』, 아세아문화사, 1999, 30·49쪽.

5 독립운동사편찬위원회, 『독립운동사자료집』 10, 1976, 488-489쪽 ; 국사편찬위원회, 『한국독립운동사』 5, 1968, 747-748쪽.

6 「李圭彩신문조서」(국사편찬위원회, 『한민족독립운동사자료집』 19, 1994, 45쪽).

시 북만주 일대에는 앞에서 언급했듯이 약 4만 4천명에 이르는 한인들이 이주해 있었다. 이러한 인적 자원과 지역적 기반을 토대로 독립운동 자금을 확보하고, 독립군을 양성하려는 생각을 갖고 있었던 것이다. 생육사는 이러한 목적을 실행하기 위해 조직한 단체였다.

생육사는 홍진을 대표로 하여 조직되었다. 대표의 명칭은 사장(社長)이라고 하였다. 창립 당시 약장(約章), 규약(規約) 등을 제정한 것 같지만, 그 내용이 전해지고 있지 않다. 일제가 조사한 '재만불령선인단체표(在滿不逞鮮人團體表)'에는 생육사의 조직이 다음과 같이 나타나 있다.

> 고 문 : 백 순, 이 탁, 윤 각
> 사 장 : 홍 진
> 서무부 : 이장녕, 이규보, 안규원
> 친목부 : 김 백, 홍춘희
> 식산부 : 임복순, 윤상갑
> 수양부 : 이청천, 정창봉
> 교제부 : 박일만
> 규 찰 : 김좌진, 신 숙[7]

이는 창립 당시의 조직이었다. 사장을 비롯하여 서무부·친목부·식산부·수양부·교제부·규찰 등의 부서를 설치하여 업무를 추진하고 있었다. 생육사는 창립 후 각지에 분사(分社)를 설치하고 사원(社員)을 모집하는 방법으로 북만주 일대에 조직을 확대해 나갔고, 유수현·돈화현·서란현·오상현·하얼빈·반석현·길림현 등지에 분사를 설치하였다.

생육사는 각지에 분사를 설치하면서 북만주 일대에 활동기반을 마련할 수 있었다. 그리고 1930년 2월 13일 길림의 춘등하(春登河)에서 각지 분사의 대표들이 참석한 가운데 제2회 정기총회를 개최하고, 부

7 국사편찬위원회, 『韓國獨立運動史』 5, 1968, 718-719쪽.

만주지역에 이주한 한인동포들의 생활

서의 개편과 함께 활동방향을 결정하였다. 규약을 개정하여 총임원을 축소 개선하기로 하고 본사의 부서는 사장 1인, 간사 15인, 상무원 5인을 두기로 하였다. 개선된 임원은 다음과 같다.

> **사　　　장** : 홍 진
> **중앙집행간사** : 김창환, 이금남, 임위당, 이백룡, 윤좌형, 박일만, 이우정, 이장녕, 황학수, 박진동, 이청천, 목영상, 고영무, 김 백
> **중 앙 상 무 원** : 이장녕, 황학수, 이백룡, 이우정, 박진동[8]

홍진은 사장에 그대로 유임되었다. 그리고 생육사가 추진해 나갈 활동방향을 "재만한교의 농노해탈을 전제로 하는 범위에서 사원 각자의 경작에 충당할 수 있는 농지매수를 최고 목표로 하는 비축조합(備蓄組

8 독립운동사편찬위원회, 『독립운동사자료집』 10, 1976, 490쪽.

合)을 실현하는 것"으로 설정하였다.[9]

만주지역에 이주한 한인들 대부분은 자신의 토지를 갖지 못하였다. 연변지방 이외에는 거의 토지소유권이 인정되지 않는 경우가 많았지만, 토지를 구입할 수 있는 여력을 가진 한인들도 많지 않았다. 1929년 당시 길림지방 한인농가의 99%가 소작농이었다고 한다.[10] 한인들 대부분이 중국인의 땅을 빌어 농사를 짓고 있었던 것이다.

생육사가 활동방향을 '농지매수'에 둔 것은 이러한 현실 때문이었다. 우선적으로 소작농으로서의 비참한 생활을 구제하고, 한인들의 생활안정을 도모하고자 한 것이다. 생육사에서는 농지매수를 위한 재원을 마련하기 위해 주식(株式)을 발행하였던 것 같다. "우선 190주를 상무회(常務會)에 위임하고 올 봄 안으로 농지구입에 착수하기로 하고 하얼빈 부근에 있는 20향 농지압조안을 통과 실시할 것"을 결정한 것이 그것을 말해준다.[11]

이로 보면 생육사는 북만주 일대에 독립운동 근거지를 마련하기 위해 조직한 단체였다. 북만주 일대에 이주해 있는 한인들의 생활기반을 마련하는 것을 우선적 목표로 삼고 있었다. 그리고 농업생산과 저축을 통해 독립운동 자금을 마련하고, 독립군을 양성하고자 한 것이다. 생육사가 조직되어 활동하면서 오상현을 중심으로 한 북만주 일대가 독립운동의 주요 근거지로 개척되었고, 이를 기반으로 뒤에서 언급할 한국독립당과 한국독립군이 결성되어 활동하게 되었다.

9 독립운동사편찬위원회, 『독립운동사자료집』 10, 489쪽.

10 張世胤, 「韓國獨立軍의 抗日武裝鬪爭研究」, 『한국독립운동사연구』 3, 1989, 322쪽.

11 독립운동사편찬위원회, 『독립운동사자료집』 10, 490쪽 ; 국사편찬위원회, 『韓國獨立運動史』 5, 746쪽.

2. 민족주의 세력을 결집하여 한국독립당을 창당

홍진이 오상현을 중심으로 북만주 일대에 독립운동 기반을 구축하고 있을 때, 북만주 한인사회에 공산주의 운동이 거세게 일어나고 있었다. 만주지역에 공산주의가 유입되기 시작한 것은 3·1운동 직후부터이지만, 공산주의 세력이 크게 확대된 것은 조선공산당 만주총국의 설립이 그 계기가 되었다. 1926년 5월 조선공산당의 최원택(崔元澤)·조봉암(曺奉岩) 등이 주하현 일면파(一面坡)에서 조선공산당 만주총국을 결성하고, 그 본부를 영안현 영고탑에 설치하였다.[12]

1920년대 중반까지만 해도 민족주의와 공산주의 세력은 커다란 대립없이 항일이라는 공동 목표아래 함께 활동하였다. 그러나 만주총국이 결성된 후 서로 세력범위를 확대하는 과정에서 대립과 마찰이 발생하게 되었다. 여기에 국공합작이 와해된 중국의 정세변화와 중국공산당 만주성위원회의 설치, 그리고 1928년 12월 코민테른에 의한 조선공산당의 해체와 일국일당(一國一黨) 원칙에 따른 중국공산당의 가입 등, 여러 요인이 작용하면서 두 세력의 대립과 마찰은 격렬한 양상을 띠게 되었다.

1920년대 후반 양측의 대립과 투쟁은 곳곳에서 일어났다. 생육사의 본부가 있던 오상현 충하진에서도 공산주의 세력이 민족주의 계열을 타도한 일이 발생하였다. 공산당원 이영민(李榮民)·조동구(趙東九) 등이 '민족주의자는 공산당의 적'이라는 구호를 내세우며 농민 수백명을 선동하여,[13] 민족주의 인사들에게 위해를 가한 것이다. 이로 인해 이곳에서 농장을 경영하며 생육사의 간부로 활동하던 박일만과 이규채 등은

12 신주백, 『만주지역 한인의 민족운동사』, 128-129쪽.

13 「李圭彩 신문조서(제3회)」·「李圭彩 청취서(제3회)」(국사편찬위원회, 『한민족독립운동사자료집』, 19·45쪽).

유수현으로 도피하였다.

이청천 같은 지도자도 처형을 당할 뻔하였다. 이청천의 따님인 지복영(池復榮)은 '백산(白山 : 이청천의 호)은 차마 암살하지 못하였다'고 하면서, 당시의 상황을 "소위 요새말로 인민재판을 열어 처형하려 하였다. 그러나 백산의 활동에 대하여 누구보다 잘 알고 있던 충하진의 농민들이 백산을 변호함으로써 그들의 의도가 수포로 돌아가고 말았다" 라고 하고 있다[14]

양측의 대립이 격화되는 가운데, 김좌진이 공산주의자에게 암살당한 일이 발생하였다. 김좌진은 유일당운동이 결렬된 후 영안현 해림(海林)으로 돌아와 산시역전(山市驛前)에서 정미소를 경영하고 있었다. 산시역

산시역

14 지복영, 『역사의 수레를 끌고 밀며』, 195쪽.

을 중심으로 한 해림 일대는 신민부의 관할구역이었던 곳이다. 김좌진은 홍진이 주도하고 있던 생육사에도 관계하며, 다른 한편으로는 김종진(金宗鎭)·이을규(李乙奎) 등 재만조선무정부주의자연맹과 연합하여 1929년 7월 한족총연합회(韓族總聯合會)를 조직하고, 이를 중심으로 활동하고 있었다.[15] 영안현에서 무정부주의 세력과 함께 신민부의 기반을 토대로 활동을 재개한 것이다.

김좌진이 활동하고 있던 영안현은 북만주에서도 공산주의 운동이 가장 활발하게 전개되었던 곳이었다. 조선공산당 만주총국이 바로 영안현 영고탑에 본부를 두고 있었고, 이 지역의 농민들을 기반으로 세력을 확대하고 있었다. "신민부는 독립운동의 가면을 쓰고 자금을 징수하여 농민들을 괴롭히고 있다"는 등의 선전을 하며[16] 신민부를 반대하였던 이들은, 신민부의 후계조직이나 다름없는 한족총연합회도 반대하였다. 공산주의자들이 가장 적대시하던 무정부주의자들과 연계되었다는 것도 반대활동에 적지 않은 영향을 끼쳤다. 양측의 대립은 서로 상대방 지역을 습격하여 동포들을 사살하는 비극을 초래하였고, 급기야는 1930년 1월 24일 공산주의자 박상실이 정미소에서 김좌진을 암살한 일이 일어났다.[17]

김좌진의 암살은 민족주의 진영에 커다란 충격을 주었다. 김좌진은 청산리전투를 승리로 이끌었던 항일무장투쟁의 상징적인 존재로서 뿐만 아니라, 북만주지역을 중심으로 한 독립운동의 대표적인 지도자 중의 한 사람이었다. 독립군의 대표적인 지도자를 잃었다는 것도 충격이었지만, 동족의 손에 의해, 더욱이 공산주의자에 의해 피살되었다는데 충격이 컸다.

15 박환, 「韓族總聯合會」, 『滿洲韓人民族運動史研究』, 일조각, 1991, 207쪽.
16 金俊燁·金昌順, 『韓國共産主義運動史』 資料篇 1, 1979, 29쪽.
17 박환, 『滿洲韓人民族運動史研究』, 233쪽.

김좌진이 공산주의자에게 암살당한 것을 계기로 민족주의 진영의 대단결이 추진되었다. 당시 민족주의 진영은 오상현에 근거를 둔 생육사와 영안현 산시역에 본부를 두고 있던 한족총연합회가 가장 큰 세력을 이루고 있었으며, 동빈현주민회·주하현주민회 등과 같은 자치조직들도 있었다. 각기 독자적인 조직과 세력기반을 갖고 활동하던 이들이 단결을 강화하고자 하였고, 그 방향은 민족주의 세력을 총결집시켜 하나의 조직체를 결성하는 것으로 설정되었다.

민족주의 세력의 대결집, 그것은 한국독립당을 결성하는 것으로 모아졌다. 이규채의 신문조서에 의하면 1930년 5월 이청천·박관해(朴觀海)·민무(閔武)·정신(鄭信)·신숙(申肅)·최오(崔塢)·한영관 등이 참가한 가운데 길림성 빈강현(賓江縣) 이도하자(二道河子) 박관해의 집에서 '조선의 절대독립'을 목적으로 하는 한국독립당(韓國獨立黨)을 조직하기로 결정하였다고 한다.[18] 결성 일자는 7월로 잡았다. 그리고 박관해·정신·신숙·최오·이장녕 등을 준비위원으로 선정하고, 창립을 위한 준비를 추진하였다.

두 달여의 준비를 거쳐 창립대회를 개최하였다. 창립대회는 위하현 중동선(中東線) 위하역전(葦河驛前) 최모(崔某)의 집에서[19] 위하현·빈주현·아성현·영안현·연수현 등의 지방대표들을 포함하여 100여명이 참가한 가운데 사회자 신숙, 임시서기 민무(閔武)를 선정하여 7월 1일에서 5일까지 진행되었다. 회의에서는 "백의동포는 소련공산당에 속지 말자. 백의대중은 일치 협력하여 조국의 광복을 도모한다"는 내용의 선언

18 「李圭彩 신문조서」(국사편찬위원회, 『한민족독립운동사자료집』 19, 40쪽).

19 한국독립당의 창립 장소는 두 가지로 알려져 있다. 하나는 "葦河驛前 崔某의 집"이다. 이는 이규채의 「신문조서」(국사편찬위원회, 『한민족독립운동사자료집』 19, 40쪽) ; 「청취서(제3회)」(국사편찬위원회, 『한민족독립운동사자료집』 19, 77쪽)와 일제의 정보자료(『思想彙報』 제7호, 1935년 6월, 27쪽)에 보인다. 다른 하나로 신숙은 "葦河縣街 金光澤의 집"이라 하고 있다(신숙, 『나의 일생』, 94쪽).

위하현 시가지. 이곳에서 한국독립당을 창당하였다.

을 발표하였고, 당강(黨綱)과 당규(黨規)를 제정 통과시켰다. 당강과 당규의 전체적인 내용은 알려져 있지 않지만, 신숙은 '민본정치(民本政治)의 실현, 노본경제(勞本經濟)의 조직, 인본문화(人本文化)의 건설'을,[20] 그리고 이규채는 "조선의 정치독립, 조선의 경제독립, 조선의 문화독립"을 강령으로 설명하고 있다.[21] 그리고 조직체제는 집행위원제로 하기로 하고, 집행위원장으로 홍진을 선출하였다. 한국독립당의 조직과

20 신숙은 당의 창립과정과 선언 및 강령에 대해 "그간 경과보고가 있은 후 당시 긴박한 내외정세에 鑑하여 만장일치로 한국독립당을 결성하고 宣言과 三本主義「民本政治의 실현, 勞本經濟의 조직, 人本文化의 건설」의 黨綱 및 黨規를 통과한 후 중앙집행위원회를 조직하고"라 하고 있다(신숙, 『나의 一生』, 94쪽).

21 「李圭彩 신문조서(제2회)」(국사편찬위원회, 『한민족독립운동사자료집』 19, 45-46쪽) ; 「청취서(제3회)」(국사편찬위원회, 『한민족독립운동사자료집』 19, 77쪽). 이외에 이규채는 당의 6대 강요라고 하면서, 그 내용을 "1. 입헌민주국으로 한다. 2. 토지와 대생산기관은 국유로 한다. 3. 신문화 학술을 수입한다. 4. 약소민족과 제휴한다. 5. 각지의 민족단체와 연합한다. 6. 국민의 교육은 의무적으로 한다"라고 하였다.

간부는 다음과 같다.[22]

고　　문 : 여　준, 이　탁, 윤　각, 김동삼, 김창환
위 원 장 : 홍　진
부위원장 : 이진산, 황학수, 이장녕, 김규식
집행위원 : 홍　진, 이진산, 황학수, 이장녕, 김규식, 이청천, 김동진, 정　신, 조경한, 민　무, 전성호, 공창준, 정남전, 오광선, 김해강, 김청농, 신　숙, 이규보, 이붕해, 이관일, 김원식, 최만취, 손무영, 최　악, 대　관, 심만호, 경혜춘, 박명진
총무부위원 : 정　신, 이관일, 김동진
민정부위원 : 전성호, 김해강, 이관일
군사부위원 : 이청천, 오광선, 민　무, 이붕해, 김청농, 최만취, 손무영
훈련부위원 : 조경한, 최　악, 여운달
선전부위원 : 조경한, 남대관, 김명호, 박명진
조사부위원 : 경혜춘, 심만호, 이규보

이로써 1930년 7월 북만주지역에서 한국독립당이 창당되었다. 한국독립당 창당의 직접적 계기는 김좌진의 암살이었다. 김좌진이 공산주의자에게 암살당한 것을 계기로 민족주의 세력이 대결집을 도모하였다. 생육사와 한족총연합회를 주축으로 각지방의 자치기구인 주민회(住民會) 등이 참여한 가운데, 대종교·무정부주의자까지 망라되었다. 민족주의 세력이 대결집을 이루어 한국독립당을 결성한 것이다.

한국독립당은 유일당은 아니었지만, 유일당운동의 산물이었다. 유일

22 이는 趙擎韓의 『白岡回顧錄』(90-91쪽)에 나타나 있는 것이다. 한국독립당의 조직과 간부에 대해서는 당사자들의 회고나 자료마다 다르게 나타난다. 창립대회에 참가하였던 이규채는 신문조서에서 창립 당시 당의 조직과 간부에 대해 수령 : 洪震, 정치부 : 洪震 겸임, 경제부 : 崔塢, 문화부 : 申肅, 군사부 : 李靑天, 선전부 : 鄭信, 조직부 : 朴觀海 등으로 진술하였다(「이규채 청취서(제2회)」(국사편찬위원회, 『한민족독립운동사자료집』 19, 67쪽 및 77-78쪽). 그리고 蔡根植의 『武裝獨立運動秘史』에는 중앙위원장 : 洪震, 총무위원장 : 申肅, 조직위원장 : 南大觀, 선전위원장 : 安勳, 군사위원장 : 李靑天, 경리위원장 : 崔灝, 감찰위원장 : 李章寧으로 기술되어 있다(157쪽).

당운동이 전개되면서 민족이 대단결하여 결성할 유일당의 명칭은 '한국독립당'으로 정해져 있었다. 1927년 11월 중국관내의 북경·상해·남경·무한·광주의 촉성회가 연합하면서 그 명칭을 '한국독립당관내촉성회연합회'라 하였다. 그리고 중국관내에서 전개되었던 유일당운동이 1929년 말 좌익진영의 탈퇴로 결렬되자, 임시정부를 중심으로 활동하던 안창호·이동녕·조소앙·김구 등이 1930년 1월 민족주의 세력을 결집하여 정당을 창당하였다. 그 이름도 한국독립당이었다.[23] 역시 만주에서도 유일당운동이 결렬된 후 김좌진의 암살을 계기로 민족주의 세력이 결집하여 한국독립당을 창당하였다.

한국독립당이 창당되면서, 만주지역의 독립운동전선은 크게 양대 세력으로 재편되었다. 기존의 정의부·참의부·신민부는 완전히 해체되고, 유일당운동 과정에서 '협의회파'와 '촉성회파'로 대립되었던 두 세력이 남만주와 북만주에 각각 독자적인 세력기반을 구축한 것이다. 협의회파는 1929년 4월 국민부를 조직하고 남만주를 관할구역으로 삼았다. 그리고 그해 12월 조선혁명당(朝鮮革命黨)과 조선혁명군(朝鮮革命軍)을 조직하여[24] 당(조선혁명당)·정(국민부)·군(조선혁명군)의 체제를 갖추어 활동하였다. 북만주지역은 한국독립당이 관할하고 있었다. 뒤에서 언급하겠지만, 행정기구로 한족자치연합회(韓族自治聯合會)와 한국독립군(韓國獨立軍)을 편성하면서, 당·정·군의 체제를 갖추어 활동하였다.

만주지역의 독립운동전선이 재편되는 가운데, 홍진은 북만주지역의 대표적인 지도자가 되었다. 북만주지역의 민족주의 세력이 대결집한 한국독립당에서 위원장으로 추대된 것이다. 이후 북만주지역의 독립운동은 한국독립당의 주도로 이루어졌고, 집행위원장으로 한국독립당을

23 韓詩俊, 「上海韓國獨立黨 硏究」, 『龍巖車文燮敎授華甲紀念 史學論叢』, 신서원, 1989, 603-604쪽.

24 張世胤, 「在滿 朝鮮革命黨의 民族解放運動 硏究」, 성균관대 대학원 박사학위논문, 1996, 107쪽.

이끌어간 지도자가 바로 홍진이었다.

3. 한국독립당의 기반을 마련

홍진은 한국독립당을 중심으로 북만주지역에서 독립운동을 전개하였다. 북만주지역은 남만주나 동만주 지역에 비해 독립운동의 조건이 열악한 상태였다. 한인들이 이곳에 이주한 시기가 짧아 생활기반도 안정되지 못하였고, 한인들의 숫자도 적었다. 북만주에는 1910년대 후반 수전(水田)이 가능하다는 것이 알려지면서 한인들이 이주하기 시작하였고, 그 숫자는 1930년 현재 약 4만 4천명 정도였다고 한다.[25] 이들 대부분은 논농사를 짓고 있었고, 농민들 대다수는 소작농이었다. 이들이 독립운동의 주요한 토대가 되었다.

독립운동의 토대는 민중에 두어야 한다는 것을 홍진은 잘 알고 있었다. 임시정부가 수립 이후 얼마 지나지 않아 정부의 이름을 유지하기조차 어려울 정도의 침체상태로 빠져든 것을 보고, 그는 임시정부가 민중을 토대로 하지 못하였던 데 그 이유가 있다고 진단한 적이 있었다.[26] 국무령에 취임하면서 유일당운동을 일으킨 이유 중의 하나도 이것 때문이었다.

홍진은 한국독립당 위원장으로 북만주지역의 독립운동을 이끌게 되면서, 무엇보다도 민중의 기초를 확립하는데 역점을 두었다. 우선 북만주지역에 거주하고 있는 한인들의 자치와 생활안정의 도모를 최우선 과제로 삼았다. 그리고 이러한 기초위에 당의 조직과 세력을 확대 강화하고, 이를 기반으로 독립군을 편성하여 대일항전을 전개한다는

25 신주백, 『만주지역 한인의 민족운동사』, 49쪽.
26 《獨立新聞》 1926년 9월 3일자 「洪領訪問記」.

방향을 설정하였다.[27]

한인들의 자치실현과 생활안정을 도모하기 위한 방편으로 한족자치연합회를 조직하였다. 한족자치연합회는 동빈현주민회·주하현주민회 등과 같은 각지의 주민회를 연합한 것으로, 한국독립당 창당과 더불어 8월에 조직되었다.[28] 그 기능은 북만주 한인들의 자치기관이면서, 일종의 행정기구라고 할 수 있다. 남만주의 국민부와 조선혁명당과 같은 체제로, 이당치국(以黨治國)의 원리하에 한국독립당과 한족자치연합회가 당·정의 역할을 하는 체제였다.[29] 정부와 같은 기능을 하며, 관할지역의 주민을 보호하고자 한 것이었고, 그 활동방향을 다음과 같이 설정하였다.

1. 본회는 각지에 산재한 각 자치기관을 연합해서 완전한 자치실현을 도모한다.
2. 본회는 일반 민중의 산업, 교육, 기타 생활안정을 도모한다.

27 한국독립당 창립대회에서 1. 당의 지부는 縣支部 區支部로 삼층체계를 둘 것, 2. 군은 黨軍으로 편성하되 전만주를 15구로 나누어 신병을 모집하여 3개월씩 一期로 미리 훈련할 것, 3. 당원 및 청소년 훈련을 적극 추진하여 적색의 오염을 방지할 것. 4. 농민 성인에 대한 강습은 농한기나 추동간(秋冬間) 야간을 이용할 것 등을 결의하였다고 한다(趙擎韓, 『白岡回顧錄』, 91쪽).

28 한족자치연합회의 결성일자가 1931년 2월로 알려져 있었다(박환, 『滿洲韓人民族運動史研究』, 241쪽). 그러나 그 이후에 진행된 연구에서 1930년 8월로 밝혀졌다(지복영, 『역사의 수레를 끌고 밀며』, 206쪽). 신주백은 「韓族自治聯合會ノ加入勸誘文規約及役員ニ關スル件」이란 일제측 자료에 "작년(1930년) 8월에 성립을 본 본회"라고 언급되고 있는 점과 신숙의 회고록(신숙, 『나의 一生』, 96쪽)을 근거로 결성일자를 1930년 8월이라고 하였다(신주백, 『만주지역 한인의 민족운동사』, 204쪽).

29 한족자치연합회의 조직과 간부에 대해서는 부분적으로 알려져 있고, 그 내용도 약간의 차이가 있는 두 가지다. 신주백의 연구에는 "상임위원장 겸 서무부 : 申肅, 심판부 : 李鵬海, 교육부 : 洪深淵, 외교부 : 徐白樵, 경제부 : 崔灝, 경비부 : 白雲峰, 前任위원장 : 홍진"이라 하였고(신주백, 『만주지역 한인의 민족운동사』, 204쪽), 박환의 연구에는 "책임간부 : 崔松梧, 군사부 : 白雲峰 李靑天 朴觀海. 실업 겸 재무부 : 申肅, 교육부 : 申明善, 조직 겸 선전부 : 李靑山, 집행위원 : 洪震"으로 나타나 있다(박환, 『滿洲韓人民族運動史研究』, 241쪽).

3. 본회는 대내외에 있어서 각자가 속한 부서에서 해결할 수 없는 문제와 기타 공통성이 있는 사업을 연합 실현한다.[30]

한족자치연합회는 크게 두 방면의 활동에 역점을 두고 있었다. 한인들의 결속 도모와 공산주의자들의 침투를 방지하는 일, 그리고 한인들이 안정적으로 농사를 지을 수 있도록 보호하는 일이 그것이었다. 이로써 북만주지역에 거주하고 있는 한인들의 생활이 점차 안정되어 갔고, 이들이 독립운동에 적극 참여하게 되었다.

4. 당군으로 한국독립군을 편성

홍진은 주민들의 생활안정을 도모하는 한편, 한국독립당의 조직과 세력을 확대해 나갔다. 당의 조직은 중앙당부와 현(縣)을 단위로 한 지당부(支黨部), 그 아래 구당부(區黨部)로 삼층 체계를 갖추었다. 중앙당부는 아성현(阿城縣) 대석하자(大石河子)에 두었다.[31] 아성현은 당의 창립대회가 열렸던 위하현에서 하얼빈 방향에 있었고, 중동선 철도로 연결되어 있었다. 이곳에는 신숙·심만호(沈萬湖)·이우석(李雨錫) 등이 농장을 얻어 농사를 지으며 기반을 마련한 곳이었고, 홍진은 당이 창립된 이후 여준·이청천 등과 이곳으로 옮겨왔다.[32] 이로써 중앙당부가 아성현 대석하자에 있게 되었다.

당의 조직과 세력을 확대하는 작업은 상당한 성과를 거두었던 것

30 朴永錫, 「중국동북지방에서의 독립운동과 홍진」(홍진선생기념학술회의 발표요지), 1996, 24쪽.

31 창립 당시에는 葦河縣城 안에 있었다가 곧바로(음력 7월말) 阿城縣 大石河로 옮겼다. 그러나 1931년 일제가 만주를 침략하면서 한 곳에 머물기가 어려워졌다. 1932년 1월 이후에는 일정한 곳이 없었다고 한다(「이규채 신문조서」, 『한민족독립운동사자료집』 19, 국사편찬위원회, 103쪽).

32 朴永錫, 『日帝下獨立運動史硏究』, 일조각, 1984, 198쪽.

같다. 구체적인 내용은 알려져 있지 않지만, "중앙·지당부·구당부의 3급 조직을 설치하고 이 지역에 있던 의병·유림·대종교 등의 집단을 망라하여 거듭 진영(陣營)을 새롭게 하였다"고 하면서, "1931년 당원수가 수만에 달하고, 군부(軍區)가 확장되어 36개에 이르렀다"고 한 김학규(金學奎)의 회고가 그것을 짐작케 한다.[33] "당원이 수만에 달하였다"는 것은 과장된 표현이겠지만, 성과가 적지 않았음을 말해주는 것이라고 하겠다.

당의 조직과 세력을 확대하는 한편, 홍진이 주력한 대표적인 활동은 당군(黨軍)을 편성하는 사업이었다. 당의 간부들 중에는 무관학교 출신들이 많았다. 황학수와 이장녕은 대한제국육군무관학교를 졸업한 대한제국 군인 출신이었고, 이청천은 대한제국육군무관학교를 거쳐 일본육군사관학교를, 김청농·오광선·손무영·이봉해 등은 서간도에 설립된 신흥무관학교를 졸업하였다.[34] 그리고 이들 대부분은 이미 만주지역에서 독립군을 조직하여 활동한 경험을 갖고 있었다. 홍진은 이러한 인적기반을 배경으로 당군을 편성하고자 한 것이다.

당군을 편성하는 일은 이청천이 주도하도록 하였다. 이청천을 당의 군사부위원장으로 임명하고, 그로 하여금 군사활동을 담당하도록 한 것이다. 창립 당시 당군을 편성한다는 전제하에, "전 만주를 15개 區로 나누어 신병을 모집하여 3개월씩 一期로 미리 훈련할 것"이란 계획이 세워져 있었다.[35] 군사부에서는 이러한 계획 하에 병력을 모집하는 활동을 전개하였다. 병력의 모집과 성과에 대해 이규채는 다음과 같이 설명하고 있다.

33 金學奎, 「三十年來韓國革命運動在中國東北」, ≪光復≫ 제1권 제3기, 1941년 5월, 26쪽(≪光復≫은 독립기념관 한국독립운동사연구소에서 『韓國獨立運動史資料叢書』 제1집으로 영인 출판하였다).

34 박환, 『滿洲韓人民族運動史硏究』, 237쪽.

35 趙擎韓, 『白岡回顧錄』, 91쪽.

> 우리들의 한국독립당 군사부 아래에 조직된 독립군은 15세 이상 45세 이하의 남자로서 국문을 이해하고 의지가 공고한 사람으로 조직하고 평상시에는 농업이나 기타의 직업에 종사하다가 필요한 경우에 총사령으로 하여금 소집하게 하는 것인데, 한국독립당의 조직과 함께 그 군사조직을 했는데 1930년 말에는 약 5, 600명에 달했다.[36]

창립된 지 몇 달 지나지 않아 600여명에 달하는 독립군을 모집한 것이다. 대상은 15세 이상 45세 이하의 남자였다. 이들 대부분이 농민이었던 관계로 평상시에는 농업에 종사하였고, 필요할 경우에 소집하였다. 일종의 둔전병(屯田兵)이었다. 이러한 독립군의 모집은 군구(軍區)를 단위로 하여 이루어졌다. 앞에서 소개한 김학규의 회고에 의하면 1931년에는 군구가 36개에 달하였다고 하니, 상당한 독립군을 모집하였던 것으로 보인다.

군구를 단위로 하여 병력을 모집하고 있을 무렵, '만주사변'이 일어났다. 1931년 9월 18일 일제가 심양 근처의 남만철도인 유조구를 폭파하고 이를 빌미로 만주 전 지역을 무력으로 점령한 것이다. 일제의 만주침략은 동북아정세에 커다란 변화를 가져왔을 뿐만 아니라, 중국은 물론이고 한국독립운동에도 커다란 영향을 끼쳤다. 무엇보다도 만주지역에서 대일항쟁이 폭발적으로 일어났다. 만주지역에 거주하고 있던 중국인들이 각지에서 '자위군(自衛軍)' '의용군(義勇軍)' '구국군(救國軍)' 등을 조직하여 일제와 항일무장투쟁을 전개하기 시작한 것이다.[37]

만주사변으로 정세가 급변하자, 홍진은 한국독립당 간부회의를 소집하였다. 일제의 만주침략이란 정세변화에 대하여 어떻게 대처할 것인가를 협의하기 위한 것이었다. 1931년 11월 2일 본부가 있던 오상현 대석하자(大石河子)에서 간부들이 참여한 가운데 긴급중앙회의가 개최

36 「李圭彩 신문조서」(국사편찬위원회, 『한민족독립운동사자료집』 19, 91쪽).

37 尹輝鐸, 『日帝下 滿洲國硏究 -抗日武裝鬪爭과 治安肅正工作-』, 일조각, 1996, 23-24쪽.

되었다. 이 회의에서 다음과 같은 세 가지 사항이 결의되었다.

1. 각 軍區에 총동원령을 내려 정개적(整個的) 군사행동을 개시할 것
2. 당내 일체 공작을 군사방면에 집중할 것
3. 길림성 抗日軍 당국에 사람을 파견하여 한중합작을 상의할 것[38]

일제의 만주침략이란 상황을 맞아, 당의 활동을 군사활동에 주력하기로 한 것이다. 당에서는 창립 이후 군사부가 주도하여 관할구역에 군구를 설치하고, 병력을 모집하는 활동을 전개하고 있었다. 그동안 군구에서 모집한 병력에 총동원령을 내리고, 이들을 기반으로 하여 군사활동을 전개한다는 것이었다.

만주를 침략한 일본군

38 一靑, 「九一八後韓國獨立軍在東北殺敵略史」, ≪光復≫ 제2권 제1기(1942년 1월), 53쪽 ; 蔡根植, 『武裝獨立運動秘史』, 157쪽.

이러한 방침을 결정한 후, 당군으로 한국독립군을 편성하였다. 한국독립군의 편성은 우선 지휘부를 구성하고, 이후 병력을 소집하여 부대 규모를 확대해 나가는 방법으로 추진되었다. 그동안 군사부위원장으로 당의 군사활동을 주도해 왔던 이청천을 총사령관에, 그리고 남대관을 부사령관, 이장녕을 참모관으로 임명하였다.[39] 이들을 주요 간부로 하여 당의 군대인 한국독립군을 편성한 것이다.

5. 중국군과 연합하여 항일무장투쟁을 전개

홍진은 한국독립군을 편성한 후, 중국의 반만항일군(反滿抗日軍)과 연합을 추진하였다. 반만항일군이란 만주를 침략한 일제와 그 일제가 괴뢰국으로 수립한 만주국에 대항하여 싸우는 중국의 군대를 일컫는 것이다. 일제가 만주를 침략한 후 만주지역 각지에는 중국인들이 '자위군', '의용군', '호로군', '구국군' 등의 이름을 가진 군대들을 조직하여 일제와 격렬한 전투를 전개하고 있었다.

중국의 항일군과 연합한다는 것은 한국독립군을 편성할 때 결정된 사항이었다. 홍진은 한국독립군을 편성한 직후인 11월 12일 부사령관 남대관과 신숙을 이두(李杜)·정초(丁超) 등이 이끄는 길림자위군(吉林自衛軍)과 호로군(護路軍)에 파견하였다. 그리고 이들과 한중연합을 타진하여 긍정적인 답변을 얻었다. 이어 12월 11일에는 총사령관 이청천을 비롯한 독립군 간부들이 호로군 총부를 방문하여 한중 양군이 연합한다는 원칙에 합의하고, 다음과 같은 조건을 약속하였다.

1. 韓中 兩軍은 환경의 열악을 따지지 않고 함께 長期抗戰하기로 한다.

39 張世胤, 「한국독립군의 항일무장투쟁연구」, 『한국독립운동사연구』 3, 1989, 327쪽.

2. 中東鐵路를 경계로 하여 서부전선은 중국군이 담당하고, 동부전선은 한국독립군이 담당한다.
3. 韓中 兩軍의 戰時 後方敎鍊은 한국독립군의 將領이 부담하고, 한국 독립군이 필요로 하는 일체 資料(보급)는 중국군에서 공급한다.[40]

이로써 한국독립군과 중국군과의 연합이 이루어졌다. 그 조건은 한중 양군은 함께 장기 항전을 전개한다는 전제하에, 한국독립군이 중동선의 동부전선을 맡는다는 것이었고, 중국측은 그 대가로 군수물자를 공급한다는 내용이었다.

이후 한국독립군은 중국군과 연합하여 대일항전을 전개하기 시작하였다. 한중간의 연합작전은 1932년 1월 서란현(舒蘭縣)에서부터 시작되었다. 오상현·서란현 일대에서 병력을 모집하여 본부로 이동하던 조경한이 도중에 길림자위군의 사복성(謝復成)부대와 만나 무기와 탄약을 지원받고, 서란현성에 주둔하고 있는 일본군을 공격한 것이다.[41] 이 전투에서 일본군 1개 분대와 길림군 1개 중대를 거의 전멸시키는 승리를 거두었다. 이를 서란현전투라고 한다.

일본군과의 첫 전투를 승리로 이끌었다. 이후 일본군과의 전투는 계속되었다. 1932년 2월에는 일본군과 대격전을 치렀다. 일본군이 하얼빈 진입을 방해하고 있던 이두(李杜)·정초(丁超) 등의 길림자위군·중동철도호로군을 공격하였을 때, 이들과 함께 위사하(韋沙河)·일면파(一面坡)·오길밀(烏吉密)·동빈(同賓)·방정(方正) 등지에서 일본군과 치열한 전투를 벌인 것이다.[42] 그러나 이 전투에서는 큰 타격을 입었다. 이두·정초 등의 부대가 패하여 행방이 두절되면서 식량과 탄약의 보급이 이루어지지 못하였다. 그리고 비행기를 동원한 일본군의 적극적인 공세

40 一靑, 「九一八後韓國獨立軍在東北殺敵略史」, ≪光復≫ 제2권 제1기(1942년 1월 20일), 53쪽.

41 張世胤, 「韓國獨立軍의 抗日武裝鬪爭硏究」, 335-336쪽.

42 一靑, 「九一八後韓國獨立軍在東北殺敵略史」, 53쪽.

한국독립군이 일본군과 전투를 벌였던 쌍성보

가 계속되면서, 여러 곳으로 분산하여 퇴각하지 않을 수 없었다.

한국독립군은 각지에 분산되어 있던 부대들의 집결을 도모하는 한편, 길림자위군의 고봉림(考鳳林)부대와 연합하여 활동하였다. 고봉림부대와 함께 한 대표적인 전투가 쌍성보(雙城堡)전투였다. 쌍성보는 만주지역 물산의 집산지로서 전략적 가치가 매우 높은 곳이었다. 1932년 9월 20일 한국독립군은 고봉림부대와 함께 일본군과 만주군이 지키고 있던 쌍성보를 기습 공격하여 쌍성보를 점령하였다.[43] 일본군과 만주군을 패퇴시켰을 뿐만 아니라, 이 전투에서 독립군은 무기와 탄약·피복·식량 등, 수개월 동안 쓸 수 있는 물자를 획득하는 전과를 거두었다.

이후 한국독립군은 중국군과 연합하여 일본군과 만주국의 군대를 대상으로 수많은 전투를 치렀다. 그 중에는 승리를 거둔 경우도 있지만, 패한 경우도 없지 않았다. 특히 1932년 11월에 있었던 제2차 쌍성

43 張世胤, 「한국독립군의 항일무장투쟁 연구」, 342-343쪽.

보전투는 한국독립군에게 커다란 타격을 안겨주었다. 11월 20일 고봉림부대와 연합하여 쌍성보를 공격하였을 때, 일본군과 만주군이 대포와 비행기를 동원하여 반격하였고, 도피하는 한중연합군을 4일에 걸쳐 120km를 추격하였다고 한다.[44]

한국독립군과 고봉림부대가 받은 타격은 너무나 컸다. 특히 고봉림부대는 인명피해가 많은 데다가 사기가 극도로 저하되었고, 군수물자 또한 부족해졌다. 이들은 더 이상의 항전을 포기하고 재기를 위한 방편으로 일단 적에게 투항하기로 방침을 정하였다. 한국독립군은 투항하지 않았다. 고봉림부대와 결별하고, 독자적인 활동방향을 모색하였다.

그러나 한국독립군이 활동할 수 있는 여건과 공간은 좁아들고 있었다. 1932년 3월 수립된 만주국의 체제가 정비되면서, 일본군과 만주국의 군대가 대규모 '토벌작전'을 전개하기 시작한 것이다. 중국의 자위군·구국군 등의 반만항일군들이 항전을 계속하였지만, 우세한 병력과 화력을 당해내는 데는 한계가 있었다. 그리고 일본군과 만주국의 세력범위가 하얼빈을 비롯하여 북만주 일대로 점차 확대되고 있었던 것이다.

뿐만 아니라 중국 패잔병들에 의한 약탈과 살육도 커다란 위협이 되었다. 일본군에 패한 중국군 중에는, 당시 만주지역에 거주하고 있던 한인들을 일제의 주구로 오해한 경우가 많았다. "당시 중국병은 조선인만 보면 일본군의 밀정으로 보고 함부로 살상하고"라는 데서[45] 짐작할 수 있듯이, 한인들은 목숨을 보존하는 일이 큰 문제가 되었다. 만주의 대표적 지도자였던 여준이 오상현에서 동북군벌군대에 의해 살해되는 것이 당시의 실상이었다.[46]

44 張世胤, 「한국독립군의 항일무장투쟁 연구」, 344-345쪽.
45 「李圭彩 신문조서」(국사편찬위원회, 『한민족독립운동사자료집』 19, 68쪽).
46 朴永錫, 『日帝下獨立運動史硏究』, 202쪽.

6. 북만주에서 동만주로 이동

홍진은 당과 군의 진로를 모색하지 않을 수 없었다. 일본군과 만주국 군대의 대규모 토벌작전도 문제였고, 중국 패잔병들의 약탈과 살육도 문제가 되었다. 그렇지만 더 근본적인 문제가 있었다. 재정, 인력의 수급과 보충이 그것이었다. 일본군과의 전투에는 많은 무기와 탄약이 소요되었다. 그리고 계속되는 전투로 인해 많은 사상자들이 생겨났지만, 별달리 병력을 보충할 수 있는 방법도 없었다.

홍진은 이를 위해 이미 중국관내에 있는 임시정부와 중국국민당정부에 지원을 요청하고 있었다. 당의 총무부장 이규채(李圭彩)를 임시정부에 파견한 것이 그러한 의도였다. 이를 이어 1932년 2월 10일에는 신숙(申肅)과 김상덕(金尙德)을 남경으로 파견하여 중국의 군사당국에 지원을 요청하도록 하였다. 그러나 이들의 활동은 여의치 않았고, 또 연락마저 두절되어 있었다.

홍진은 제2차 쌍성보전투 직후 당과 군의 연합회의를 소집하였다. 당과 군의 활동방향을 모색하고자 한 것이다. 1932년 11월 29일 오상현 사하자(沙河子)에서 당과 군의 간부들이 참여한 가운데 당군연합회의가 개최되었다. 사하자는 한국독립당 제15당부와 한국독립군 제12군구가 설치되어 있던 곳이었다.[47] 이 회의에서 당과 군의 진로가 논의되었고, 그 방향은 크게 세 가지로 결정되었다.

1. 군사활동 지점을 개정하여 동만(연길·汪淸·동녕·琿春·영안현 등)으로 정함.
2. 該地의 중국구국군 수뇌부와 합작할 것.
3. 黃學秀를 부사령으로 선정할 것.[48]

47 『黃學秀 回顧錄』(미간행본, 윤병석교수 소장).
48 一靑, 「九一八後韓國獨立軍在東北殺敵略史」, 55쪽 ; 『黃學秀 回顧錄』.

당과 군의 근거지를 동만주로 옮기고, 동만주를 중심으로 군사활동을 전개하자는 것이 핵심이었다. 동만주는 한인들이 많이 거주하고 있었다. 이들을 기반으로 하고, 이곳에서 활동하고 있는 중국군과 연합하여 대일항전을 전개하자는 방침이었다.

이러한 방침을 결정하면서, 황학수를 부사령으로 선정하였다. 동만주지역은 옛 신민부의 관할구역이었고, 이곳을 신민부의 관할구역으로 개척한 인물이 바로 황학수였다. 황학수는 1927년 신민부의 참모부장으로 활동할 때, 혼춘(琿春)에 있는 동만주 최고 책임자인 도대(道臺) 왕덕상(王德相)을 직접 찾아가 허락을 얻고, 돈화(敦化)를 비롯한 일대에 신민부의 군구를 개척한 일이 있었다.[49] 근거지를 동만주로 옮겨 활동하기 위해서는 이러한 황학수의 경험과 힘이 필요하였고, 이를 위해 그를 부사령으로 선임한 것이었다.

당군연합회의에서 근거지를 동만주로 옮긴다는 것이 결정된 후, 당과 군은 곧바로 동만주로 향했다. 조경한이 기록한 것에 의하면, 1932년 11월 30일 오상현을 출발, 액목현(額穆縣)을 거쳐 다음해 1월 13일 영안현에 도착하였다고 한다.[50] 당군연합회의가 11월 29일에 있었으니, 다음날 바로 출발한 것이다. 당시는 한 겨울이었다. 한 달 보름여에 걸친 고난의 행군을 거쳐, 동만주로 이동하였다.

동만주로 이동하면서, 홍진은 그곳에서 활동하고 있던 중국군과의 연합을 추진하였다. 당시 동만주지역에는 왕덕림(王德林)이 이끄는 길림구국군이 활동하고 있었다. 이들과의 연합을 타진하기 위해 우선 강진해(姜振海)·공진원(公震遠)·심만호(沈萬湖) 3인을 파견하여 교섭토록 하였다.[51] 그러나 사령관 왕덕림을 만나지 못하였다. 길림구국군 역시

49 한시준, 「夢乎 黃學秀의 생애와 독립운동」, 『史學志』 31, 1998. 560-561쪽.
50 一靑, 「九一八後韓國獨立軍在東北殺敵略史」, 55쪽.
51 『黃學秀 회고록』.

계속되는 전투에서 적지 않은 타격을 입었고, 왕덕림은 장개석 국민당 정부에 원조를 요청하기 위해 남경에 가 있었다.

왕덕림과의 직접적인 교섭은 이루어지지 못하였지만, 그 휘하부대와 합작을 이루게 되었다. 왕덕림 휘하에 있던 제12단장인 채세영(蔡世榮)과 합작이 성사된 것이다. 채세영부대는 액목현에 주둔하고 있었다. 채세영이 왕덕림이 부재중이라고 하며, 자신의 군단과 합작할 것을 제의한 것이다. 이로써 채세영부대와 한중합작을 이루기로 하였고, 연합부대의 명칭은 중한연합토군(中韓聯合討軍)이라고 하였다.[52]

동만주로 이동한 후, 한국독립군은 길림구국군과 함께 대일항전을 전개하였다. 이들과 함께 한 첫 전투가 경박호(鏡泊湖)전투였다. 1933년 2월 경박호를 지나던 중 일본군이 경박호로 진격한다는 정보를 알게 되었다. 한국독립군은 채세영부대와 함께 포위작전계획을 세우고, 일본군을 포위망 안으로 유도하였다. 호수주변에 매복해 있던 한중연합군은 포위망 속에 들어온 일본군을 공격, 큰 승리를 거두었다.[53] 동만주로 이동한 후 벌인 첫 전투이자 승리였다.

경박호전투를 치른 후, 한달여 만에 다시 일본군과 대접전을 치렀다. 사도하자(四道河子)전투였다. 한국독립군이 사도하자에 주둔하고 있다는 것을 알고 일본군과 만주군이 이를 공격해 왔다. 사전에 정보를 입수한 한중연합군은 병력을 4개로 나누어 그들의 퇴로를 차단하고 황가둔· 주가둔 등에서 20여차례에 걸친 전투를 벌였다. 이 전투에서 일본군과 만주군은 과반수 이상이 섬멸된 채 도주하고 말았다.[54] 경박호에 이어 한중연합군이 대승을 거둔 전투였다.

일본군의 주둔지를 공격하여 점령하기도 하였다. 동경성(東京城)전투

52 장세윤,「한국독립군의 항일무장투쟁연구」, 346쪽.
53『黃學秀 회고록』.
54 장세윤,「한국독립군의 항일무장투쟁연구」, 347쪽.

였다. 동경성은 발해의 고도로서, 교통의 요충지일 뿐만 아니라 전략적 요충지였다. 일본군과 만주군의 식량보급기지가 바로 동경성에 있었다. 한국독립군은 1933년 6월 채세영부대와 함께 동경성을 공격하였다. 미리 성안에 편의대(便衣隊)를 잠복시켰다가 내외에서 공격을 퍼부었다. 일본군과 만주군은 더 이상 버티지 못한 채 성을 버리고 도주하였고, 한중연합군은 이들을 추격하여 거의 궤멸시키다시피 하였다.[55]

동경성에 이어 대전자령(大甸子嶺)에서도 큰 승리를 거두었다. 이청천의 인솔 하에 왕청현으로 이동하던 독립군은 일본군이 이동한다는 정보를 입수하고, 그 길목인 대전자령 계곡에 매복하였다가 이곳을 통과하던 일본군을 공격하였다. 급습을 받은 일본군은 저항을 하였지만, 독립군이 퍼붓는 맹공을 막아낼 수 없었다. 이 전투에서 반총(飯塚)이 이끌던 일본군 대부분이 섬멸당하였다.[56]

한국독립군이 일본군을 크게 무찌른 대전자령의 현재 모습

55 지복영, 『역사의 수레를 끌고 밀며-항일무장독립운동과 백산 지청천 장군』, 253-255쪽.

56 지복영, 『역사의 수레를 끌고 밀며-항일무장독립운동과 백산 지청천 장군』, 258-263쪽.

7. 중국군, 한국독립군을 무장해제

동만주로 이동한 후, 한국독립군은 중국의 길림구국군과 연합하여 여러 차례에 걸쳐 대일항전을 전개하였다. 그리고 전투의 대부분을 큰 승리로 이끌면서, 동만주 일대에 활동기반을 구축하여 갔다. 그러나 뜻하지 않은 일이 발생하였다. 함께 연합작전을 전개해 왔던 중국군이 한국독립군을 포위하고 무장을 해제시킨 사건이 일어난 것이다.

사건은 1933년 10월 동녕현성(東寧縣城)에서 연합작전을 준비하던 중에 일어났다. 대전자령 전투 이후 한중연합군은 9월 동녕현성의 일본군을 공격하였다가 큰 타격을 입고 철수한 일이 있었다. 이후 길림구국군 사령관 대리인 오의성(吳義成)부대와 연합하여 일본군의 공격에 대비하기 위한 작전을 추진할 때, 오의성부대가 한국독립군을 기습 포위하여 총사령관 이청천을 비롯하여 330여명의 독립군을 체포 구금한 일이 일어난 것이다.[57]

이 사건이 일어나게 된 데에는 크게 두 가지 요인이 거론되고 있다. 하나는 전리품을 분배하는 과정에서 한국독립군과 중국군 사이에 갈등과 대립이 있었다는 것이다. 특히 많은 전리품을 획득하였던 대전자령 전투 이후 갈등이 심화되었다고 한다.[58] 전리품 분배에 불만을 가진 채세영이 한국독립군을 구국군에 합류시키라거나 독립군 무장의 반수 이상을 자기에게 넘기라는 등의 무리한 요구를 강요하기도 하였고, 이를 거절하자 한국독립군이 친일부대라고 모략을 하기도 하였다.[59]

57 池憲模, 『靑天將軍의 革命鬪爭史』, 삼성출판사, 1949, 151쪽.

58 대전자령 전투에서는 반총연대를 거의 섬멸시키다시피한 전과와 더불어 적지 않은 전리품을 노획하였다. 획득한 전리품의 내역은 군복 : 3,000착, 군량 및 군용품 : 200마차, 대포 : 3문, 산포 및 박격포 : 10여문, 담요 : 3,000장, 소총 : 1,500여 정에 이르렀다고 한다(蔡根植, 『武裝獨立運動秘史』, 179쪽).

59 張世胤, 「한국독립군의 항일무장투쟁연구」, 366쪽.

다른 하나는 공산주의자들의 음모에서 기인한 것이라는 주장이 있다. 대전자령 전투 이후 빚어진 양측간의 갈등을 기회로 민족주의 계열의 한국독립군을 붕괴시키려는 음모가 있었다고 한다. 내용인즉 중국공산당 만주성위원회 서기이면서 오의성부대의 참모로 있던 주보중(周保中)이 바로 그러한 의도를 갖고 있었고, 양측 사이에 갈등이 빚어지자 이를 틈타 오의성의 명령을 빙자하여 벌인 일이었다는 것이다.[60]

이 사건은 곧 수습되었다. 길림구국군 장교회의에서 이 문제를 조사한 결과 오해가 풀리게 되었고, 오의성이 주보중의 음모가 있었음을 알게 된 것이다. 오의성은 부대에서 주보중을 비롯한 공산주의자들을 축출하는 한편, 체포 구금하였던 총사령관 이청천을 비롯한 독립군을 모두 석방하였다.[61] 이로써 사건은 일단 수습되었지만, 그것이 한국독립군에 끼친 파장은 엄청나게 컸다.

한국독립군이 더 이상 활동하지 못하고, 사실상 해체되는 계기가 되고 말았다. 길림구국군의 오해가 풀리면서 체포 구금되었던 독립군들은 모두 석방되었지만, 석방과 더불어 독립군 장정 대부분이 구국군의 포위망을 벗어나 각지로 흩어져 버린 것이다. 이로써 한국독립군은 군대로서의 조직을 더 이상 유지할 수 없는 상태가 되었다.

뿐만 아니라 무장조직이 와해되면서, 한국독립당을 비롯한 나머지 인사들도 생명을 보존하는 문제가 시급해졌다. 조직이나 신변을 보호할 수 없게 된 것이다. 당시에는 일본군과 만주군의 추계대공세가 벌이지고 있었다. 여기에 밀정들의 발호와 공산주의자들과의 대립도 끊이지 않았고, 마적단과 토비(土匪)들도 커다란 위협이 되고 있던 상황이었다.

한국독립군이 포위 구금되는 사건이 일어나자, 홍진은 산시역 근처

60 趙擎韓, 『白崗回顧錄』, 150-151쪽.

61 지복영, 『역사의 수레를 끌고 밀며-항일무장독립운동과 백산 지청천 장군』, 276-277쪽.

에 있는 산속으로 몸을 숨겼다. 홍진이 산속에 있었다는 것은 청산리 전투에 참여하였다가 한국독립당 당원으로 활동하였던 이우석(李雨錫)의 회고에 나타난다. 그가 산시역 근처에 있는 이천석(李淺石 ; 李鵬海의 친형)의 집에 찾아갔을 때, '홍진이 이 지역에서 거주하다가 수일전에 항일마적단 두목이 있는 산중으로 은신하였고, 식량이 떨어져 3일 전에 경혜춘(慶惠春)이 식량을 공급했다'는 말을 들었다고 한다.[62] 산시역은 김좌진이 활동하였던 곳이다.

> 해가 뜨면 톱으로 벌목하여 도끼로 장작을 만들어 고목나무 굴 속의 불이 계속해서 타도록 하고, 눈을 녹여 음료수로 하고, 수수밥에 소금국으로 끼니를 이었다. 밤이면 不意의 적의 공격에 대비하고, 불이 꺼지지 않도록 지키기 위하여 慶惠春과 교대로 보초를 섰다. 당수의 직무, 그리고 나무꾼과 병사의 일도 겸하였다[63]

이는 홍진이 해방 후 고국에 돌아와 한미호텔에 머물고 있을 때 경혜춘과 재회하여 당시를 회고하였다는 내용의 일부이다. 한국독립당의 당수인 홍진조차도 생명을 보존하기 위해 항일마적단이 있는 산속에 들어가 몸을 숨겨야 하는 것이 당시 동만주의 실정이었다.

8. 다시 중국관내로 이동

홍진은 동만주로 근거지를 옮긴 지 10개월 만에 커다란 시련을 맞았다. 길림구국군 오의성부대가 한국독립군을 체포 구금한 사건이 일

62 朴永錫,「日帝下 滿洲 露領地域에서의 民族獨立運動 一事例硏究 -北路軍政署獨立軍士兵 李雨錫의 활동을 중심으로-」,『日帝下 獨立運動史硏究』, 일조각, 1984, 201쪽.

63 洪錫柱,「洪震一代記」.

어나면서, 한국독립군과 한국독립당의 조직과 기반이 사실상 붕괴되고 만 것이다. 북만주지역에 터전을 마련하고, 그곳의 한인사회를 기반으로 조직해 놓은 당과 군이었다. 그리고 북만주와 동만주 일대에서 일본군과 치열한 전투를 전개하던 그러한 군대였다. 그러한 군과 당이 그것도 하루아침에, 의외로, 돌연히 시련을 당하게 된 것이다.

홍진은 참담하기 그지없었다. 한국독립당의 중앙집행위원장으로 북만주와 동만주 지역의 대표적 지도자인 자신이 산속에 들어가 몸을 숨겨야 한다는 현실도 그랬지만, 그동안 마련해 놓은 독립운동의 기반이 하루아침에 붕괴되었다는 사실을 받아들이기 어려웠다.

홍진이 어려운 상황에 처해 있을 때, 임시정부의 김구(金九)로부터 연락이 왔다. 중국관내로 이동하라는 제의였다. 홍진은 북만주에 있을 때, 총무부장 이규채를 비롯하여 신숙과 김상덕을 중국관내로 파견한 일이 있었다. 임시정부와 중국국민당 정부에 교섭하여, 한국독립당과 독립군을 지원해달라는 요청을 하기 위해서였다. 그때 파견하였던 이규채가 김구의 제의를 전달해 온 것이다.

당시 김구는 군사간부 양성을 추진하고 있었다. 윤봉길 의사의 홍구공원의거가 있은 후, 김구는 장개석을 만나 군사간부 양성에 대한 지원을 요청하여 승낙을 얻게 되었다. 김구의 계획은 낙양군관학교에 한인특별반을 설치하고, 한국독립군의 총사령관인 이청천을 교관 책임자로 하고, 한국독립군을 비롯한 만주지역의 한인청년들을 입학시켜 군사간부로 양성한다는 것이었다.[64] 이러한 계획 하에 한국독립군의 관내이동을 제의한 것이다.

홍진은 김구의 제의를 받아들였다. 한국독립당과 한국독립군을 중국관내로 이동한다는 것을 결정한 것이다. 당과 군이 한꺼번에 이동한다

64 韓相禱, 「金九의 한인군관학교 운영과 그 입교생」, 『한국사연구』 58, 1987, 92쪽.

는 것은 어려웠다. 당과 군이 따로 이동하기로 하였다. 독립군의 이동은 총사령관 이청천이 맡았다. 이청천은 오광선·이복원·최용덕·김관오 등의 간부와 낙양군관학교에 입학시킬 청년 39명을 데리고 북경으로 향했다.[65] 부사령관 황학수는 함께 가지 못하였다. 그는 모병활동을 위해 다른 곳에 있다가, 혼자서 내몽고를 거쳐 임시정부에 합류하였다.[66]

홍진은 한국독립당의 간부들과 함께 관내로 이동하였다. 당의 간부들 상당수는 중동선 철도연변에 잠복해 있었다. 홍진은 이규채로부터 여비를 받고 이들과 함께 이동한 것으로 보인다. 홍진이 중국관내로 이동한 과정이나 경로에 관하여는 알려진 것이 거의 없다. 다만 다음과 같은 이야기가 전해지고 있다.

> 그때가 1933년 양력 11월 말경인데, 일경의 경계망을 피하여 山海關을 넘기 위하여 중국인 친구의 권고에 따라 중국 시골 어부로 변장하기로 하였다. 바닷가 고기잡이 어부의 옷차림과 낚시도구를 들고 고기잡이 계절이 지나 다른 일을 찾아가는 모양으로 산해관을 기차를 타고 무사히 넘어갔다.[67]

이는 해방 후 국내에 귀국하여 병원에 입원해 있을 때, 당시를 회고한 이야기라고 한다. 홍진은 산시역 근처 산속에 숨어 있었으니, 아마도 그가 출발한 곳은 산시역이었을 것이다. 산시역에서 하얼빈으로 연결되는 중동선 철도를 이용하였던 것 같고, 산해관도 기차를 타고 넘어갔다.

홍진은 산해관을 넘어 북경에 도착하였다. 아마도 만주를 출발할 때, 북경에서 만나기로 하였던 것 같다. 홍진이 북경에 도착한 것은 1933년 9월 22일(음력)이었다고 하며, 서직문내(西直門內) 순포청호동(巡

65 池靑天, 「光復軍과 나의 鬪爭」(≪希望≫ 1953년 2월호), 18쪽.
66 韓詩俊, 「夢乎 黃學秀의 생애와 독립운동」, 571-572쪽.
67 洪錫柱 증언.

捕廳胡同)15호에 거처를 마련한 것으로 전해진다.[68] 홍진의 거처가 북경으로 모이는 거점이었던 것 같다. 독립군도 북경에 도착하였고, 이들은 북경에서 곧바로 낙양으로 가 군관학교에 입학하였다.[69] 이로써 북만주와 동만주 일대를 중심으로 활동하던 한국독립당과 한국독립군의 존재는 사라지게 되었다.

홍진은 6년만에 다시 중국관내지역으로 돌아왔다. 1927년 말 만주에 유일당을 조직한다는 꿈을 안고 임시정부의 국무령을 사임하고 상해를 떠났던 그가 1933년 말 북경으로 돌아온 것이다. 만주전체를 아우르는 유일당을 결성하지는 못하였지만, 그는 북만주지역에 독립운동의 터전을 마련하고 한국독립당을 창당하였다.

홍진은 만주에서 한국독립당을 창당한 후, 당군으로 한국독립군을 조직하였다. 그리고 이를 기반으로 북만주와 동만주 지역에서 중국군과 연합하여 일본군과 치열한 대일항전을 전개하면서, 1930년대 전반기 만주지역의 대표적인 지도자가 되었다. 임시의정원 의장과 임시정부 국무령을 역임하였던 그가 6년 후에는 '정당'을 조직하고 이를 중심으로 독립운동을 전개한 '정당'의 지도자로 변신해 있었던 것이다.

68 「李圭彩 신문조서」(국사편찬위원회, 『한민족독립운동사자료집』 19, 109 · 122쪽).
69 池憲模, 『靑天將軍의 革命鬪爭史』, 151쪽.

제 8 장

정당의 조직과 통일전선운동

1. 남경에서 신한독립당을 창당

북경으로 이동한 홍진은 새로운 활동방향을 모색하였다. 그 방법은 중국관내 독립운동 세력과 연계를 맺는 것으로 추진되었다. 6년여 만에 다시 중국관내로 돌아왔지만, 그에게는 활동기반이 없었다. 만주에서 한국독립당을 창당하고, 한국독립군을 조직하여 항일무장투쟁을 전개하고 있는 동안 중국관내와 긴밀한 관계를 맺고 있었던 것도 아니었다. 뿐만 아니라 그가 만주로 떠난 이후 중국관내 독립운동전선에는 많은 변화가 있었다.

임시정부가 근거지였던 상해를 떠났고, 그 기능이 마비상태나 다름없게 된 것이 변화의 하나였다. 임시정부는 1932년 4월 윤봉길의사의 홍구공원의거라는 쾌거를 이루었지만, 그 대가를 혹독하게 치러야 했다. 대표적 지도자인 안창호가 일제에 체포되어 국내로 압송당하였고, 임시정부는 일제의 탄압을 피해 근거지인 상해를 떠나지 않을 수 없었다. 그리고 김구가 가흥(嘉興)으로 피신한 것을 비롯하여, 주요 인사들도 항주·가흥·남경 등 여러 곳으로 흩어졌다. 항주에 사무소를 마련하였지만, 임시정부는 세력이 분산되면서 그 기능을 제대로 발휘하기 어려운 상태가 되어 있었다.

또 다른 변화는 정당과 단체가 독립운동을 주도하게 되었다는 점이다. 만주에서 유일당운동이 결렬된 후 조선혁명당과 한국독립당이 결성되어 독립운동을 주도한 것과 같은 상황이 중국관내에서도 일어난 것이다. 1929년 10월 좌익측의 탈퇴로 유일당운동이 결렬되면서, 중국관내에서도 정당과 단체들이 결성되었다. 홍남표·조봉암 등 좌익측 인사들은 탈퇴와 동시에 유호한국독립운동자동맹(留滬韓國獨立運動者同盟)을 결성하였다.[1] 좌익세력이 별도의 조직체를 결성한 것이다. 우익진영에서도 독자적으로 세력을 결집하였다. 임시정부를 중심으로 한 이동녕·안창호·조소앙·김구 등 민족주의 계열 인사들이 1930년 1월 25일 한국독립당을 창당한 것이다.[2]

또 의열단(義烈團)이 정치세력화 하기도 하였다. 의열단은 1919년 11월 만주 길림에서 결성된 단체로, 결성 후 중국관내로 이동하여 김원봉(金元鳳)의 주도하에 암살과 파괴를 위주로 한 의열투쟁을 전개하고 있었다. 이러한 의열단이 유일당운동을 거치면서 대중적 혁명정당 체제로 조직을 개편, 정치세력화 한 것이다.[3] 그리고 남경에서도 1932년 1월경 신익희의 주도하에 한국혁명당(韓國革命黨)이 결성되었다.[4]

정당과 단체가 독립운동을 주도하는 가운데, 김구와 김원봉에 의해

1 金喜坤, 「1930년대 초 상해지역 한인공산주의자의 동향 -留滬韓國獨立運動者同盟을 중심으로-」, 『國史館論叢』 47, 국사편찬위원회, 1993, 174-175쪽.

2 韓詩俊, 「上海 韓國獨立黨 硏究」, 『龍巖車文燮敎授華甲紀念 史學論叢』, 신서원, 1989, 603-604쪽.

3 김영범, 『한국 근대민족운동과 의열단』, 창작과 비평사, 1997, 236-237쪽.

4 韓詩俊, 「獨立運動 政黨과 海公 申翼熙」, 『于松趙東杰先生停年紀念論叢 韓國民族運動史硏究』, 나남출판, 1997, 799-800쪽.

군사간부 양성이 추진되기도 하였다. 황포군관학교 출신인 김원봉은 등걸(藤傑) 등 중국인 동기생들의 지원을 받아 남경 교외의 선사묘(善祠廟)에 조선혁명간부학교를 설립하고, 한인청년들을 모아 1932년 10월 훈련에 들어갔다.[5] 김구도 한인청년들을 모집하여 군사훈련을 실시하려고 하였다. 1933년 봄 남경에서 장개석을 면담한 김구는 중국측의 지원 하에 낙양군관학교에 한인특별반을 설치하여 군사간부를 양성하고자 하였고, 이를 위해 한인청년들을 모집하고 있었다.

홍진은 이러한 중국관내 독립운동 세력과 연계를 추진하였다. 중국관내 세력과의 교섭은 북경으로 이동하기 이전부터 이루어졌다. 만주에 있을 때 이미 이규채·신숙·김상덕을 파견한 일이 있었다. 이들은 중국관내에서 각기 독자적으로 교섭을 전개하였던 것 같다. 신숙의 회고에 의하면, 김상덕은 의열단과 교섭하였고, 이규채는 주로 김구의 측근인 박찬익(朴贊翊)을 만났으며, 신숙 자신은 남경의 한국혁명당과 교섭하였다고 한다.[6]

가장 먼저 돌아온 것은 이규채였다. 앞에서 언급하였듯이, 이규채는 김구가 낙양군관학교에서 한인청년들의 군사훈련을 계획하고 이청천을 교관 책임자로 한다는 것과 한국독립군의 관내이동을 제의하였다고 하면서, 박찬익으로부터 이동자금을 받아가지고 왔다. 이에 의해 이청천은 김창환(金昌煥)·공진원(公震遠) 등 한국독립군 간부와 군관학교 입학지원자를 데리고 북경으로 이동하였고, 북경에서 곧바로 낙양으로 가 군관학교에 입교하였다.[7]

5 金榮範, 「朝鮮義勇隊硏究」, 『한국독립운동사연구』 2, 1988, 460-475쪽 ; 韓相禱, 「中國軍閥政權 軍事學校와 韓國獨立運動」, 『水邨朴永錫敎授華甲紀念 韓民族獨立運動史論叢』, 1992, 165-182쪽.

6 申肅, 『나의 一生』, 日新社, 1963, 118-120쪽.

7 池靑天, 「光復軍과 나의 鬪爭」(≪希望≫ 1953년 2월호, 18쪽) ; 池憲模, 『靑天將軍의 革命鬪爭史』, 삼성출판사, 1949, 151쪽.

한국독립군이 김구와 연계하여 낙양으로 떠난 후, 홍진은 남경의 한국혁명당과 연계를 추진하였다. 한국혁명당과 교섭은 신숙에 의해 이루어졌다. 신숙은 처음에는 상해에서 결성된 한국독립당과 교섭하였던 것 같다. 그러나 이들의 반응이 시원치 않자, 남경에 있는 한국혁명당 인사들을 만나 만주의 한국독립당과 합당하는 문제를 협의하였다고 한다. 그리고 이를 보고하기 위해 만주로 가던 중 북경에 있던 홍진을 만났다. 신숙의 보고를 받은 홍진은 한국독립당 임시중앙집행위원회를 소집, 이 문제를 논의하였다. 논의는 만주의 한국독립당과 남경의 한국혁명당의 합당을 추진하자는 것으로 모아졌고, 합당문제는 홍진과 김원식(金元植)이 논의하도록 결정되었다.[8]

한국혁명당은 신익희가 주도하여 남경에 있는 한인들을 중심으로 하여 결성한 정당이다. 당시 신익희는 남경정부의 심계원에 근무하면서, 중국정부 및 중국군에 복무하고 있던 한인들(金弘壹·崔用德·成周寔·羅月煥 등), 그리고 상해에서 결성된 한국독립당에 대해 불만을 갖고 있던 인사들(尹琦燮·延秉昊·金思準·鄭泰熙 등)과 함께 한국혁명당을 결성하였다.[9] 이념적으로는 민족주의 계열의 인사들이 대부분이지만, 나월환과 같이 흑우연맹이나 남화한인청년연맹에서 활동한 무정부주의 계열의 인사와 정태희(鄭泰熙)와 같이 중국본부한인청년동맹을 결성하여 활동한 좌익계 인사도 포함되어 있었다. 상해 한국독립당에서 한국혁명당을 '백적흑(白赤黑)의 혼혈아(混血兒)'라고 한 것도[10] 이러한 이유 때문이었다.

홍진은 한국혁명당과 합당을 추진하였다. 이를 위해 홍진은 김원식과 함께 남경으로 내려갔다. 남경성내 화패로(花牌路) 태평(太平 또는

8 申肅, 『나의 一生』, 124쪽.

9 韓詩俊, 「獨立運動 政黨과 海公 申翼熙」, 799-800쪽.

10 ≪上海韓聞≫ 제2호, 1932년 1월 11일(국사편찬위원회, 『韓國獨立運動史』 資料 20, 1991, 308쪽).

泰平)여관에 숙소를 마련하고, 1934년 2월 한국혁명당의 윤기섭·연병호를 만났다. 당시 양측은 서로를 필요로 하였다. 홍진의 한국독립당으로서는 중국관내에서 새로운 활동기반을 마련하는데 한국혁명당이 적지 않은 도움이 될 수 있었다. 그리고 세력기반이나 독립운동 역량이 취약했던 한국혁명당에서는 조직의 확대는 물론이고, 독립운동 역량의 강화라는 면에서 만주에서 항일무장투쟁을 전개한 한국독립당과 합당을 필요로 하는 상황이었다.

협의는 순조롭게 진행되었다. 그 결과 1934년 2월 25일 남북 독립운동의 전선을 통일 강화하기 위해 양당을 합병한다는 것과 각기 소속당을 해체하고 새로이 신한독립당(新韓獨立黨)을 결정하자는 데 합의를 이루었다. 그리고 3월 1일부터 8일까지 한국독립당측에서 홍진·김원식·김상덕·이관일·신숙, 한국혁명당측에서 신익희·배천택·연병호·성주식·윤기섭 등이 참가한 가운데 대표자회의를 개최하고 간부진의 선출 및 당의(黨義)·강령(綱領)을 제정하였다.[11] 창립 당시 신한독립당의 간부는 다음과 같다.

> 중앙위원장 : 洪　震
> 총무위원장 : 尹琦燮　　조직위원장 : 金元植
> 선전위원장 : 延秉昊　　군사위원장 : 李靑天
> 민중위원장 : 趙擎韓　　조사위원장 : 成周寔
> 교섭위원장 : 申翼熙[12]

신한독립당의 창당은, 일부 세력이긴 하지만, 만주의 독립운동 세력과 중국관내 세력이 처음으로 통일을 이룬 성과였다는 점에서 중요한

11 金正明, 『朝鮮獨立運動』 2, 517쪽 ; 金正柱, 『朝鮮統治史料』 10, 韓國史料研究所, 1971, 701쪽.

12 趙擎韓, 『白岡回顧錄』, 한국종교협의회, 1979, 218쪽. 일제측의 자료에는 "黨首 : 洪晩湖, 常務委員 : 金尙德·申翼熙·尹琦燮"이라고 되어 있다(金正明, 『朝鮮獨立運動』 2, 517쪽).

의미를 갖는다. 그리고 신한독립당이 결성되면서 중국관내 독립운동 세력의 판도에 변화가 일어났다. 임시정부 인사들이 중심이 된 상해의 한국독립당과 김원봉을 중심으로 한 의열단이 주도세력을 이루고 있던 상황에서, 신한독립당이 주요한 세력으로 등장하게 된 것이다.

홍진은 신한독립당의 중앙위원장에 선임되었다. 양당이 합당할 때의 상황을 객관적으로 보면 한국독립당에서 대표를 맡기가 어려웠다. 만주에서 이동한 한국독립당은 세력이나 재정 면에서 한국혁명당과는 비교가 되지 않았다. 한국독립당이 가진 것이라고는 만주에서 항일무장투쟁을 전개하였던 경험과 명분뿐이었다고 하겠다. 이러한 상황에서 홍진이 당의 대표로 선임된 것이다.

홍진은 만주의 한국독립당에 이어 중국관내에서 결성된 신한독립당의 대표로 선임되면서, 독립운동 정당의 주요한 지도자라는 위상을 갖게 되었다. 그가 제창한 유일당은 조직되지 못하였지만, 유일당운동의 바람은 만주와 중국관내에서 많은 '정당'을 출현시켰고, 그는 정당의 지도자가 되어 있었다. 이후 홍진은 여러 정당과 단체로 분산된 독립운동 세력을 통일하는 정당의 통일운동에 주력하였다.

2. 5당 통일로 민족혁명당을 결성

홍진은 신한독립당을 결성하면서, 단순히 만주의 한국독립당과 남경의 한국혁명당을 합당한다는 차원으로만 생각하지 않았다. 이를 토대로 분산되어 있는 독립운동 세력의 통일을 도모한다는 것이 그의 계획이었다. 당략(黨略)에 "민족전체 혁명역량의 분화(分化)를 방지하고 그 결집에 노력함"이란 것이 그러한 의도였다.[13] 독립운동 세력이 여

13 국회도서관, 『韓國民族運動史料』 中國篇, 1976, 877쪽.

러 정당 및 단체로 분산되는 것을 막고, 이들을 한 곳으로 결집시키는 일을 당(黨)의 활동방향으로 선정한 것이다.

이러한 생각은 당시 추진되고 있던 전선통일운동과 궤를 같이 하는 것이었다. 1932년 말 정당과 단체를 중심으로 전선통일운동이 일어났다. 한국독립당(상해)·의열단·조선혁명당(만주)·한국혁명당·한국광복동지회 등 5개 정당 및 단체가 참여한 가운데, "혁명역량의 집중과 지도의 통일로서 대일전선의 확대 강화를 기한다"는 취지 하에 한국대일전선통일동맹을 발족한 것이다.[14] '만주사변'과 '상해사변' 발발이라는 정세 변화가 그 계기였다. 분산적인 활동을 극복하고 세력을 한곳으로 집중하여 독립운동을 전개하자는 것이었다. 그 방법은 정당 및 단체를 통일하여 대동단결체(大同團結體)를 조직하자는 것으로 추진되었다.

홍진은 신한독립당 창당과 더불어 통일운동에 관여하였다. 신한독립당의 창당 자체가 통일운동을 선도한 측면도 있었고, 또 통일운동을 촉진시키는 계기를 부여한 면도 있었다. 홍진이 직접 참여한 것은 1934년 3월 1일 통일동맹이 개최한 제2차 대표대회부터였다. 대표대회는 통일동맹에 가맹한 정당 및 단체의 대표들을 소집하여 개최한 것이었다. 홍진은 윤기섭·신익희와 함께 신한독립당 대표로 참가하였고,[15] 상해의 한국독립당(김철·김두봉·송병조), 조선혁명당(최동오), 의열단(김빈)의 대표들과 통일문제를 협의하였다.

대표대회의 주요 의제는 「대동단결체조직방침안(大同團結體組織方針案)」이었다. 회의에서 "가맹단체는 물론 기타 각 혁명단체를 전부 해소하고 소속원들을 통일동맹에 합류시켜 단일신당(單一新黨)을 조직할 것", 그리고 "이를 위해 혁명단체 밖에 있는 임시정부를 폐지할 것" 등의

14 韓相禱, 「1930년대 좌우익 진영의 협동전선운동」, 『대한민국임시정부의 좌우합작운동』, 한울, 1995, 61쪽.

15 「韓國對日戰線統一同盟 第2次代表大會」(국회도서관, 『韓國民族運動史料』 中國篇, 805-806쪽).

방안이 제기되었다.[16] 각 정당 및 단체를 해체하고 그 세력을 통일동맹으로 집결시켜 '단일당(單一黨)'을 조직하자는 것이었고, 이를 위해서는 임시정부도 폐지하자는 주장이었다.

홍진이 주창하였던 유일당운동과 거의 같은 상황이 일어난 것이다. '단일당'의 결성을 최고 가치로 선정하고, '단일당'이 결성되면 임시정부는 폐지하자는 것이었다. 임시정부 폐지가 거론된 것은 유일당운동이 전개될 때 임시정부가 헌법을 개정하여 "광복운동자의 대단결인 당(黨)이 완성된 때에는 국가의 최고 권력이 그 당에 있음"이라고 하여 '유일당'을 정부보다 우위에 둔 데서[17] 근거한 것이었다. 그리고 이 문제는 의열단에서 제기하였고, 신한독립당에서 동조한 것으로 보인다.

임시정부 폐지문제가 대두되면서 대동단결체 조직에 대한 논의는 더 이상 진전되지 못하였다. 임시정부 폐지문제를 둘러싸고 의견이 분분해진 것이다. 특히 한국독립당(상해)의 입장이 난처해졌다. 한국독립당은 임시정부를 옹호 유지하고 있던 정당이었다. 때문에 한국독립당이 이를 받아들이기는 어려운 문제였다. 회의는 각 단체별로 내부 입장을 정리한 다음 다시 대표대회를 열기로 하고 폐회하였다.

홍진은 단일당 결성에 적극적이었다. 신한독립당 당원들 중에는 '단일당' 결성을 반대하는 인사들이 있었다. 만주에서 공산주의자들과 대립을 경험하였던 청년당원들이 그랬고, 연병호·조경한·민병길 등이 '적색단체'인 의열단과의 합작 통합은 결코 수용할 수 없다고 하며 반대한 것이다. 홍진은 당의 간부인 이청천·윤기섭과 함께 "아무리 적색단체이지만 합작하여 힘차게 일해나가는 도중에 이들을 융화시킬 수도 있는 것"이라며 이들을 설득하였다.[18] 그 결과 반대하던 상당수 당

16 金正明, 『朝鮮獨立運動』 2, 514쪽.
17 韓詩俊 편, 『大韓民國臨時政府法令集』, 국가보훈처, 1999, 56쪽.
18 趙擎韓, 『白岡回顧錄』, 220쪽.

원들이 조건부로 단일당 결성을 찬성하는 쪽으로 기울어졌다. 일단 신당에 참여하고 나서 적색도당을 도태시켜 신당을 순수 민족주의 세력의 결합체로 만들어 가는데 힘을 모으기로 한다는 것이었다.[19]

신한독립당은 당론으로 단일신당 참가를 결정하였다. 그리고 이를 위한 준비를 진행하였다. 통일동맹 집행부에서 요구한 신당의 주의·강령·정책·규약 등의 초안을 마련, 1935년 1월 제출한 것이다. 그 내용은 당명(黨名)만 제외하고는 신한독립당의 그것과 거의 같았다. 신한독립당은 '민족주의에 기초한 중앙집권제의 민주공화국 건설'을 당의 기본이념으로 하면서, 토지와 대생산기관의 국유 및 사유재산 제한을 통해 생활평등을 이룬다는 것을 강령으로 삼고 있었다.[20] 홍진은 대동단결체로 결성될 '단일당'도 신한독립당과 같은 이념과 강령을 가진 정당으로 결성되기를 기대한 것이다.

그러나 단일신당을 결성하는 문제는 순조롭게 진행되지 못하였다. 한국독립당(상해)이 당론을 결정하지 못하고 있었기 때문이다. 김두봉·구익균·이광제 등은 임시정부를 폐지하고 단일당 결성에 참가하자고 한 반면, 송병조·조소앙·박창세·차리석·조완구 등은 임시정부 유지를 주장하고 있었다.[21]

그리고 한인애국단과 낙양군관학교에 한인특별반을 설립하여 활동하고 있던 김구도 강력히 반대하고 나섰다. 김원봉으로부터 참가를 종용받은 김구는 공산주의자들과의 동상이몽을 꿈꾸는 통일운동에는 참가하지 않겠다고 하면서,[22] 「임시의정원제공(臨時議政院諸公)에게 고(告)

19 김영범, 『한국근대민족운동과 의열단』, 372쪽.

20 「新韓獨立黨의 黨義 黨綱 黨略」(국회도서관, 『韓國民族運動史料』 중국편, 876-877쪽).

21 韓詩俊, 「上海韓國獨立黨硏究」, 632쪽.

22 金九, 『白凡逸志』, 나남출판, 2002, 362쪽 ; 社會問題資料硏究會, 『思想情勢視察報告集』 2(동양문화사 영인본), 1976, 9-10쪽.

함」과 「임시정부에 대하여」라는 글을 발표하였다. 이를 통해 "임정법인(臨政法人) 문제는 용이하게 제거(提擧)함은 천만부당하다"며 누구도 임시정부를 폐지할 수 없다는 강력한 의사를 표명하였다.[23]

내부적으로 진통을 겪던 한국독립당이 단일당 참가를 결정하였다. 1935년 2월 분위기가 성숙되지 않았다는, 즉 '시기상조론'을 들어 당론으로 불참가를 결정했었다. 그렇지만 분산된 독립운동 세력의 통일을 이루어야 한다는 것이 대세의 흐름이었고, 이에 따라 참가파들이 우세해졌다. 5월 25일 이 문제를 결정하기 위해 임시대표대회가 소집되었다. 여기서 송병조·차리석·조완구 등의 반대가 있었지만, 조소앙·박창세 등 상당수 인사들이 참가파로 기울어졌고, 결국 참가파의 우세로 단일당 참가를 결정한 것이다.[24]

한국독립당이 참가를 결정하면서, 단일당을 결성하는 문제는 급진전되었다. 그동안 몇 차례 무산되고 연기되었던 각 혁명단체 대표대회가 소집된 것이다. 대회는 6월 20일 남경성내 무정교(武定橋)에 있던 신한독립당 사무소에서 개최되었고, 한국독립당·의열단·신한독립당·조선혁명당·대한독립당을 비롯하여 뉴욕대한교민단·미주국민회·하와이국민회·하와이혁명동지회 등 9개 단체의 대표들이 참여하였다.[25]

대회는 정식회의에 앞서 예비회의로 진행되었고, 먼저 신당 참여여부와 참여형식에 대한 각 단체의 입장을 확인하였다. 앞의 5개 단체는 각각 자당(自黨)을 해체하고 신당으로 합류한다는 데 동의하였지만, 미주지역의 단체들은 기존 조직의 유지와 개인별 입당 등을 내세웠다. 이후 '해체 합류'에 동의한 5개 단체대표로 축소위원회를 구성하였고, 여기서 신당의 명칭·조직절차·당의·당강·정책 등의 초안을 마련하였

23 백범김구선생전집편찬위원회, 『白凡金九全集』 4, 대한매일신보사, 1999, 359-360쪽.

24 韓詩俊, 「上海韓國獨立黨研究」, 633-634쪽.

25 「中華民國在留不逞鮮人團體の情況」(『思想情勢視察報告集』 2, 32-33쪽).

다. 그리고 이를 신당창립대표대회에서 의결토록 하였다.

단일당 결성을 위한 절차가 급속하게 추진될 때, 홍진은 항주에서 남경으로 왔다. "항주에 체재하고 있던 홍진은 여비를 갖고 찾아온 유동열(柳東說)과 함께 7월 초순 남경에 돌아와 민병길(閔丙吉)의 집에 체재하고 있다"는 내용의 일제 정보자료가[26] 그것이다. 일제측 정보의 정확성을 확인할 수 없고, 또 홍진이 항주에 간 시기와 이유를 짐작할 수 있는 자료도 찾을 수 없다.[27]

일제의 정보가 정확한 것이라면, 항주에 가 있던 홍진을 급하게 불러 온 것이라 할 수 있다. 홍진을 불러 온 것은 단일당 결성에 필요한 때문이었다. 6월 25일 회의에서 홍진은 신당창립대표위원으로 선출되었다. 창립대표위원은 홍진·윤기섭(신한독립당), 조소앙·박창세(한국독립당), 김원봉·윤세주(의열단), 김규식·신익희(미주 대한독립당 위임대표), 차리석(하와이 국민회 위임대표) 등 9명이었다.[28]

창립대표위원이 선출되면서, 정식회의가 개최되었다. 6월 29일부터 개최된 정식대표대회는 예비회의에서 초안한 당명·당의·당강·정책 등을 심의 의결하였다. 이로써 통일동맹이 추진해 온 대동단결체로서 단일당 결성이 결실을 맺게 되었다. 그리고 7월 4일 신당의 중앙집행위원 및 검사위원 등을 선출하고, 다음날인 7월 5일 신당 창립식을 거행, 민족혁명당을 창당하였다.[29]

26 「新黨組織に關するもの」(『思想情勢視察報告集』 2, 15-16쪽).

27 홍진이 杭州에 체재하고 있었다는 것이 사실이라면, 그 이유를 몇 가지로 추측해 볼 수 있다. 하나는 한국독립당측에 단일당 결성을 종용하기 위한 것이 아니었나 생각된다. 항주에 한국독립당 사무소가 있었다. 그리고 이후 한국독립당의 주도적 인물인 조소앙과 함께 활동하는 것이 그러한 생각을 갖게 한다. 둘째는 남경에서의 생활이, 특히 재정적으로 곤란한 때문이 아니었나 생각된다. 항주에는 한국독립당과 임시정부의 사무소가 있었고, 여기에는 조소앙을 비롯하여 옛 임시정부와 임시의정원에서 함께 활동한 인사들이 있었다.

28 金正明, 『朝鮮獨立運動』 2, 539쪽 ; 『思想情勢視察報告集』 2, 10-11쪽.

29 강만길, 『조선민족혁명당과 통일전선』, 화평사, 1991, 56-57쪽.

민족혁명당 창립과 더불어 이에 참가하였던 정당과 단체는 모두 해체되었다. 신한독립당을 비롯한 한국독립당(상해)·의열단·조선혁명당·대한독립당 5개 정당과 단체는 공동명의로 "민족혁명의 사령부(司令部)인 민족혁명당에 전민족의 역량(力量)을 집중하여 일본제국주의를 타도하고 우리 민족의 독립자유의 정권을 확실히 전취(戰取)한다"는 내용의 해체선언을 발표한 것이다.[30] 그리고 각 정당의 조직과 재산을 모두 민족혁명당에 인계하였다. 신한독립당의 경우는 남경에 있는 청년 50명과 북만주에 있는 당원 600여명, 그리고 중국국민당 정부에서 받는 매월 300원과 동북의용군사령관 이두(李杜)로부터 받는 100원 등을 인계한 것으로 나타나 있다.[31]

이로써 유일당운동을 제창한 이래, 만주에서 한국독립당, 중국관내에서 신한독립당을 창당하였던 홍진은 민족혁명당을 창당하여 활동하게 되었다. 그러나 민족혁명당에서 그의 역할은 제한을 받고 있었던 것 같다. 중앙집행위원 15명은 5개 단체의 대표 3명씩으로 배분되었다. 신한독립당에서는 신익희·이청천·윤기섭이 중앙집행위원이 되었고, 홍진은 양기탁(梁起鐸)·한일래(韓一來)와 함께 중앙검사위원(中央檢查委員)의 명단에만 나타나 있을 뿐이다.[32] 양기탁의 경우는 신당 위원장에 내정되었다가 후일 사정이 달라져 중앙검사위원에 선출된 것이라고 한다.[33] 홍진은 그 이유를 알 수 없지만, 독립운동전선에서 그가 갖고 있던 위상으로 보면 민혁당에서의 입지는 상당히 좁았던 것으로 보아야 할 것이다.

30 金正柱, 『朝鮮統治史料』 10, 753-756쪽.

31 高等法院檢查局思想部, 『朝鮮重大思想事件經過表』, 1936, 38-39쪽 ; 독립운동사편찬위원회, 『독립운동사』 4, 1975, 745쪽.

32 『思想情勢視察報告集』 2, 35쪽.

33 독립운동사편찬위원회, 『독립운동사』 4, 646쪽.

3. 한국독립당을 재건하여

5개 정당 및 단체가 각기 자당(自黨)을 해체하고 세력을 통일하여 민족혁명당을 결성하였지만, 그 통일은 오래 지속되지 못하였다. 창립 직후부터 이념적인 차이와 당의 주도권 문제 등으로 인해 내부갈등이 표출되었고, 결국에는 민족주의 계열이 연이어 탈당하고 만 것이다. 홍진도 창립 직후 민족혁명당을 탈당하였다. 그리고 조소앙과 함께 상해에서 결성되었던 한국독립당을 재건하여 활동하였다.

민족혁명당이 창립된 지 두달여만에 탈당사태가 일어났다. 조소앙을 비롯한 한국독립당(상해) 계열이 탈당한 것이다. 조소앙은 한국독립당이 상해에서 항주로 이전한 후 이를 이끌던 인물로서, 처음에는 단일신당 참가를 반대하였다가 1935년 5월 당 임시대회에서 단일신당 참가를 선도하였었다. 그리고 신당규칙제정위원이 되어 민족혁명당 결성에 중요한 역할을 수행하였다. 이러한 조소앙이 두달여만인 1935년 9월 박창세(朴昌世)·문일민·김사집(金思潗)·이창기·박경순 등의 한독당 인사들과 함께 민족혁명당을 탈당한 것이다.[34]

이들이 밝힌 탈당 이유는 사상적 차이였다. "민족의 경제문제만을 중심으로 국가의 말살, 주권의 포기, 자기 민족의 과정을 무시하는 공산주의와는 빙탄불상용(氷炭不相容)의 상반성을 가지고 있다"고 하여,[35] 공산주의자들과 당을 함께 할 수 없어 탈당한다고 하였다. 김구를 비롯하여 한국독립당 인사들 중에는 김원봉의 의열단을 공산주의 단체로 여겼고, 신당 결성은 이들에게 기만 이용당하는 것이라 하여 참가를 반대하고 있었다. 이러한 반대에도 불구하고 조소앙 등은 단일당 결성에 참가하였다. 그러나 이들 역시 의열단을 바라보는 시각에는 변

34 趙凡來, 「再建 韓國獨立黨 硏究」, 『한국독립운동사연구』 5, 1991, 345쪽.
35 金正柱, 『朝鮮統治史料』 10, 759쪽.

화가 없었고, 사상적 차이를 해소하지 못한 것이다.

민족혁명당에서 상대적으로 소외되었던 것도 이들이 탈당하는 계기가 되었다고 생각된다. 민족혁명당은 의열단계가 실권을 장악하였다. 의열단은 재정이나 세력 면에서 여타 정당에 비해 우월한 기반을 갖고 있었다. 한국독립당이나 신한독립당이 5, 6백원 정도였던 데 비해 의열단의 월수입은 3천원이나 되었다.[36] 또 신한독립당이나 조선혁명당은 만주에서 이동하여 기반이 취약하였지만, 의열단계는 김원봉이 조선혁명간부학교를 통해 양성한 청년들을 중심으로 확고한 세력기반을 갖고 있었다. 그리고 창당 과정에서는 비교적 각 당의 세력이 안배되었지만, 당무를 분담하는 과정에서 한국독립당의 대표격인 조소앙이 국민부의 부원이 되는 등 한독당계열의 인사들이 소외 내지 무시당하고 있었다.[37]

조소앙 등은 민혁당을 탈당한 후, 단일당 결성에 참가하면서 해체한 한독당을 재건하였다. 1935년 9월 25일 민족주의의 옹호 유지를 내세우며 상해에서 결성되었던 한국독립당의 명맥을 계승한다고 하는 「한국독립당재건선언(韓國獨立黨再建宣言)」을 발표한 것이다.[38] 한국독립당을 재건하는 이유는 광복 후 이중혁명(二重革命)의 위험을 방지하기 위한 것이라고 하였다. 공산주의는 광복 후 계급혁명이란 또 다른 혁명을 생각하고 있는데 이를 방지해야 한다고 하면서, 이를 위해서는 국내의 특권계급을 부인하고 정치적으로 개인독재 및 계급독재가 없는 신민주주의(新民主主義) 국가를 건설해야 하는데 그 길이 한독당에 있다는 것이었다.[39] 상해의 한독당은 삼균주의(三均主義)를 기본이념으로

36 강만길, 『조선민족혁명당과 통일전선』, 72-73쪽.

37 金正柱, 『朝鮮統治史料』 10, 718-720쪽 ; 『思想情勢視察報告集』 2, 33-34쪽.

38 독립운동사편찬위원회, 『독립운동사』 4, 763-764쪽 ; 三均學會, 『素昂先生文集』 상, 횃불사, 1979, 246쪽.

39 한국독립당임시당무위원회 명의로 발표된 「告黨員同志」(金正柱, 『朝鮮統治史料』 10, 758-772쪽 ; 『朝鮮重大思想事件經過表』, 79-90쪽).

채택하였고, 정치·경제·교육의 균등을 기초로 한 신민주국가 건설과 균등사회 실현을 정치적 목표로 하고 있었다. 이들은 이것이 광복 후 민족내부에서 계급혁명을 방지할 수 있는 방안이라고 믿었던 것이다.

홍진도 재건된 한국독립당에 참여, 조소앙과 함께 활동하였다. 홍진이 언제, 무슨 이유로 민혁당을 탈당하였는지는 명확하지 않다. 그는 만주의 한국독립당과 남경의 한국혁명당을 통일하여 신한독립당을 창당하면서 정당의 통일운동을 촉발시켰고, 민혁당 결성에 있어서도 견인차 역할을 하였다. 그러나 민혁당이 결성된 후 내부적인 당권투쟁과 분파행위에 실망을 하였던 것으로 보인다. 아마도 그는 조소앙과 비슷한 시기와 이유로 민병길·조성환 등과 함께 탈당한 것이 아닌가 생각된다.[40]

홍진은 조소앙과 아주 각별한 관계에 있었다. 1887년생인 조소앙과는 10살이란 나이 차이가 있었지만, 이들의 관계는 동지(同志) 이상이었다. 홍진은 중국관내로 이동한 이래 장사(長沙)에서 이청천의 집에 기거한 이외에, 항주(杭州)·기강(綦江)·중경(重慶) 등 해방을 맞아 환국할 때까지 대부분을 조소앙의 집에서 함께 살다시피 하였다.

홍진과 조소앙은 법과 출신으로 임시정부 수립을 주도하였다는 공통점을 갖고 있다. 조소앙은 일본의 명치대 법과를 졸업하였고, 1919년 4월 상해에서 임시정부 수립을 주도하면서 초대 헌법인 대한민국임시헌장(大韓民國臨時憲章)을 기초한 인물이다.[41] 이러한 점도 작용하였겠지만, 무엇보다도 두 사람의 정치적 이념이나 노선이 같았던 때문이었다고 생각된다. 조소앙과 홍진은 1930년 1월과 7월 상해와 북만주에서 각각 한국독립당을 창당하고, 정치·경제·교육의 균등을 기초로 한 삼균주의와 민본정치(民本政治)·노본경제(勞本經濟)·인본문화(人本文化)의 건설이라는 삼본주의(三本主義)를 각각 당의 기본이념으로 삼았

40 金正明, 『朝鮮獨立運動』 2, 600쪽 ; 趙凡來, 「再建 韓國獨立黨 硏究」, 357쪽.
41 韓詩俊, 「趙素昻硏究」, 『史學志』 18, 1984, 152-153쪽.

다. 세부적으로는 차이가 없지 않지만, 민족주의에 기초한 민주공화국을 건설하고 '토지와 대생산기관의 국유'를 통하여 균등사회를 실현한다는 목표는 같았다.

한국독립당을 재건한 후, 이들은 임시정부의 부흥을 도모하고자 하였다. 당시 임시정부는 무정부상태에 있었다. 국무위원 7명 가운데 김규식·조소앙·최동오·양기탁·유동열 등 5명이 신당결성에 참여하였고, 송병조와 차리석만이 남아 임시정부를 유지하고 있던 상황이었다.[42] 무정부상태의 수습과 부흥방안을 논의하기 위해 1935년 10월 19일 제28회 의정원회의가 개최되었다. 당시 의정원 의장이기도 했던 송병조는 임시정부를 부흥시키기 위한 방안으로 청년층의 세력과 재정적 기반을 가지고 있는 김구를 참여시키자는 안을 내놓았다. 그러나 조소앙 등은 이를 반대하였다.[43] 한독당 '재건파'를 중심으로 임시정부를 정비, 주도권을 장악하려는 의도를 갖고 있었던 것이다.

김구의 참여를 반대하면서, 이들은 송병조로부터 의심을 받게 되었다. 민족혁명당의 밀명을 받고 임시정부를 붕괴시키려는 저의가 있지 않나 하는 의심을 산 것이다.[44] 송병조는 '재건파'를 경계하면서 김구의 참여를 요청, 김구의 세력과 손을 잡았다. 그리고 1935년 10월 말 이동녕·조완구·김구를 국무위원으로 보선하여 임시정부의 진용을 정비하였다. 송병조는 정부의 진용을 정비함과 더불어 지지기반이 될 정당도 조직하였다. 김구의 세력을 중심으로 하고, 민혁당에 참여하지 않았던 광동지부(廣東支部)를 비롯한 옛 한독당 세력을 결집, 1935년 11월 한국국민당(韓國國民黨)을 결성한 것이다.[45]

42 독립운동사편찬위원회, 『독립운동사』 4, 646쪽.

43 독립운동사편찬위원회, 『독립운동사』 4, 652-653쪽 ; 金正明, 『朝鮮獨立運動』 2, 532쪽.

44 독립운동사편찬위원회, 『독립운동사』 4, 765쪽.

45 趙凡來, 「韓國國民黨 硏究」, 『한국독립운동사연구』 4, 1990, 377-378쪽.

이로써 한국독립당(재건)을 중심으로 임시정부를 부흥시키려던 시도는 좌절되었다. 그리고 임시정부가 김구의 한국국민당 주도로 유지 운영되면서, 이들은 임시정부에 관여할 수 없었다. 사실상 소외된 것이나 마찬가지였다. 임시정부의 주도권을 장악하고자 했던 의도가 반전되어 오히려 고립화되는 결과를 가져온 것이다. 뿐만 아니라 민혁당측으로부터도 탈당에 대한 거센 비난이 쏟아지고 있었다.

민혁당에서는 탈당인사들을 항주반당분자(杭州反黨分子)로 몰아세우며, 탈당행위를 비난하였다. 민혁당 중앙집행위원회에서는 탈당인사들을 당적에서 제명하는 한편, "이번의 반당사건은 열성분파(劣性分派)들이 민족혁명당을 파괴하고 우리 혁명운동의 발전을 저해하려는 목적에서 자행된 행동" "저들은 분파를 추구하기 위해 본당을 탈리(脫離)한 것" 등의 내용으로 비난을 퍼부었다.[46]

'재건파'의 입지가 상당히 어려워져 갔다. 여기에 당의 재건사업도 원활하지 못했다. 당원의 확대와 자금의 마련이 재건사업의 핵심이었지만, 주요 대상인 옛 한독당 당원들은 송병조와 김구 주도 하에 한국국민당으로 흡수되어 버렸다. 그리고 자금을 마련하는 일도 쉽지 않았다. 조소앙이 광동성의 진제당(陳濟棠)과 교섭하여 매월 140여원의 원조를 받기에 이르렀지만,[47] 그가 광동을 떠나면서 자금줄도 거의 끊어져 버렸다.

홍진은 민혁당을 탈당하고 조소앙과 함께 한독당을 재건하여 활동하였지만, 내외적으로 어려움에 봉착해 있었다. 홍진은 항주에서 시름을 달래며 시국을 관망하고 있었다. 유해준(兪海濬)은 1936년 중국으로 망명한 후, 홍진을 선생처럼 모시며 항주·장사·기강 등지에서 함께 생활하였던 인물이다. 유해준이 회고한 다음과 같은 글이 당시 홍진이

46 『思想情勢視察報告集』, 278-289쪽.

47 金正明, 『朝鮮獨立運動』 2, 570쪽.

처해 있던 상황과 생활의 일단면을 엿볼 수 있게 한다.

> 백범을 중심으로 한 임정잔류파와 의견을 달리하시고, 김원봉파와도 멀리하시고, 홀로 山姿秀麗하기로 이름난 杭州에 정착하시어 변천하는 時局을 관망하며 捲土重來를 기약하시는 어른의 心志는 평온할 수가 없었다. 내가 항주에 온 후 한결 마음의 위안을 받으시는 것 같았다. 가끔 西湖邊 산책에도 대동하시며, 錢塘江邊 낚시에도 데리고 가서 잠시나마 즐거워하시며 歸路에는 白酒집에 들러 落花生 몇 알을 놓고 술잔을 기우리며 시름을 잊으려고 애쓰시는 모습이 지금도 잊을 수가 없다[48]

홍진은 땅콩 몇 알을 놓고 술잔을 기울여야 할 만큼 생활도 넉넉지 않았다. 그는 항주에 우거하면서 서호변을 걷거나 전당강변에서 낚시를 하며 시름을 달래고 있었다.

4. 한국광복운동단체연합회 결성

1930년대 중반 독립운동전선은 새로운 판도를 형성하게 되었다. 5개 정당 및 단체가 민족혁명당으로 통일을 이루었다가 다시 여러 정당이 생겨나고, 민혁당 대 반(反)민혁당으로의 양분현상이 나타난 것이다. 이러한 양분현상은 1937년에 들어와 더욱 확연해졌고, 양 진영으로의 대립구조를 형성하였다. 민혁당에서 이청천·최동오 등이 탈당하여 조선혁명당을 결성한 것이 그 계기였다.

조소앙·홍진 등이 탈당한 후 민혁당은 김원봉의 의열단계와 만주에서 이동해 온 세력이 양대 세력을 이루고 있었다. 만주에서 이동해 온 세력이란 한국독립당과 조선혁명당을 말한다. 한국독립당은 이청천을

48 兪海濬, 「晩悟 洪震先生을 追慕하며」(이는 유해준이 1974년에 작성한 것으로, 洪錫柱가 소장하고 있다).

중심으로, 남만주에서 활동하였던 조선혁명당은 최동오가 중심이 되어 있었고, 이들이 민혁당 내에서 김원봉계와 양대 세력을 형성하고 있었던 것이다.

이들 양대 세력 사이에 알력이 생겨났다. 민혁당에 남아있던 이청천 등도 의열단계를 공산주의자로 여기고 있었고, 김원봉의 당권 장악 및 전횡에 대해 불만을 갖게 되었다.[49] 상호간의 알력은 1937년 1월 전당대표대회를 계기로 표면화되었다. 이청천이 '이청천·최동오·김원봉 3인이 당의 주요 사무를 판리(辦理)하자'는 내용의 삼두정치론(三頭政治論)을 제창, 김원봉의 독주와 전횡에 제동을 걸고 나섰다. 그렇지만 김원봉이 총서기에 선출되어 당의 실권을 장악하였고, 당의 이름도 조선민족혁명당이라고 하였다.

전당대회에서 표면화된 양자간의 알력은 서로 상대방을 당에서 축출하려는 것으로 비화되었다. 이청천계는 1937년 3월 29일 한국민족혁명당 명의로 비상대회를 개최하고, 청당(淸黨)을 단행하여 김원봉 일파를 배제하자고 하면서 「호당선언(護黨宣言)」, 「난당사실(亂黨事實)」이란 문서를 통해 김원봉의 비행을 들춰 공격하였다.[50] 당명에 '조선', '한국'을 붙이는 두 세력으로 나뉘어 싸움이 일어난 것이다. 싸움은 김원봉계의 승리로 돌아갔다. 김원봉계에서 4월초 당간부회의를 소집, 이청천을 비롯하여 최동오·이광제·조경한·황학수·현익철·유동열·김학규·양기탁·강창제·이복원 등 11명을 제명처분한 것이다.[51]

이로써 김원봉을 축출하려던 이청천계의 시도는 실패로 돌아갔다. 오히려 김원봉계에 의해 축출당하는 결과를 가져왔다. 제명처분을 당

49 국회도서관, 『韓國民族運動史料』 中國篇, 873쪽 ; 胡春惠 저, 辛勝夏 역, 『中國 안의 韓國獨立運動』, 단국대 출판부, 1978, 198-199쪽.

50 金正明, 『朝鮮獨立運動』 2, 602-603쪽 ; 독립운동사편찬위원회, 『독립운동사』 4, 669-700쪽.

51 위와 같음.

한 11명은 북만주에서 홍진과 함께 활동하였던 한국독립당과 남만주의 조선혁명당 인사들이었다. 이들은 남경성내 부자묘(夫子廟) 부근에 본부를 두고 대책을 협의, 별도의 당을 조직하기로 하였다. 그리고 1937년 4월 하순 조선혁명당을 결성하였다.[52] 만주출신인 이들은 당명도 만주에서 활동하던 조선혁명당의 명칭을 그대로 따랐다.

조선혁명당의 성립을 계기로 독립운동전선은 완전히 양분되었다. 1935년 민혁당이 결성될 때 이에 참가하지 않았던 세력과 이를 이탈한 세력들이 한국국민당·재건한독당·조선혁명당을 결성하였고, 이들이 모두 반(反)민혁당이라는 공동의 입장에 선 것이다. 이로써 독립운동전선은 반(反)민혁당 세력 대 민혁당 세력으로 양분되었다.

홍진은 독립운동전선이 양분되는 현상을 보면서, 임시정부를 확대 강화해야 한다고 생각하였다. 민혁당 결성으로 야기된 임시정부의 무정부상태는 수습되었지만, 그 세력기반은 취약했다. 임시정부를 지키고 있던 송병조·차리석, 그리고 김구가 주도하는 한국국민당만으로 임시정부가 유지 운영되고 있었던 것이다. 재건한독당이나 조선혁명당은 임시정부에 전혀 관여하지 못하고 있었다. 이러한 실정에서 홍진은 무엇보다도 임시정부의 세력기반을 확대하고 그 위상을 제고시켜야 한다는 생각을 가졌고, 그 방법은 민족주의계의 3당을 통합하여 임시정부를 지지하고 옹호하는 세력으로 삼자는 것이었다.

홍진은 1937년 7월초 남경으로 갔다. 그리고 한국국민당의 송병조와 조선혁명당의 이청천을 만나 3당의 합동과 임시정부 옹호 문제를 협의하였다. 3당은 모두 반(反)민혁당이란 공통의 입장을 가지고 있었고, 정치이념이나 독립운동 노선에도 별다른 차이점이 없었다. 홍진은 3당이 협력하여 임시정부를 옹호하고, 그 세력을 확대 강화하자는 전제

52 胡春惠 저, 辛勝夏 역, 『中國안의 한국독립운동』, 199쪽 ; 金正明, 『朝鮮獨立運動』 2, 603쪽.

하에 다음과 같은 세가지 사항에 대해 합의를 이끌어 냈다.

> 1. 3당 합동의 취지를 분명히 하기 위하여 공동성명을 발표할 것,
> 2. 합동단체는 협력하여 임시정부를 옹호 확대 강화할 것,
> 3. 각 단체는 대표 2명을 남경에 파견하여 공동사무를 처리할 것[53]

3당이 임시정부를 옹호하자는 문제는 중일전쟁이 발발하면서 더욱 진전되고 확대되었다. 1937년 7월 7일 노구교(蘆溝橋)사건을 계기로 중국이 일본과 전면적인 전쟁에 돌입하면서, 이 기회에 중국과 함께 대일전쟁을 전개해야 한다는 논의가 일어났다. 이를 위해서는 3당이 임시정부를 중심으로 결집해야 한다는 것이 중요한 과제로 대두된 것이다.

3당뿐만 아니라, 미주지역 단체들도 참여시키고자 하였다. 중국과 미주지역에서 활동하고 있던 민족주의 세력을 모두 임시정부 산하로 결집시키고, 이를 기반으로 임시정부를 옹호하자고 한 것이다. 미주지역의 대한인국민회·하와이의 대한인국민회·대한인단합회·대한부인구제회·동지회·대한인애국단 등 6개 단체들이 이에 호응해 왔다.

이로써 중국지역의 3개 정당과 미주지역의 6개 단체의 연합이 실현되었다. 이들 9개 단체는 1937년 8월 17일 그 연합체로서 한국광복운동단체연합회를 결성하였다.[54] 중국관내와 미주지역의 민족주의 계열이 임시정부를 구심점으로 연합을 이룬 것이었다. 그리고 「한국광복운동단체연합회선언」을 통해

> 임시정부는 우리 3천만 民衆의 心血이 만들어낸 것으로써 3·1운동의 正脈이요 志士先烈의 遺業이요 민족의 公器다. 그것을 옹호 지지

53 독립운동사편찬위원회, 『독립운동사』 4, 671쪽 ; 金正明, 『朝鮮獨立運動』 2, 598-599쪽.

54 金喜坤, 「제정당의 변천과 활동」, 『한민족독립운동사』 7, 국사편찬위원회, 1990, 348쪽.

> 하는 것은 당연히 민족운동의 위대한 임무이며, 혁명과정에 있어 반드시 그 존엄을 인식해야 하고 그 필요가 있다.[55]

라고 하여, 임시정부의 옹호 지지를 천명하였다. 임시정부는 3·1운동의 정맥(正脈)이고, 선열의 유업(遺業)이며, 민족의 공기(公器)이므로 그것을 옹호 지지하는 것이 민족운동의 가장 큰 임무라는 것이었다.

한국광복운동단체연합회(이하 광복진선으로 약칭)가 결성되면서, 독립운동전선에는 몇 가지 변화가 있었다. 우선 임시정부를 옹호하고 지지하는 세력기반이 크게 확대되었고, 임시정부가 독립운동의 구심점으로서의 위상을 회복할 수 있게 되었다는 점이다. 민혁당이 결성될 때 임시정부의 폐지문제가 대두되고, 또 그 기초세력이었던 한독당(상해)과 국무위원 대부분이 민혁당에 참가하면서 임시정부는 무정부상태에 빠지기도 하였다. 독립운동 최고기구로서의 위상이 추락된 것은 물론이고, 존립마저도 위태로운 상황에 직면해 있었던 것이다. 광복진선을 결성하여 임시정부를 옹호 지지함으로써, 임시정부는 그 세력기반이 크게 확대된 동시에 본연의 권위와 위상을 회복할 수 있게 되었다.

둘째는 민족주의 세력이 대결집을 이루게 되었다는 점이다. 민족주의 세력은 단일당 결성문제에 대해 통일된 의견을 갖지 못하면서 세력이 분열되었다. 그리고 민혁당을 탈당한 후에도 각기 정당을 결성하여 독자적으로 활동하고 있었다. 그동안 분열되어 독자적으로 활동하고 있던 민족주의 세력이 광복진선을 매개로 하여 연합을 이루게 된 것이다. 또 그것이 중국뿐만 아니라 미주지역 단체들까지 참여함으로써, 그 규모가 크게 확대되었다.

셋째로 독립운동전선에 또다시 통일운동이 일어나는 계기를 마련하였다. 광복진선이 결성된 후, 좌익진영에서도 연합을 추진하였다. 민족

55 三均學會, 『素昂先生文集』 상, 횃불사, 1979, 255-257쪽.

혁명당을 중심으로 김성숙(金星淑)이 주도하고 있던 공산주의 계열의 조선민족해방동맹(朝鮮民族解放同盟)과 유자명(柳子明)이 주도하고 있던 무정부주의 계열의 조선혁명자연맹(朝鮮革命者聯盟) 등이 연합을 이루어 1937년 11월 조선민족전선연맹(朝鮮民族戰線聯盟, 이하 민족전선으로 약칭)을 결성한 것이다.[56] 이로써 좌우 독립운동세력은 광복진선과 민족전선으로 각각 연합을 이루게 되었다. 이러한 기반위에 좌우익 정당과 단체들의 통일운동이 일어나게 된 것이다.

홍진은 광복진선을 결성한 후, 거처를 항주에서 남경으로 옮겼다. 항주에서 머물며 시국을 관망하던 그가 적극적으로 참여하여 활동을 전개하기 시작한 것이다. 이후 홍진은 광복진선을 중심으로 활동하였다. 광복진선에서의 공식적인 직함은 선전위원회 위원이었다. 각 당의 대표들을 선정하여 한국광복운동단체연합선전위원회를 조직하였는데, 홍진은 조소앙(재건한독당), 조완구·엄항섭(국민당), 현익철·조경한(조혁당) 등과 그 위원으로 선출된 것이다.[57]

선전위원회는 각 당의 대표들로 구성된 연합기관으로, 광복진선의 본부 역할을 한 곳이다. 선전위원회가 맡고 있던 주요한 활동은 대내외 선전활동이었다. "중한민족 생사(生死)의 연대성을 선양할 것", "독립과 자유의 새로운 방법을 개척할 것", "강도 일본의 만행과 붕괴과정을 폭로할 것" 등을 당면과제로 삼고 있었다.[58] 중국에 대해 한중연대의 필요성을 강조하고, 국제여론을 환기시키는 선전활동을 전개하였던 것이다.

그러나 남경에서의 활동은 오래 지속되지 못하였다. 1937년 11월 일본군이 남경을 공격, 점령한 때문이다. 남경에 있던 한인들은 피난을

56 韓相禱, 「中日戰爭 직후 협동전선운동과 全國聯合陣線協會」, 『한국독립운동사연구』 10, 1996, 131쪽.

57 趙擎韓, 『白岡回顧錄』, 226쪽.

58 국사편찬위원회, 『韓國獨立運動史』 資料 3, 486쪽.

1937년 11월, 남경을 침공하는 일본군

떠나야 했다. 좌우 양진영의 피난처가 달랐다. 민족전선은 한구(漢口)로, 광복진선 계열은 진강(鎭江)에 있던 임시정부와 함께 호남성(湖南省) 장사(長沙)로 향했다. 홍진도 1937년 11월 23일 남경에서 1백여 명과 함께 목선(木船)을 타고 양자강을 거슬러 올라가, 다음 달 20일 장사에 도착하였다.[59]

광복진선 소속 3당과 임시정부를 중심으로 한 민족주의 세력이 장사에 집결하였다. 1932년 윤봉길의사의 홍구공원의거 후 항주·진강·남경·광주 등 각지로 흩어졌던 세력이 다시 한 곳에 모인 것이다. 그러

59 「제31회 의정원회의 政務報告」(국회도서관, 『大韓民國臨時政府議政院文書』, 1974, 244쪽)

나 이들은 각 당을 중심으로 소속을 달리하였고, 계파별로 거주하고 있었다. 홍진은 조선혁명당 인사들과 함께 지냈다. 홀홀단신이던 그는 만주에서부터 함께 활동한 이청천의 집에서 이복원·유해준과 함께 지냈다고 한다.[60]

장사에 도착하면서 한국국민당·한국독립당(재건)·조선혁명당 사이에 3당 통합문제가 논의되었다. 광복진선으로 연합을 이룬 기초위에, 이들 3당을 하나로 통합하자는 것이었다. 1938년 5월 7일 조선혁명당 인사들이 거주하고 있던 남목청(楠木廳)에서 3당 통합을 위한 회의가 개최되었다. 홍진은 재건한독당 대표로 조소앙과 함께, 그리고 김구·조완구(국민당), 이청천·현익철·조경한(조혁당)이 각 당을 대표하였고, 이외에 유동열·이복원·임의택 등이 업저버로 참석하였다.[61]

3당 통합을 위한 자리가 마련되었지만, 회의는 중단되었다. 조선혁명당의 당원인 이운환(李雲煥)이 회의장에 들어와 김구·현익철·이청천·유동열 등을 권총으로 저격하였고, 이로 인해 현익철은 현장에서 운명하고, 김구 등이 중상을 입은 사건이 일어난 것이다.[62] 이 사건은 소위 '장사사건(長沙事件)' 또는 '장사5·7사변(長沙5·7事變)'으로도 불리운다. 저격범 이운환과 공범자로 강창제·박창세 등이 체포되었지만, 사건의 배경과 진상은 제대로 밝혀지지 않았다.[63] 어쨌든 이 사건은 독립운동전선에서 일어나 비극적 사건이 아닐 수 없었고, 이로 인해 3당 통합

60 兪海濬, 「晩悟 洪震先生을 追慕하여」, 1974(洪錫柱 소장). 趙擎韓은 楠木廳이란 반양식집 2층에 거처하였다고 하면서, "그 옆방에는 현익철 동지가 있고 아래층에는 지청천 장군과 김학규 동지와 강홍대군이 있었다"라 하고 있다. 이들은 당파로 보면 모두 조선혁명당 인사들이었다(조경한, 『白岡回顧錄』, 264-265쪽).

61 趙擎韓, 『白岡回顧錄』, 266쪽.

62 「長沙五七事件의 經過」(국회도서관, 『大韓民國臨時政府議政院文書』, 245쪽).

63 사건이 일어난 배경에 대해, 일제가 김구의 암살을 위해 사주한 것으로 해석한 경우도 있고(『思想情勢視察報告集』 10, 150쪽), 일제측에서는 광복진선으로 연합한 3당간의 지위 및 자금분배 등에 대한 내부 알력에 의해 일어난 것으로 설명해 놓기도 하였다(金正明, 『朝鮮獨立運動』 2, 613쪽).

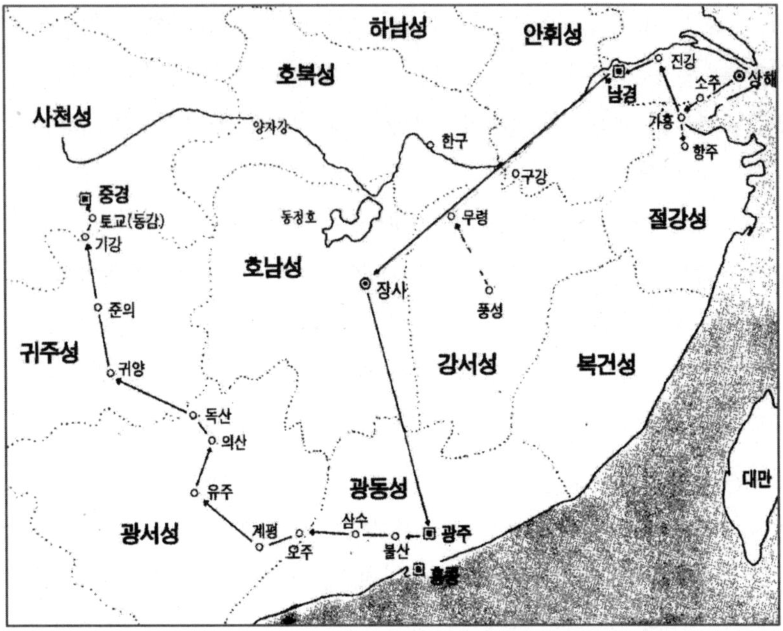

상해를 떠나 중경에 정착하기까지 임시정부의 이동 경로

문제는 중단되고 말았다.

장사에서도 오래 거처할 수 없었다. 남경을 점령한 일본군이 장사를 공격해 온 것이다. 홍진은 1938년 7월 17일 임정과 함께 장사를 떠나 광동성(廣東省) 광주(廣州)로 이동하였다. 광주에서 다시 교외에 있는 남해현성(南海縣城)의 불산(佛山)으로 옮겼다. 그러나 광주도 일본군의 포화에 들어가게 되자, 배를 타고 주강(珠江)을 거슬러 올라가 1939년 11월 하순 광서성(廣西省) 유주(柳州)에 도착하였다. 여기서 다시 중국 국민당 정부가 있는 중경을 향해 출발, 1940년 5월 사천성(四川省) 기강(綦江)에 정착하면서 안정을 찾았다.[64] 10여 개월 동안, 때로는 일

64 임시정부의 이동과정에 대해서는 「제31회 의정원회의 政務報告」에 소상하게 기록되어 있다(국회도서관, 『大韓民國臨時政府議政院文書』, 244-245쪽).

본공군기의 기습을 받으며 피난의 고된 행군을 하지 않으면 안되었다.

5. 중경에서 한국독립당 창당

홍진이 사천성 기강에 도착하였을 무렵, 독립운동전선에 또다시 통일운동이 일어났다. 좌우익 양대 진영을 형성하고 있던 광복진선과 민족전선을 중심으로 통일하자는 것이었다. 한 발 앞서 중경에 와 있던 김구와 김원봉이 양 진영을 대표하여 통일하자는 데 합의를 이루고, 1939년 5월 「동지동포(同志同胞)에게 보내는 공개신(公開信)」을 공동명의로 발표한 것이다.[65]

이 '공개신'은 통일의 원칙만 아니라, 구체적인 방법까지 담고 있었다. 중일간의 전면적 전쟁이라는 호기(好機)에 독립을 쟁취하기 위해서는 전민족의 역량을 집중시켜야 한다는 전제하에, 10개조의 공동강령(민주공화제 건설, 일제 및 친일파의 재산몰수, 산업의 국유화, 농민에게 토지분배, 국비교육 등)에 합의하고, 광복진선에 소속된 3개 정당과 민족전선에 소속된 4개 단체의 모든 조직을 일체 해소하고 새로운 단일조직을 수립하자고 하였다.

독립운동전선에서 일어난 세 번째 통일운동이었다. 1920년대 유일당운동과 1930년대 전반의 대당조직운동, 이를 이어 좌우익 정당 및 단체들을 중심으로 '단일당'을 조직하자는 운동이 일어난 것이다. 이에 따라 광복진선에 소속된 3개 정당과 민족전선에 소속된 4개 단체가 참여하는 소위 7당통일회의가 개최되었다.

7당통일회의는 기강에서 개최되었다. 1939년 8월 27일 광복진선측의

65 「同志同胞에게 보내는 公開信」(백범김구선생전집편찬위원회, 『白凡金九全集』 6, 1999, 25-40쪽).

한국국민당(조완구·엄대위), 재건한독당(홍진·조소앙), 조선혁명당(이청천·최동오)과 민족전선측의 민족혁명당(성주식·윤세주), 조선민족해방동맹(김규광·박건웅), 조선청년전위동맹(신익희·김해악), 조선혁명자동맹(유자명·이하유) 등 모두 7개 정당과 단체가 기강에서 회합하였다.[66] '공개신'을 통해 합의한 공동강령 하에 단일당을 조직하자는 논의가 이루어졌다.

그러나 통일회의는 순조롭게 진행되지 못하였다. 참가한 정당 및 단체는 통일의 당위성에 대해서는 이론이 없었다. 하지만 해방동맹과 전위동맹이 주의(主義)가 같지 않으므로 단일당 방식에는 반대한다고 하면서, 탈퇴하고 말았다.[67] 나머지 5개 단체만으로 회의를 진행, 단일당 조직에 대해 구체적 합의를 이루었다. 그러나 독립운동 최고기구 문제가 걸림돌이 되었다. 즉 독립운동 최고기구를 임시정부로 할 것이냐, 아니면 새로이 결성될 단일당으로 할 것이냐 하는 문제를 둘러싸고 대립하였고, 민혁당측에서 탈퇴를 선언하였다.[68] 이로써 좌우 양 진영을 통일하여 단일당을 조직하려고 했던 시도는 완전히 결렬되고 말았다.

7당통일회의와 5당통일회의가 결렬된 후, 우익진영 3당의 통일이 추진되었다. 좌익진영과 통일을 이루어 단일당을 조직하려던 시도가 무위로 돌아가면서, 광복진선으로 연합을 이루고 있던 한국국민당·재건한독당·조선혁명당 3당만이라도 통일을 이루어야 한다는 논의가 일어났다. 1938년 5월 '장사사건(長沙事件)'으로 인해 중단되었던 3당통합문제가 다시 대두된 것이다.

3당 통합문제는 급진전되었다. 1939년 10월 2일 3당 대표들이 통합문제를 논의하기 위해 모였다. 한국국민당에서 조완구·김붕준·엄항섭,

66 「綦江韓國七黨會議經過報告書」(中央硏究院近代史硏究所, 『國民政府與韓國獨立運動史料』, 中華民國, 1987, 20-21쪽).
67 韓相禱, 「1930년대 좌우익 진영의 협동전선운동」, 125-126쪽.
68 독립운동사편찬위원회, 『독립운동사』 4, 691쪽.

조선혁명당에서 이청천·최동오·조경한, 홍진은 조소앙·조시원과 함께 재건한독당 대표로 참석하였다. 회의의 명칭은 광복진선원동삼당통일대표회의(光復陣線遠東三黨統一代表會議)였고, 10월 12일까지 계속되었다. 이 회의에서 통합 신당의 명칭은 한국민주독립당(韓國民主獨立黨)으로 한다는 것을 비롯하여 당의·당강·당책, 조직(민주주의중앙집권제), 인선(중앙집행위원 및 중앙감찰위원), 연호(대한민국), 그리고 3당해체선언과 신당창립선언 등 신당창립에 관한 구체적 사항과 절차가 합의 의결되었다.[69]

그러나 3당통합은 곧바로 실현되지 못하였다. 3당은 대표회의에서 의결된 사항을 갖고 각각 자당(自黨)의 비준을 얻기로 하였는데, 국민당에서 당명·제도 등을 둘러싸고 이견이 노출되었기 때문이다. 당시 국민당은 3당이 광복진선으로 연합을 이룬 이래 사실상 주도적 위치와 역할을 담당해 왔던 정당이었다. 때문에 3당통합에서 국민당이 차지하는 위상은 상대적으로 클 수밖에 없었고, 국민당 내부의 의견이 조정되기를 기다려야 했다.

3당통합을 위한 대표회의는 해를 넘겨 1940년에 들어와 다시 개최되었다. 1940년 3월 24일 3당의 대표들이 참가한 가운데, 3당통합을 위한 제2차 대표대회가 소집된 것이다. 이 회의는 5월 8일까지 계속되었고, 여기서 당명을 韓國獨立黨으로 결정하였다. 그리고 당의·당강·당책·당헌 등에 대해서도 합의를 이루었다. 3당통합과 신당창립을 위한 준비가 완료되면서, 5월 8일 3당을 해체하여 신당을 창립한다는 다음과 같은 선언을 발표하였다.

> 新黨의 前身이었던 3당은 이제부터 다시 존재할 조건이 소멸되었

69 「光復陣線遠東三黨統一代表會議經過大略」(한국정신문화연구원, 『韓國獨立運動史資料集』 趙素昂篇 4, 1997, 15-30쪽).

> 을 뿐 아니라 각기 解消될 것을 전제로 하고 신당창립에 착수하였다. 과거 3당의 모든 사업과 혁혁한 역사를 이로 쫓아 신당이 완전히 繼承匯合한 것이다. 그러므로 신당은 보다 큰 권위와 보다 많은 인원, 보다 광대한 聲勢, 보다 高級的 地位를 가지고 우리 독립운동을 보다 有力하게 추진케 할 것을 확실히 믿고 바라며 3당 자신은 이에 해소를 선언한다. 아울러 우리 3당의 結晶으로 된 新黨 즉 한국독립당이 3·1운동의 正脈을 계승한 민족운동의 중심적 代表黨임을 성명한다.[70]

3당을 완전히 해체하고, 3당의 결정체로서 신당을 창당한다는 것이었다. 3당의 세력들이 신당으로 결집함으로써 신당은 큰 권위, 많은 인원, 광대한 성세, 고급적 지위를 가질 수 있고, 이를 배경으로 보다 유력한 독립운동을 추진할 수 있게 될 것이라고 하였다.

이로써 우익진영 3당이 통합하여 한국독립당을 창당하였다. 5월 9일 창립대회가 개최되었다. 홍진은 조소앙·조시원(재건한독당), 조완구·김붕준(국민당), 이청천·김학규·조경한(조혁당)과 함께 신당창립대표로 참석하였다. 창립대표회의에서는 이미 결정된 당명·당의·당강·당책·당헌 등을 원안대로 통과시켰다. 그리고 '3당의 과거 조직을 공동 해소하고 통일을 이룬 새로운 한국독립당을 창당한다'는 내용의 「한국독립당창립선언」을 발표, 3당의 통일체로 신당인 한국독립당의 창당을 대내외에 선포하였다.[71]

이로써 1930년대 우익진영을 형성하고 있던 한국국민당·한국독립당(재건)·조선혁명당 3당이 각각 自黨을 완전히 해체하고, 그 결정체로 1940년 5월 9일 새로운 한국독립당을 창당하였다. 한독당의 조직은 중앙집행위원제를 채택하였고, 다음과 같은 간부를 선출하여 당의 조직을 갖추었다.

70 「三黨解體宣言」(三均學會, 『素昂先生文集』 상, 264쪽).

71 「韓國獨立黨創立宣言」(백범김구선생전집편찬위원회, 『白凡金九全集』 6, 62-63쪽).

> 중앙집행위원장
> 　金　九
>
> 중앙집행위원
> 　洪　震・趙素昻・趙時元・李靑天・金學奎・柳東說・安　勳
> 　宋秉祚・嚴恒燮・金朋濬・楊　墨・曺成煥・車利錫・李復源
>
> 중앙감찰위원장
> 　李東寧
>
> 중앙감찰위원
> 　李始榮・公震遠・金毅漢[72]

홍진은 조소앙·이청천 등과 함께 중앙집행위원으로 선출되었다. 이후 한국독립당은 임시정부의 기초세력이자 여당의 역할을 하였고, 홍진은 이를 계기로 임시정부에 참여하여 활동하기 시작하였다.

홍진은 1920년대 중반 유일당조직을 제창한 이래, 줄곧 당(黨)을 중심으로 활동해 왔다. 1930년 만주에서 한국독립당을 창당하였고, 중국 관내로 이동한 후 1934년 남경에서 한국혁명당과 합당하여 신한독립당을, 그리고 1935년 5개 정당 및 단체의 통일에 참여하여 민족혁명당을 결성하였다. 그리고 민족혁명당을 탈당하여 재건한국독립당을 중심으로 활동하면서. 1937년 8월 민족주의 계열의 3당인 한국국민당·재건한독당·조선혁명당의 연합을 추진하여 광복진선을 결성하였으며, 1940년 5월 이들 3당의 통일을 이루어 한국독립당을 창당하기에 이르렀다.

72 金九, 『白凡逸志』, 나남출판, 2002, 387쪽.

제 9 장

좌우익 진영이 통합한 통일의회 의장

1. 임시정부로 돌아와

1) 두 번째 임시의정원 의장

홍진이 중국각지로 이동해 다니는 피난생활로부터 벗어난 것은 사천성 기강(綦江)에 도착하면서였다. 기강은 중국정부의 임시수도인 중경에서 1백여 리 떨어진 곳에 있는 조그만 도시로, 전란으로부터 비교적 안정된 지역이었다. 1939년 5월 기강에 도착한 일행은 소속 당에 따라 거처를 마련하였다. 홍진은 조소앙 등 재건한독당 인사들과 함께 채패신가자 삼태장(菜壩新街子 三台莊)에 머물게 되었다.[1]

기강에 도착한 후 임시정부는 조직과 체제를 확대 정비하는 작업을 추진하였다. 그 방법은 재건한독당과 조선혁명당 세력을 임시정부에

1 胡世博, 「韓國臨時政府在綦江」, 『西遷重慶綦江的韓國臨時政府』(重慶大韓民國臨時政府舊址陳列館 편, 1998), 229쪽.

참여시키는 것으로 이루어졌다. 앞에서 언급하였듯이, 그동안 임시정부는 한국국민당에 의해 유지·운영되어 왔다. 재건한독당과 조선혁명당은 임시정부를 옹호·유지하는 입장이었지만, 정부의 조직이나 운영에는 참여하지 못하고 있었다. 이들을 참여시켜 정부의 조직을 확대 강화하는 작업이 추진되었고, 이 과정에서 홍진은 다시 임시정부에 참여하여 활동하게 되었다.

정부의 조직을 확대 강화하는 작업은 임시의정원 회의를 통해 이루어졌다. 의정원 회의는 1939년 10월 3일 기강의 임강가(臨江街) 43호에서 개최되었다. 제31회 정기회의였다. 12월 5일까지 계속된 의정원 회의에서 재건한독당과 조선혁명당의 인사들을 의정원 의원, 정부의 국무위원 및 행정부서 책임자에 선출하는 형식으로 정부의 조직을 확대 강화하였다.

먼저 의정원 의원을 확충하였다. 제31회 의정원 회의가 소집되기 직전까지 의정원 의원의 수는 17명이었다. 이들 중 조소앙만 재건한독당 소속이었고, 나머지 의원은 모두 한국국민당 인사들이었다. 헌법에 규정된 의정원 의원수가 57명이었다는 점을 생각한다면,[2] 당시 의정원 의원은 3분의 1도 채워지지 않았던 것이다.

의정원 회의가 개최되면서, 의원에 대한 보결선거가 실시되었다. 그리고 10월 4일부터 신도의원자격심사위원(新到議員資格審査委員)이 선정되어 보선된 의원에 대한 자격을 심사하였고, 그 결과 모두 18명의 의원이 새로 선출되었다. 새로 선출된 의원은 이청천·유동열·최동오·조시원 등 대부분 재건한독당과 조선혁명당 소속이었고, 홍진은 10월 15일 황학수·안훈·신환(申桓)·이상만(李象萬) 등과 함께 충청도 의원으로

2 헌법에 규정된 임시의정원 의원은 경기도·충청도·경상도·전라도·함경도·평안도·중령·아령에서 각각 6인씩, 그리고 강원도·황해도·미주에서 각각 3인씩 선거하도록 되어 있다(韓詩俊 편, 『大韓民國臨時政府法令集』, 국가보훈처, 1999, 56쪽).

선출되었다.[3] 이들의 참여로 의정원은 크게 확대되었으며, 의원수도 종래 두 배가 넘는 35명으로 증강되었다.

홍진은 충청도 의원으로 보선되면서, 다시 의정원에 참여하여 활동하게 되었다. 1926년 국무령을 사임하고 만주로 떠난 이래 13년 만이었다. 의정원에 돌아온 홍진은 의정원 의장에 선출되었다. 10월 15일 회의에서 그동안 의장직을 수행하였던 송병조가 사임하였다. 이에 따라 의장을 다시 선출하게 되었다. 다음날 16일 회의에서 의장에 대한 투표가 실시되었고, 그 결과 홍진이 의장에 당선된 것이다.[4] 이로써 홍진은 1922년에 이어 두 번째로 의정원 의장에 선출되었다.

그러나 두 번째 의정원 의장은 오래가지 못하였다. 홍진은 의장으로 선출된 직후인 10월 23일 임시정부의 국무위원으로도 선출되었다. "의장은 국무위원을 겸직치 못한다"는 「의장과 국무위원불겸직안」이란 규정이 있었다.[5] 이에 따라 홍진은 의정원 의장 사면청원안을 제출하였다. 이는 1939년 11월 5일 의정원 회의에서 결의되었고, 그의 후임으로 김붕준(金朋濬)이 의장에 선임되었다.[6] 10월 15일 의장에 선임되었으니, 11월 5일까지 20일 동안 의정원 의장으로 활동한 셈이다.

2) 임시정부의 국무위원, 내무장

의정원에 이어 정부의 조직도 확대하였다. 정부의 조직을 확대하는 작업은 국무위원의 수를 늘리는 것으로 추진되었다. 10월 23일 의정원 회의에

3 국회도서관, 『大韓民國臨時政府議政院文書』, 1974, 243쪽.

4 국회도서관, 『大韓民國臨時政府議政院文書』, 248쪽.

5 「議長과 國務委員不兼職案」은 1939년 10월 18일 의정원 회의에서 결정되었다(국회도서관, 『大韓民國臨時政府議政院文書』, 248쪽).

6 국회도서관, 『大韓民國臨時政府議政院文書』, 250쪽.

중경의 대한민국임시정부 청사

서 국무위원을 임시약헌에 규정된 최대수 11명으로 확대하기로 하고, 기존의 국무위원이었던 한국국민당의 이동녕·김구·이시영·조성환·송병조·차리석·조완구 등 7명 이외에, 재건한독당에서 홍진과 조소앙, 조선혁명당에서 이청천·유동열을 각각 국무위원으로 선출하였다.[7]

홍진은 의정원 의장에 선출된 데 이어 정부의 국무위원으로도 선출

7 국회도서관, 『大韓民國臨時政府議政院文書』, 249쪽.

되었다. 그리고 정부의 조직을 정비하면서, 내무장도 맡게 되었다. 선출된 국무위원이 참가한 가운데 10월 25일 국무회의를 개최하고, 국무회의를 주재하는 주석(主席)의 임기는 3개월로 정한다는 것과 함께 정부의 부서를 새로이 조정하였다. 행정부서는 내무·외무·군무·참모·법무·재무 등 6부를 설치하기로 하고, 각 부서의 책임자는 국무위원 중에서 호선하여 다음과 같이 결정하였는데 홍진은 내무장에 선임되었다.

> 주　석 : 이동녕
> 내무장 : 홍　진　　외무장 : 조소앙
> 군무장 : 이청천　　참모장 : 유동열
> 법무장 : 이시영　　재무장 : 김　구
> 비서장 : 차리석[8]

재건한독당과 조선혁명당 인사들이 정부 행정부서의 책임자로 선임된 것이다. 주석 이동녕을 비롯하여 법무장 이시영·재무장 김구·비서장 차리석은 한국국민당, 그리고 내무장 홍진과 외무장 조소앙은 재건한독당, 군무장 이청천과 참모장 유동열은 조선혁명당 소속이었다.

이후 홍진은 국무위원으로, 또 행정부서인 내무부의 내무장으로 활동하였다. 당시 임시정부는 일종의 집단지도체제인 국무위원제를 채택하고 있었다. 국무위원들로 구성된 국무회의가 국무를 의결 집행하는 역할을 담당한 것이다. 국무회의에서는 주로 "광복운동의 방략·법률·명령·예산·결산·조약의 체결·선전(宣戰)·강화(講和)·국사파견(國使派遣) 등"을 의결하였고,[9] 행정부서는 국무회의에서 의결된 사항을 집행하였다. 내무장은 기강과 중경에 거주하고 있는 교민들에 대한 관리와 보호를 주요 임무로 하고 있었다.

8 ≪大韓民國臨時政府公報≫ 제65호.
9 「大韓民國臨時約憲」(韓詩俊 편, 『大韓民國臨時政府法令集』, 국가보훈처, 1999, 59쪽).

홍진이 국무위원과 내무장으로 활동하고 있을 때, 임시정부가 전력을 기울여 추진한 사업은 한국광복군의 창설이었다. 광복군의 창설은 기강에 도착한 직후부터 추진되었다. 1939년 11월 군사특파단을 섬서성(陝西省) 서안(西安)에 파견하여 한인청년들을 모집하는 초모활동을 전개하기 시작한 이래, 미주교포들에게는 재정적 지원을, 그리고 중국정부를 상대로 광복군 창설에 따른 협조와 지원을 요청하면서 창군을 준비하였다.[10]

이러한 준비를 거쳐 마침내 광복군을 창설하게 되었다. 1940년 9월 17일 한국광복군총사령부성립전례식을 거행하였다. 성립식은 중경의 가릉빈관(嘉陵賓館)에서 임시정부 요인들을 비롯하여 중국의 중경위수사령관인 유치(劉峙) 장군과 중국국민당의 오철성(吳鐵城), 그리고 중국공산당의 주은래(周恩來)·동필무(董必武) 등 내외 귀빈 2백여 명이 참가한 가운데 개최되었다. 한국광복군창설위원회 위원장 김구가 광복군의 창군을 대내외에 선언하였고, 외무장 조소앙은 광복군이 성립된 경과를 보고하였다.

이어 내무장인 홍진이 단상위로 올라섰다. 임시정부의 대표로 훈사(訓辭)를 하기 위해서였다. 홍진은 3·1운동을 계기로 임시정부를 조직하여 광복대업을 메고 나섰다고 하면서, 광복군이 조국을 광복하는데 선봉이 되어 줄 것을 당부하였다.

> 본 정부가 인민의 중탁을 밧고 광복의 큰 짐을 진지라. 피가 아니면 왜적을 구축할 수 업스며 무력이 아니면 해방을 꾀할 수 없는지라. (중략) 여러 장령들은 이로써 스사로 명심하야 나라에 진충하여 애오라지 공무사하여라. 용맹스럽게 나가거라, 그리하야 왜놈을 뭇지르고 우리의 옛 나라를 광복하여라.[11]

10 韓詩俊, 『韓國光復軍硏究』, 일조각, 1993, 73-83쪽.
11 「洪震先生의 訓辭 -림시정부를 대표」(≪韓民≫ 제23호, 1940년 10월 5일).

한국광복군 총사령부 성립 전례기념사진(1940년 9월 17일).
가운데 군복입은 사람이 이청천, 그 왼쪽이 홍진, 오른쪽은 김구.

홍진은 조국의 광복은 무력에 의하지 않으면 안 된다는 것을 잘 알고 있었다. 북만주에서 한국독립당을 창당하여 활동할 때, 당군(黨軍)으로 한국독립군을 조직하여 항일무장투쟁을 전개한 것도 그 때문이었다. 만주에서 꿈을 접고 중국관내로 이동한 지 7년여 만에, 다시 임시정부의 국군으로 광복군을 창설하게 된 것이다. 광복군을 창설하는 홍진의 감회는 남다를 수밖에 없었고, 광복군이 왜적을 물리치고 조국을 광복해주기를 바랐다.

광복군을 창설하면서 임시정부는 黨(한국독립당)·政(임시정부)·軍(광복군)의 체제를 갖추게 되었다. 3당통합으로 한국독립당을 결성하면서 민족주의 세력이 모두 임시정부로 결집하였고, 이를 기초로 광복군을 창설한 것이다. 그리고 1940년 9월 임시정부도 기강에서 중경으로 옮겨, 중경시대를 맞이하였다. 이로써 임시정부는 피난생활로부터 벗어나 새로운 모습을 갖추었고, 그 위상도 크게 제고되었다.

3) 임시정부의 고문

임시정부는 광복군을 창설한 후, 헌법 개정을 추진하였다. 임시정부의 지도체제를 바꾸고자 한 것이다. 임시정부는 1927년 이래 국무위원제로 운영되고 있었다. 국무위원제는 집단지도체제로, 강력한 지도력을 발휘하기가 어려웠다. 국무위원제에는 행정수반이 없었다. 국무회의에서 선출하는 主席이 있었지만, 이는 국무위원들이 교대하여 맡는 회의 주관자에 불과하였다. 그리고 국무위원회는 의정원에서 결정되는 사항을 집행하는 기구에 지나지 않을 정도로, 의정원에 비해 행정부의 지위가 크게 약화되어 있었다.[12]

헌법 개정은 이러한 국무위원제를 폐지하고, 정부의 조직을 강력한 지도력을 발휘할 수 있는 체제로 만들기 위한 것이었다. 헌법을 개정하는 문제는 의정원 회의에서 이루어졌고, 개정 헌법인 「대한민국임시약헌개정안(大韓民國臨時約憲改正案)」이 1940년 10월 9일 회의에서 통과되었다.[13] 수립 이후 네 번째로 헌법을 개정한 것이었다.

개정된 「임시약헌」의 핵심은 종전의 국무위원제를 주석제로, 즉 집단지도체제를 단일지도체제로 전환한 것이었다. 종래 국무위원회에서 선출하여 국무위원이 교대로 맡았던 주석을 의정원에서 선거하도록 하였고, 주석은 임시정부를 대표하며 국군의 통수권을 행사하는 행정수반으로서의 지위를 갖도록 하였다.[14] 주석은 곧 국가원수와 같은 존재로, 주석이 정부의 행정권을 장악하여 강력한 지도력을 발휘하도록

12 趙東杰, 「大韓民國臨時政府의 조직」, 『韓國民族主義의 발전과 獨立運動史硏究』, 지식산업사, 1993, 334-337쪽.

13 《大韓民國臨時政府公報》 號外, 1940년 10월 9일.

14 韓詩俊 편, 『大韓民國臨時政府法令集』, 국가보훈처, 1999, 65쪽.

한 것이다.

개정된 헌법에 따라 정부의 기구와 조직도 새롭게 재정비하였다. 의정원 회의에서 주석에 김구를 선출하고, 행정부서의 책임자를 다음과 같이 결정하여 김구 주석체제의 임시정부를 탄생시켰다.

> **주　　석** : 김　구
> **내 무 장** : 조완구　　　　**외 무 장** : 조소앙
> **군 무 장** : 조성환　　　　**법 무 장** : 박찬익
> **재 무 장** : 이시영　　　　**비 서 장** : 차리석
> **참모총장** : 유동열
> **고　　문** : 홍　진, 송병조[15]

본래 임시정부에는 고문이란 제도가 없었다. 김구 체제가 성립되면서, 고문제도가 만들어진 것이고, 홍진은 송병조와 함께 고문으로 추대되었다. 송병조는 평북 용천 출신의 목사로, 3·1운동 후 상해로 망명하여 의정원 의장, 국무위원 등을 역임하며 임시정부를 이끌어 온 대표적인 지도자 중 한 사람이었다. 특히 1935년 민족혁명당 결성 당시 임시정부가 무정부상태에 직면하였을 때, 차리석과 함께 이를 사수하여 임시정부를 유지하는 데 결정적 공헌을 하기도 하였다.[16]

홍진과 송병조가 독립운동상에서 수행한 역할이나 위상으로 보면, 고문제도는 이들을 대우하기 위한 것으로도 생각된다. 그러나 여기에는 정치적인 역학관계가 작용하였다고 보아야 할 것이다. 임시정부가 김구 주석체제로 출범하는 과정에서 이들의 역할이 크게 필요하지 않게 된 것이라 할 수 있다. 홍진은 임시정부의 고문 이외에 한독당의

15 金正明, 『朝鮮獨立運動』 2, 原書房, 1967, 698쪽.

16 1935년 7월 5개 정당 및 단체가 통일을 이루어 민족혁명당을 결성할 때, 임시정부 국무위원 7명 중 5명이 이에 참가함으로서 임시정부가 무정부상태나 다름없게 되었다. 이때 민족혁명당에 참가하지 않고 국무위원으로서 끝까지 임시정부를 유지한 것은 송병조와 차리석이었다.

중앙집행위원과 의정원 의원으로 활동하였다. 그렇지만 그의 역할은 한정되어 있었다.

2. 통일의회의 의정원 의장

1) 좌익진영의 참여로 통일의회가 된 의정원

홍진이 전면에서 한 발짝 물러나 있는 동안, 중경의 정국에는 커다란 변화가 있었다. 조선민족혁명당을 비롯한 좌익진영 독립운동 세력들이 임시정부에 참여한 것이다. 그 동안 민혁당 등 좌익진영은 임시정부에 대해서는 불관주의(不關主義) 노선을 고수해 왔다. "임시정부가 인민이 없는 해외에서 정권(政權)을 실시할 수 없다"는 것과 "각국이 아직 임시정부를 승인하거나 원조하지 않고 있다"는 것 등이 주된 이유였다.[17] 이러한 이유로 임시정부와 관련 없이 독자적인 세력을 형성하며 활동하고 있었던 좌익진영이 중경에서 임시정부에 참여해 왔다.

좌익진영이 임시정부에 참여하게 된 데에는 몇 가지 이유가 있었다. 우선 국제정세의 변화가 민족의 독립운동 역량을 한 곳으로 결집하도록 만들었다. 중일전쟁이 계속되고 있는 상황에서 1939년 유럽에서 제2차 세계대전이, 그리고 1941년 12월 8일 태평양전쟁이 발발하였다. 특히 일제의 기습공격으로 발발한 미일간의 태평양전쟁은 대일항전을 전개할 수 있는 절호의 기회로 여겨졌고, 이를 위해 민족의 독립운동 역량을 한 곳으로 집중시킬 필요성이 절박해진 것이다.

중경에 정착한 후 임시정부가 민족주의 세력을 결집하여 조직을 확

17 <朝鮮民族革命黨第六屆全黨代表大會宣言>(秋憲樹, 『資料 韓國獨立運動』 2, 연세대출판부, 1973, 211쪽).

대 강화한 반면, 좌익진영은 그 세력이 분열되었던 것도 적지 않은 요인으로 작용하였다. 앞에서 언급했듯이 민족진영 세력들은 임시정부를 중심으로 세력을 결집하여 정부의 조직과 체제를 확대 강화하고 있었지만, 좌익진영은 그 세력이 분열되었다. 좌익진영의 무장조직인 조선의용대 대원 대부분이 1941년 3월에서 5월 사이에 황하를 건너 중국공산당 지역인 화북으로 이동한 것이다.[18] 이로써 좌익진영의 세력은 크게 약화되어 있었다. 이런 상태에서 민족의 독립운동 역량을 한 곳으로 집중시킨다고 하면, 그것은 임시정부가 될 수밖에 없는 상황이었다.

중국정부가 임시정부 승인문제를 거론하고, 지원창구도 임시정부로 단일화 한 것도 주요한 요인이 되었다. 1941년에 들어서면서 중국인사들 사이에 임시정부 승인문제가 거론되기 시작하였고, 중국 외교부장 곽태기(郭泰祺)는 김구와 김원봉을 만나 단결과 합작을 종용하면서 임시정부의 승인문제를 피력하기도 하였다.[19] 이와 더불어 중국측에서는 1930년대 이래 김구와 김원봉을 중심으로 한국독립운동을 지원하던 창구를 임시정부 쪽으로 단일화시키고자 하였다.[20]

이러한 여러 요인들이 좌익진영으로 하여금 임시정부에 참여하도록 작용하였다. 좌익진영에서 임시정부 참여를 표명하기 시작한 것은 1941년 중반부터였다. 좌익진영을 대표하는 조선민족혁명당은 1941년 5월 당중앙회의에서 내부적으로 임시정부 참여를 결정하고, 한국독립당측에 '임정을 확충하여 각 당파가 모두 참여할 수 있도록 하고 민혁당과

18 金榮範, 「朝鮮義勇隊硏究」, 『한국독립운동사연구』 2, 1988, 502-503쪽.

19 秋憲樹, 『資料 韓國獨立運動』 2, 1973, 231쪽 ; 韓詩俊, 「1940년대 전반기 독립운동의 특성」, 『한국독립운동사연구』 8, 1994, 450쪽.

20 중국측이 한국독립운동을 적극 지원하기 시작한 것은 1932년 4월 尹奉吉의사의 홍구공원의거 이후였다. 중국측의 지원은 대체로 두 개의 창구를 통해 이루어지고 있었다. 중국국민당에서는 김구를 매개로 하여 한국독립당과 임시정부를, 삼민주의역행사와 중국군사위원회에서는 김원봉을 매개로 조선민족혁명당을 지원하였다.

한독당이 병합하여 임정을 운영하자'는 뜻을 밝혔다.[21] 민혁당과 한독당이 대등한 자격으로 통일을 이루어 임시정부를 운영하자는 것이었다.

그러나 당시 임시정부를 운영하고 있던 한독당에서 이를 받아들이지 않았다. 표면적인 이유는 '화북지역으로 넘어간 민혁당 당원들의 입당을 허락할 수 없다'는 것이었다.[22] 당시 화북지역은 중국공산당의 관할구역이었고, 이곳으로 이동한 조선의용대 대원들 대부분은 공산주의와 가까웠다. 공산주의 세력을 임시정부에 받아들일 수 없다는 것이었지만, 내부적으로는 정치적인 역학관계도 있었다.

좌익진영의 임시정부 참여문제가 진전을 보지 못하고 있을 때, 조선민족해방동맹이 임시정부 참여를 선도하고 나섰다. 김성숙·박건웅 등이 주도하고 있던 해방동맹은 1941년 12월 1일 "반일 혁명역량을 임시정부로 집중시켜 전민족 총단결을 이루자"는 내용의 「옹호한국임시정부선언」을 발표,[23] 임시정부 참여를 공식적으로 천명한 것이다. 이를 계기로 좌익진영의 임시정부 참여가 급진전 되었다.

해방동맹에 이어 조선민족혁명당도 임시정부 참여를 공식적으로 결정하였다. 태평양전쟁 발발 직후인 1941년 12월 10일 개최된 제6차 전당대표대회에서 그동안 임시정부에 대해 고수해왔던 불관주의 노선을 포기하고, 임시정부 참여를 결정한 것이다. 여러 민주국이 파시즘 집단과 대혈전(大血戰)을 전개하고 있는 국제정세와 임시정부에 대한 국제적 승인의 가능성, 중국정부의 임시정부에 대한 적극적 지원 등이 임시정부 참여를 결정한 이유였다.[24] 변화하는 국제정세에 따라 민족의 독립운동 역량을 임시정부로 결집하자는 것이 그 명분이었다. 그리

21 秋憲樹, 『資料 韓國獨立運動』 2, 75쪽.
22 위와 같음.
23 朝鮮民族解放同盟中央書記局, 〈擁護韓國臨時政府宣言〉 (素昂文類 610).
24 <朝鮮民族革命黨第六屆全黨代表大會宣言>(秋憲樹, 『資料 韓國獨立運動』 2, 211쪽).

고 1942년 3·1절을 맞아 발표한 「경고중국동포서(敬告中國同胞書)」를 통해 "임시정부는 각 혁명집단을 받아들여 임시정부를 조선혁명의 최고기구로 할 것"과 임시정부에서 좌익진영의 참여에 대한 조처를 강구해 주도록 촉구하였다.[25]

그러나 좌익진영의 임시정부 참여는 곧바로 이루어지지 못하였다. 참여하는 절차와 방법에 있어 양측이 의견을 달리하고 있었기 때문이다. 조선민족혁명당은 민혁당과 한독당을 통일하여 이를 기초로 임시정부를 운영하자는 주장이었지만, 임시정부측에서는 먼저 좌익진영의 무장세력인 조선의용대를 한국광복군으로 합편하자고 하였다. 좌익진영에서는 '先정치통일, 後군사통일'을, 임시정부측은 '先군사통일, 後정치통일'을 주장한 것이다. 통일의 절차와 방법에 대한 차이로 좌익진영의 임시정부 참여는 난항을 겪었지만, 결국 1942년 7월 조선의용대가 개편선언을 발표하고 광복군으로 합편하였다.[26] 임시정부측의 의도대로 군사통일이 먼저 이루어진 것이다.

군사통일에 이어 정치통일도 이루어졌다. 정치통일은 의정원을 중심으로 추진되었다. 방법은 좌익진영 각 단체들이 그 조직과 세력을 그대로 유지한 채, 의정원에 참여하는 것이었다. 임시정부에서는 이를 위해 1942년 8월 4일 의정원의원 선거규정을 개정,[27] 좌익진영의 인사들도 의정원 의원에 선출될 수 있는 여건을 마련하였다.

개정된 선거규정에 의해, 1942년 10월 20~23일에 걸쳐 의정원 의원 선거가 이루어졌다. 이를 통해 기존의 재적의원 23명 이외에 새로 23

25 <朝鮮義勇隊爲紀念三一革命二十三週年 敬告中國同胞書>(秋憲樹, 『資料 韓國獨立運動』 3, 110-112쪽) ; (尹)澄宇, <紀念三一與我們的任務>, ≪朝鮮義勇隊≫ 제41期(독립기념관 한국독립운동사연구소, 『韓國獨立運動史資料叢書』 제2집, 346쪽).

26 韓詩俊, 『韓國光復軍硏究』, 165-166쪽.

27 韓詩俊 편, 『大韓民國臨時政府法令集』, 389-391쪽.

명이 의원으로 선출되었다. 이 중 손두환과 김철남은 의정원에 당선증을 제출하지 않았고, 나머지 21명이 의원으로 등록하였다. 이들 21명 의원을 당적별로 정리하면 다음과 같다.

한국독립당
심광식, 김현구, 김관오, 강홍주, 민필호, 조성환, 이연호

조선민족혁명당
이해명, 최석순, 김상덕, 김원봉, 송욱동, 이인홍, 왕 통
신영삼, 한지성, 이정호

조선민족해방동맹
박건웅, 김재호

조선혁명자연맹
유자명, 유 림[28]

민족진영인 한국독립당 소속은 7명이다. 그리고 조선민족혁명당 10명, 조선민족해방동맹과 조선혁명자연맹이 각각 2명씩이었다. 21명 중 14명이 좌익진영의 인사들인 셈이다. 좌익진영을 의정원에 참여시키기 위해 실시한 것이나 다름없는 선거였다고 할 수 있다. 이로써 좌익진영의 무장세력과 정치세력이 모두 임시정부에 참여하게 되었다.

2) 세 번째 임시의정원 의장

좌익진영 인사들이 의정원 의원에 선출되면서, 의정원은 새로운 모습으로 바뀌었다. 좌우 양 진영 인사들이 참여하는 '통일의회'를 구성하였다는 점이 가장 큰 변화였다고 할 수 있다. 또한 의정원 의원 수가 대폭 확대된 것도 커다란 변화였다. 새로 21명이 선출되면서 기존

28 국회도서관, 『大韓民國臨時政府議政院文書』, 275쪽.

재적의원 23명을 포함하여 의원 수가 44명에 이르렀다. 1919년 의정원이 개원된 이래 가장 많은 인원이었다.

새로운 모습으로 변화된 후, 1942년 10월 25일 의정원 회의가 개최되었다. 제34차 정기의회였다. "오늘 이 모임은 1919년 우리 임시정부 성립 이래 최초로 성왕(盛旺)을 이루게 된 것"이라는 부의장 최동오의 인사말이나, "과거 무수한 방법의 대립, 과거 무수한 단체의 대립, 과거 각 당파의 대립이 의정원으로 완전 통일되었다"는 한국독립당측 조소앙의 답사가 34차 의회의 의미를 잘 표현해 준다고 하겠다.[29] 제34차 의회는 의정원 개회 이래 가장 많은 의원이 참여한, 그리고 좌우 인사들로 구성된 '통일의회'라는 특별한 의미를 갖는 의회였다.

홍진은 새로이 출범하는 통일의회에서 의장으로 선출되었다. 회의 개최와 더불어 의장에 대한 선거가 이루어졌다. 의장을 맡고 있던 송병조가 1942년 2월 세상을 떠났고, 그 후임 의장을 선출하기 위한 것이었다. 회의 둘째날인 10월 26일 새로이 선출된 21명 신도의원(新到議員)에 대한 자격심사에 이어, 의장 선출에 들어갔다. 44명 의원 중 37명이 참석한 가운데 의장에 대한 투표가 이루어졌다. 그 결과 당시 부의장이던 최동오가 4표, 홍진은 33표를 얻었다.[30] 홍진이 절대다수의 지지를 얻어 의장에 당선된 것이다.

이로써 홍진은 세 번째로 의정원 의장에 선출되었다. 제8회 회기 때인 1921년 5월 6일 의장에 선출되어 1922년 4월까지 1년여 동안 활동한 적이 있었다. 그리고 1939년 10월 16일에 선출되어 다음달인 11월 5일까지 20여 일 동안 의장으로 활동한 이래, 1942년 10월 26일 통일의회에서 다시 의장으로 선출된 것이다. 이 중에서도 세 번째, 즉 통일의회에서 투표의원 37명 중 33표라는 절대다수의 지지를 얻었다는

29 독립운동사편찬위원회, 『독립운동사』 4, 1975, 964-965쪽.

30 국회도서관, 『大韓民國臨時政府議政院文書』, 277쪽.

점을 주목할 필요가 있다. 좌우양 진영에서 모두 받아들일 수 있는 인물, 그리고 좌우세력을 아우를 수 있는 인물이 바로 홍진이었던 것이다. 홍진 의장에 대해 민혁당측에서 보인 반응이 그것을 말해준다.

> 洪震선생은 우리 혁명운동선상에 年高德卲하신 元老일 뿐만 아니라, 그는 일생을 통하여 民族統一事業에 忠實히 노력하여 왔고 또 특히 青年들을 愛護指導하여 시대와 발맞추어 進步한 방향으로 혁명운동을 추진하려고 견결히 奮鬪하는 老戰士이었다. 이와같은 洪선생으로 의장의 직무를 담임하게 한 것은 우리 의회의 幸이요 榮光이다. 뿐만 아니라 각 黨派의 幸이요 영광인 동시에 전민족의 행이요 영광이다.[31]

홍진은 민족진영에서 내세울 수 있는 인물이었을 뿐만 아니라, 좌익진영에서도 흔쾌히 받아들일 수 있는 인물이었음을 알 수 있다. 좌익진영은 홍진을 일생을 통해 독립운동 최전선에서 활동한 원로로서, 그리고 청년들을 지도하여 독립운동을 전개해 나가기에 가장 적합한 지도자로 평가하고 있었던 것이다.

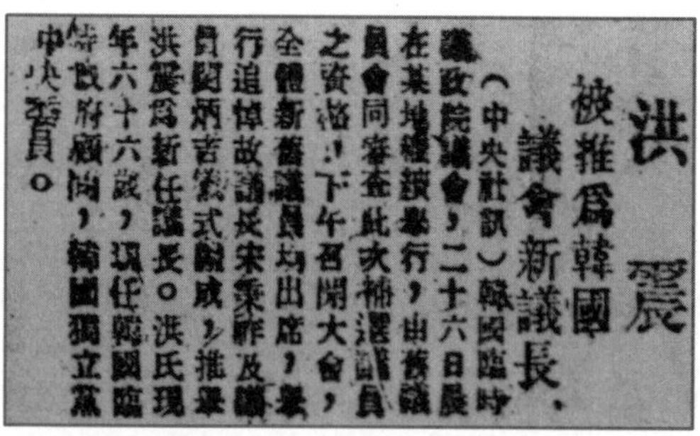

洪震 被推爲韓國議會新議長

（中央社訊）韓國臨時議政院議會，二十六日晨在某地繼續舉行，由舊議員會同審査此次補選議員之資格，下午召開大會，舉全體新舊議員均出席，舉行追悼故議長宋秉祚及議員閔炳吉儀式，旣成，推舉洪震爲新任議長。洪氏現年六十六歲，現任韓國臨時政府顧問，韓國獨立黨中央委員。

홍진의 임시의정원 의장 당선을 보도한 중국 신문 ≪신화일보≫ (1942년 10월 27일자).

31 ≪우리通訊≫ 제2호(국사편찬위원회, 『中國內韓國近現代關係資料』, 1988, 11-12쪽).

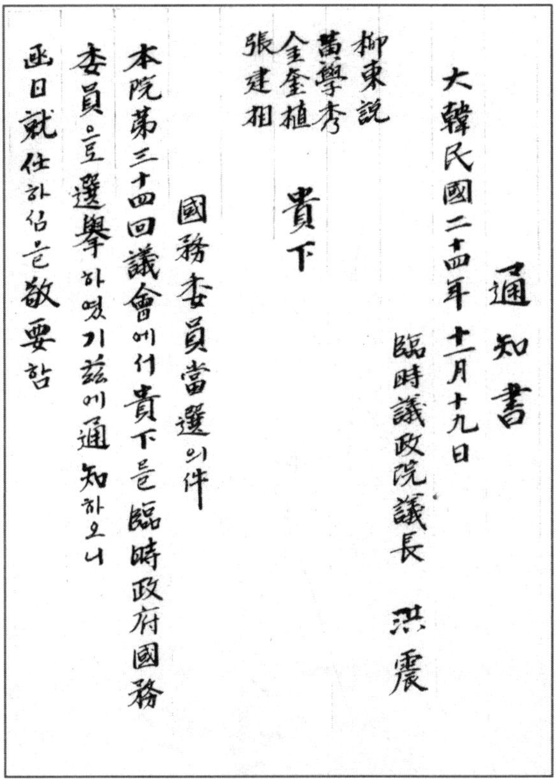
通知書

大韓民國二十四年十一月十九日

臨時議政院議長 洪震

柳東說
黃學秀
金奎植 貴下
張建相

國務委員當選의件

本院第三十四回議會에서 貴下를 臨時政府國務委員으로 選擧하였기 玆에 通知하오니 卽日就任하심을 敬要함

의장 명의로 발송된 국무위원 당선 통지서

이후 홍진은 해방을 맞아 환국할 때까지 의정원 의장으로 활동하였다. 그리고 국내에 들어와서도 의정원을 계승한 비상국민회의에서 의장으로 선출되어, 1946년 9월 작고할 때까지 의장직을 수행하였다. 세 번에 걸쳐 의정원 의장을, 그리고 의정원의 마지막 의장을 역임한 셈이다.

3) 임시의정원의 체제를 정비

홍진은 좌우 양진영의 인사들로 구성된 통일의회에서 의장으로 활동하였다. 통일의회는 이전의 의정원과는 완전히 달랐다. 1919년 개원 이래 각 지역의 대표들로 구성되었던 의정원은 정당이 결성되면서 정당 중심으로 운영되었다. 1930년대 전반기에는 상해에서 임시정부 인사들이 결성한 한국독립당이, 1930년대 중반이후에는 김구가 주도한 한국국민당이, 그리고 1940년 5월부터는 민족주의 계열 3당이 통합한 한국독립당이 의정원을 구성하고 운영하고 있었다.

통일의회는 다당체제였다. 그동안 일당체제로 운영되어 오던 의정원이 통일의회를 구성하면서, 다당체제로 바뀐 것이다. 기존의 의정원은 한국독립당 일당에 의해 구성되었지만, 조선민족혁명당·조선민족해방동맹·조선혁명자연맹이 각각 참여하여 의정원을 구성한 것이다. 4개 정당으로 구성되었고, 의원수는 모두 46명이었다. 이들을 당적별로 구분하면 다음과 같다.

한국독립당 (26명)
이시영, 조소앙, 김 구, 조완구, 엄항섭, 조시원, 홍 진, 이상만, 안 훈, 신 환, 차리석, 최동오, 이광제, 이복원, 방순희, 공진원, 이청천, 양 묵, 박찬익, 김학규, 유동열, 민필호, 조성환, 심광식, 김관오, 김현구

조선민족혁명당 (16명)
문일민, 최석순, 신영삼, 강홍주, 왕 통, 손두환, 김철남, 이연호, 이해명, 김상덕, 김원봉, 이정호, 송욱동, 이인홍, 한지성, 이홍관

조선민족해방동맹 (2명)
김재호, 박건웅

조선혁명자연맹 (2명)
유자명, 유 림[32]

한독당은 임시정부를 유지 옹호해 온 정당이었고, 임시정부와는 표리일체의 관계를 이루고 있었다. 임시정부를 둘러싸고 이를 유지 옹호하는 여당과 야당이 생겨난 것이다. 한독당이 여당이었고, 조선민족혁명당을 비롯한 조선민족해방동맹과 조선혁명자연맹이 야당으로 역할하게 되었다. 의원의 비율은 여당이 26명으로 57%, 야당이 20명으로 43%를 차지하고 있다. 정치적 이념과 목표를 달리하는 4개 정당이 참여하여 의정원을 구성하고, 이들이 여당과 야당으로 역할한 것은 한국의 의회정치사에서 처음 있는 일이었다.

홍진은 선출된 다음 날부터 의장으로 활동하였다. 10월 27일 회의에서 첫 사회를 맡게 되었다. 그는 "나와같은 무용(無用)한 사람을 선거하여 주시니 대단히 감사히 생각하고 또는 영광이라고 생각합니다. 다 같이 합심동력(合心同力)하여 나가기 바란다"는 말로 취임사를 대신하였다.[33] 홍진이 의정원 의장으로 활동을 시작하면서 강조한 것은 '합심동력'이었다.

32 제34차 의정원 회의가 개최될 당시 의원은 44명이었으나, 손두환과 김철남이 각각 당선증을 제출하여 모두 46명이 되었다. 이들의 명단 및 당적별 분포는 국회도서관, 『大韓民國臨時政府議政院文書』,(270 ; 275쪽)와 秋憲樹의 『資料 韓國獨立運動』 1(314-319쪽), ≪우리通訊≫ 제1호(국사편찬위원회, 『中國內韓國近現代關係資料』, 1998, 5-6쪽) 등을 참조하였다. 또 이들을 선거구별로 분류하면 다음과 같다.

경기도(5명) : 조소앙, 조완구, 이시영, 조시원, 엄항섭
충청도(6명) : 홍 진, 이상만, 안 훈, 신 환, 심광식, 유자명
평안도(6명) : 유동열, 차리석, 최동오, 이광제, 최석순, 신영삼
함경도(6명) : 이복원, 방순희, 공진원, 이홍관, 강홍주, 왕 통
경상도(6명) : 김원봉, 이연호, 김상덕, 이정호, 유 림, 한지성
전라도(3명) : 송욱동, 이인홍, 김재호
황해도(3명) : 손두환, 김철남, 김현구
강원도(2명) : 김관오, 이해명
중 령(6명) : 이청천, 양 묵, 박찬익, 김학규, 문일민, 박건웅
미 령(3명) : 김 구, 민필호, 조성환

33 국회도서관, 『大韓民國臨時政府議政院文書』, 277쪽.

홍진은 우선 의정원의 조직을 갖추어 나갔다. 부의장에는 최동오가 그대로 유임되었다. 최동오는 부의장에 대한 사임을 청원하였으나, 조소앙 등이 만류하여 그대로 부의장직을 수행하였다. 의정원의 사무를 담당하는 부서는 비서국(秘書局)이었고, 비서장 1인을 비롯하여 비서 2인과 서기 3인을 두도록 되어 있었다.[34] 홍진은 비서장에 이준식(李俊植)을, 그리고 비서에 윤징우(尹澄宇)·최석용(崔錫湧)을 임명하였다.[35]

각 분과위원회도 구성하였다. 의정원법에는 모두 8개의 분과위원회를 설치하고, 각 분과위원회에 5명의 의원을 배정하도록 규정되어 있었다. 이에 대해 조소앙 의원이 8과를 4과로 합과하고 매과에 5인으로 하자는 안을 발의하여 결정되었다.[36]홍진은 차리석·조소앙·엄항섭 세 의원을 분과위원회 전형위원으로 임명하여 각과 위원을 추천하여 보고하도록 하였고, 이에 대한 투표를 행하여 분과위원회를 다음과 같이 결정하였다.

> 의　장 : 홍　진
> 부의장 : 최동오
> 비서장 : 이준식
> 제1과(법제, 청원, 징계) 위원장 : 차리석
> 　　최동오, 차리석, 김상덕, 유자명, 박찬익
> 제2과(내무, 외무, 교통, 실업) 위원장 : 조완구
> 　　조완구, 조소앙, 이연호, 신영삼, 이광제
> 제3과(재정, 예결산) 위원장 : 최석순
> 　　이시영, 최석순, 문일민, 엄항섭, 안　훈

34 「改正臨時議政院法」(韓詩俊 편, 『大韓民國臨時政府法令集』, 377쪽).

35 ≪우리通訊≫ 제6호(국사편찬위원회, 『中國內韓國近現代關係資料』, 26쪽) ; 「臨政 議政院 各黨派名單」(秋憲樹, 『資料 韓國獨立運動』 1, 314쪽). 이후 安炳武도 비서에 임명되었다고 한다(安炳武, 『七佛寺의 따오기』, 범우사, 133쪽).

36 국회도서관, 『大韓民國臨時政府議政院文書』, 278-279쪽.

> 제4과(군무) 위원장 : 유동열
> 이청천, 김약산, 유동열, 조성환, 이복원[37]

이로써 통일의회에서 홍진 의장체제가 갖추어졌다. 사무를 담당하는 비서국과 분과위원회가 구성되면서, 제34차 의정원 회의가 본격적으로 가동되었다. 회의는 비서장 이준식의 의정원에 대한 행정보고와 내무부·외무부 등 정부 각 부서의 정무보고, 그리고 의원들이 대정부 질의를 하는 순서로 진행되었다.

4) 통일의회의 운영

홍진은 이미 두 차례 의장으로 활동한 경험이 있었다. 그렇지만 통일의회는 예전 의회와는 완전히 달랐다. 일당으로 운영되던 의정원이 다당체제로 운영되는 것도 그랬고, 여당과 야당이 생겨난 것도 그랬다. 의정원에 처음으로 참여한 좌익진영의 의원들이 임시정부의 결정사항이나 정책에 대해 집중적으로 추궁하였고, 회의가 정부와 야당, 여당과 야당이라는 구도를 형성하며 진행된 것이다.

의정원 회의도 활발하게 진행되었다. 여당과 야당 의원들이 한 목소리를 낸 경우도 없지 않았지만, 대정부 질의가 시작되면서 야당측 의원들이 정부의 결정과 정책을 강하게 질타하거나 비판하기도 한 것이다. 이로 인해 회의는 정부와 야당 의원들 사이에, 그리고 여당 의원과 야당 의원들 사이에 격렬한 논란이 벌어지며 진행되었다.

홍진은 의장으로 회의를 주재하였지만, 때로는 의원자격으로 자신의 주장을 피력하기도 하였다.「광복군행동9개준승」취소문제를 둘러싸고 논란이 벌어질 때 나서서 발언하고 있는 것이 그러한 예다. 이연호를

37 국회도서관,『大韓民國臨時政府議政院文書』, 281·283쪽. 당시 의원수는 46명인데, 분과위원회는 4개과로 구성하고, 각 과에 5명의 의원이 배정되었다.

비롯한 여야 의원 17명이 「9개준승」의 취소를 요구하는 제의안을 제출하면서,[38] 9개준승을 둘러싼 논란이 일어났다. 9개준승은 1941년 11월 중국군사위원회가 광복군의 활동을 통제하는 9개 조항을 보내온 것을 말하며, 이로 인해 광복군은 사실상 중국군사위원회에 예속된 것이나 다름없게 되었다.[39] 이를 취소해야 한다는 당위성이나 필요성에 대해서는 정부와 여야가 모두 공감하고 있었지만, 어떠한 절차와 방법으로 취소를 해야 하느냐를 두고 논란이 벌어지고 있었다.

홍진은 9개준승 취소문제를 둘러싼 논란을 지켜보다가 토론에 참여하였다. 의장도 토론에 참여할 수 있었다. '의장이 토론에 참여하고자 할 경우에는 부의장에게 대리토록 한다'는 것과 '토론에 참여한 후에는 해당 안건이 결정되기 전에는 의장석으로 돌아가지 못한다'는 것이 의정원법에 규정되어 있었다.[40] 홍진은 사회를 부의장에게 맡기고 의장석에서 내려왔다. 토론의 방향을 바로 잡고, 해결방안을 찾아야 한다는 생각 때문이었다.

홍진도 9개준승은 반드시 취소되어야 한다는 생각이었고, 그 해결방안을 제시하고자 의장석에서 내려와 토론에 참여한 것이다. 홍진은 중국정부가 임시정부를 공식적으로 승인하지 않고 있기 때문에 정부 대 정부의 교섭은 이루어질 수 없다는 것을 지적하면서, 다른 외교방법을 찾아야 한다고 하였다.[41] 홍진의 발언을 계기로 해결의 방향을 찾았다. '합법적 제안을 하려면 특종위원회(特種委員會)를 조직하여 토론 수정케 하자'는 것으로 결론이 났고, 김상덕·손두환·안훈·유자명·공진원 등 5명을 위원으로 선임하여 9개준승 취소를 추진할 기구를 발족한

38 「提議案(光復軍에 關한 件)」(국회도서관, 『大韓民國臨時政府議政院文書』, 585-586쪽).

39 韓詩俊, 『韓國光復軍硏究』, 일조각, 1993, 109-110쪽.

40 「臨時議政院法」제5장 제66조(韓詩俊 편, 『大韓民國臨時政府法令集』, 374쪽).

41 국회도서관, 『大韓民國臨時政府議政院文書』, 303-308쪽.

것이다.[42] 이러한 의정원의 후원을 기초로 임시정부는 중국측에 취소를 위한 교섭에 착수하였다. 이후 중국군사 당국자와 여러 차례에 걸쳐 협상을 전개, 마침내 1944년 8월 중국측이 9개준승을 취소하는 성과를 거두었다.[43]

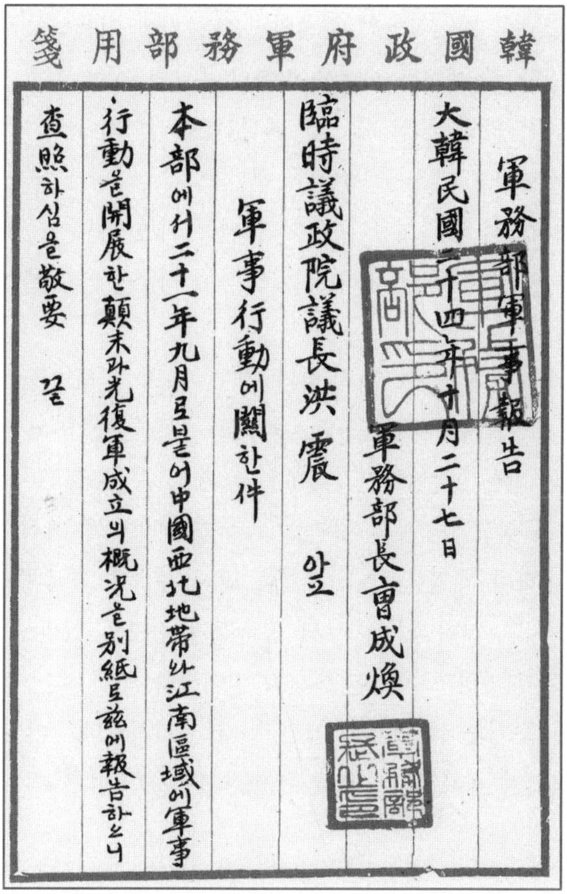
韓國政府軍務部用箋

軍務部軍事報告

大韓民國二十四年十月二十七日

軍務部長曾成煥

臨時議政院議長洪震 앞

軍事行動에關한件

本部에서二十一年九月로붙어中國西北地帶와江南區域에軍事行動을開展한顚末과光復軍成立의槪況을別紙로玆에報告하오니査照하심을敬要 끝

임시의정원 홍진의장에게 제출한 군무부 군사보고

42 국회도서관, 『大韓民國臨時政府議政院文書』, 306-307쪽.

43 「軍務部工作報告」(국회도서관, 『大韓民國臨時政府議政院文書』, 823·850쪽) ; 「光復軍의 臨政歸屬에 關한 指示」(秋憲樹, 『資料 韓國獨立運動』 3, 258쪽).

9개준승 문제와 같이 여야의 의견이 일치한 경우도 있었지만, 의정원 회의는 여야가 첨예하게 대립하면서 진행되었다. 특히 건국강령 및 임시약헌의 수개문제를 둘러싸고 여야는 격렬하게 대립하였다. 건국강령과 임시약헌은 통일의회가 성립되기 전에 임시정부가 결정하여 발표한 것이었다. 건국강령은 1941년 11월 광복 후 민족국가건설에 대한 계획으로 발표한 것이었고,[44] 임시약헌은 중경에 정착하여 당·정·군의 체제를 확립한 후 개정한 헌법을 말한다.

조선민족혁명당을 중심으로 한 야당은 통일의회에 참여하면서, 세 가지를 주장한다는 계획을 세웠다. 하나는 건국강령을 부분적으로 수개한 후 의회에서 통과시킨다는 것, 둘째는 이번 의회에서 임시약헌을 수개하자는 것, 셋째는 야당 인사들도 정부 기구에 참여시키자는 것이 그것이었다.[45]

야당측 의원들은 정부 각 부서의 정무보고가 진행되는 과정에서부터 이러한 문제들을 제기하였다. 손두환·신영삼 등의 의원이 나서서 의회의 통과 없이 정부가 건국강령을 반포할 수 있느냐고 추궁하면서, '의회의 권리 침해', '정부의 월권(越權)'이라는 비난과 함께 '각 당파의 의견을 종합하여 개정한 후 의정원의 법적 수속을 경과해야 할 것'이라는 주장을 편 것이다.[46] 이로써 건국강령 반포의 합법·비합법 문제를 둘러싸고 격렬하고 지루한 논란이 벌어졌다.

임시약헌 수개문제는 여당측에서 먼저 제의하였다. "야당측에서 제안할 게 필연적 정세였기에"라는 조경한의 회고처럼,[47] 여당이 선수를

44 韓詩俊, 「大韓民國臨時政府의 光復후 民族國家建設論」, 『한국독립운동사연구』 3, 1989, 527쪽.

45 ≪우리通訊≫ 제6호, 1942년 11월 2일자 「우리의 主張」(국사편찬위원회, 『中國內韓國近現代關係資料』, 23-24쪽).

46 국회도서관, 『大韓民國臨時政府議政院文書』, 292-293쪽.

47 趙擎韓, 『白岡回顧錄』, 330쪽.

쳐 먼저 제출한 것이다. 그러나 언제 수개할 것이냐를 두고 격론이 일어났다. 여당측에서는 다음 회기에 수개안을 제출하자는 것이었고, 야당측은 이번 회기 내에 수개하자고 주장한 것이다.[48]

통일의회는 이러한 문제들로 인해 격렬한 토론장이 되었다. 그리고 논란을 거듭하면서, 서로 오해하거나 비난하는 경우도 많았다. 그 실상을 소상하게 밝힐 수는 없지만, 야당측에서 요언비어(謠言蜚語)를 언급하고 있는데서 그 일단을 짐작할 수 있다. 조선민족혁명당에서 발행하는 ≪우리통신≫에 "의회 진행 중에서 각종 무계(無稽)한 요언비어(謠言蜚語)가 공공연하게 유행되고 있으며 (중략) 이는 피차 무의식 중 오해와 착각으로 인하여 산생(産生)되는 것도 사실이다"라고 하면서, 그러한 예로 "임시약헌을 수개하자는 목적이 현 내각을 타도하자는 데 있다"라는 내용이 보인다.[49] 좌우익 세력들이 의정원에 참여하여 통일의회를 구성하였지만, 여야로 나뉘어 치열하게 대립하고 있었던 것이다.

홍진은 통일의회를 주재하면서, 좌우익 세력이 단결하지 못하고 여야로 나뉘어 대립하는 상황을 안타깝게 여겼다. 홍진은 여야가 서로 '합심동력(合心同力)'해 주기를 바랐고, 의장으로서 이를 여러 차례 종용하였다. 이러한 홍진의 심정과 노력은 「홍의장의 절규(絶叫)」라는 제하의 다음과 같은 글이 잘 대변해 준다.

> 작일 중한문화협회 초대 의정원 전체 의원 茶會에서 孫科·馮玉祥·吳鐵城·周恩來·徐恩曾 諸氏가 "한국민족 ! 너이는 亡國한 민족이다. 단결해라. 단결해라. 단결해라. 단결하지 못하면 독립할 수 없다"고 하였다. 뼈에 사무치고 마음에 찔리는 이 말은 들은 우리 의원 제씨

48 양영석, 「대한민국임시의정원연구(1925-1945)」, 『한국독립운동사연구』 2, 1988, 362쪽.

49 ≪우리通訊≫ 제7호, 1942년 11월 4일자 「謠言을 闢함」(국사편찬위원회, 『中國內韓國近現代關係資料』, 35-36쪽).

> 는 누구하나 스사로 반성하고 결심하지 않은 자 없었다. 洪의장은 개회 벽두에 넘치는 悲憤에 이기지 못하야 감개한 어조로 우리 민족의 단결을 절규하였다. 70이 가까운 의장의 가삼 속에서 소사나는 우렁찬 말은 會場을 숙연 장엄하게 하였다.[50]

이는 1942년 11월 11일 제15일째 회의를 시작하면서, 홍진 의장이 의원들에게 당부한 말을 요약한 것이다. 전날인 11월 10일 한중문화협회가 의정원 의원들을 초청하여 다회(茶會)를 열었고, 이 자리에서 중국인들로부터 '단결하라'는 말을 듣게 되었다. 홍진은 이미 1920년대부터 유일당운동을 일으키며, 민족의 단결을 주장하고 이를 실현시키고자 노력한 인물이었다. 중국측에 단결하지 못한 모습으로 비쳐지는 것이, 그리고 내부적으로 단결하지 못하고 있다는 현실이 너무 안타까웠다. 이에 홍진은 회의 시작에 앞서 여야의 단결을 다시 한번 간곡히 요청한 것이다.

홍진은 회의를 진행하는데 있어서도 당파에 치우치지 않았다. 민주주의에 원리에 기초하여 자신의 소신대로 진행하였다. 투표방식을 둘러싸고 여야가 대립하였을 때, 그가 결정한 태도에서 그러한 면모를 엿볼 수 있다. 1943년 10월 9일 제35회 의회가 개최되면서 야당측이 국무위원을 선출하는 투표방식에 대해 무기명 투표를 제안하였다. 2년의 임기가 만료된 국무위원을 새로 선출하는 데, 그 방법으로 무기명 투표를 제안한 것이다.

무기명이냐 유기명이냐 하는 투표방식은 선거결과에 중대한 영향을 미칠 수 있는 요소였고, 이를 둘러싸고 여야가 날카롭게 대립하였다. 결국 투표방식을 두고 표결에 들어갔다. 그렇지만 어느 쪽도 과반수를 넘지 못하였다. 여야 의원들은 의정원법을 근거로 의장이 직권을 행사

50 ≪우리通訊≫ 제12호, 1942년 11월 13일(국사편찬위원회, 『中國內韓國近現代關係資料』, 63쪽).

하도록 하였다. 이때 홍진은 야당측 안에 동의, 무기명투표로 결정을 내렸다.[51]

홍진의 당적은 한국독립당이었다. 한독당에서의 위상도 주요 간부인 중앙집행위원이었다. 이러한 홍진이 한독당의 유기명투표가 아니고, 야당측이 주장하는 무기명투표에 동의한 것이다. 무기명투표가 민주주의의 기본정신이라는 것이 홍진의 생각이었다. 홍진의 결정은 커다란 파문을 불러 일으켰다. 홍진이 무기명투표를 채용한다고 하자 한독당원들이 퇴장해 버렸고, 회의는 법정인수가 부족하여 정돈상태에 빠지고 말았다.[52] 그리고 홍진은 이 일을 계기로 한독당을 탈당하게 되었다.

5) 개헌과 좌우연합정부 구성

제34차 의정원 회의에서 미루어 둔 문제가 있었다. 임시약헌(臨時約憲)을 수개(修改)하는 문제였다. 임시약헌은 좌익진영이 참가하기 전인 1940년 10월 한국독립당 일당체제하에서 개정하여 반포한 헌법이었다. 좌익진영의 정당 및 단체가 참여하면서, 헌법을 이에 맞게 수개할 필요성이 대두되었다. 좌우 세력이 공동으로 정부를 유지 운영할 수 있는 제도를 마련할 필요가 있었던 것이다.

임시약헌을 수개해야 한다는 데는 여야가 모두 공감하고 있었다. 특히 처음으로 의정원에 참여한 조선민족혁명당은 약헌 수개를 주요한 현안으로 삼고 있었다. 의정원 등원 후 발표한 「단결을 위한 우리의 주장」을 통해 "임시정부는 각 당파 각 개인의 우수한 인물을 망라시킨 각 당파 연합정부가 되어야 한다"고 하면서, "지난 시간과 조건에서 제정되었던 현행 약헌을 금일의 현실에 부합하도록 즉시 수개하여

51 秋憲樹, 『資料 韓國獨立運動』 2, 235쪽 ; 안병무, 『七佛寺의 따오기』, 140쪽.
52 胡春惠, 『中國안의 韓國獨立運動』, 135쪽.

야 할 것이다"라고 한 것이 그것이다.[53] 약헌 수개는 여당인 한독당측에서 제안하였다. 좌익세력이 참여하면서 약헌 수개는 필연적이라고 보고, 야당측이 제안하기 전에 여당측이 먼저 제안하였다고 한다.[54]

홍진은 제34차 의회에서 임시약헌을 수개하는 것은 어렵다고 보았다. 그는 1942년 11월 4일 여당측이 제안한 임시약헌 수개제의안을 의안으로 상정시키면서 "이 문제는 상당한 시일을 요하며 전문위원을 설치하여 진행함을 선포"한 것이다.[55] 헌법을 수개하는데 시간이 필요하다는 것과 전문위원을 선정하여 수개안을 준비할 필요가 있다는 것이 의장으로서의 생각이었다. 의안이 상정된 후 여당측이 다음 회기를, 야당측은 이번 회기 처리를 주장하며 논란을 벌였다. 그러나 결국 약헌수개위원회를 구성하여 초안을 마련한 후 다음 회기에 수개안을 제출한다는 것으로 결정되었다.[56]

제34차 의회에서는 약헌수개위원회만 구성하였다. 수개위원은 조소앙·조완구·차리석·안훈·최석순·김상덕·신영삼·박건웅·유자명 등 모두 9명이 선출되었다.[57] 당적별로 보면 한국독립당 4명, 조선민족혁명당 3명, 조선민족해방동맹과 조선혁명자연맹이 각각 1명씩이다. 의석수에 따라 위원을 안배한 것이었고, 여당 4명과 야당 5명으로 구성되었다. 수개위원회는 34차 의회가 폐회된 후부터 활동을 시작하였다.

홍진은 의장으로서 수개위원회에 참여하여 활동하였다. 수개위원회는 1942년 11월 27일 오사야항(吳師爺巷) 제1호의 의정원 사무실에서 첫 회의가 소집된 이래, 1943년 6월 18일까지 22회에 걸쳐 개최되었다. 회의에 홍진도 참여하였다. 22회에 걸친 회의록이 남아 있는데, 홍

53 ≪우리通訊≫ 제5호, 1942년 11월 1일자.
54 趙擎韓, 『白岡回顧錄』, 330쪽.
55 국회도서관, 『大韓民國臨時政府議政院文書』, 314쪽.
56 양영석, 「대한민국임시의정원연구(1925-1945)」, 362쪽.
57 국회도서관, 『大韓民國臨時政府議政院文書』, 316쪽.

진은 부의장 최동오와 함께 '열석(列席)'한 것으로 나타나 있다.[58] 수개위원회는 각 당에서 선출된 9명의 위원이 구성원이었지만, 의장과 부의장도 참석하고 있었다.

홍진은 수개위원들과 함께 약헌수개 작업에 들어갔다. 4회까지는 여야 위원들이 각각 양측의 입장을 천명하였고, 5회째 회의부터 약헌수개에 대한 토론이 시작되었다. 토론이 시작되면서 홍진은 "혁명헌법(革命憲法)이니 혁명에 치중해야지 순법규(純法規)만을 치중함은 불가하다"는 것과 "혁명에 공헌할 수 있는 이는 타국적(他國籍)을 가졌다 해도 국민으로 인정하여 조국광복에 복무할 기회를 주는 것이 可하다"는 것을 강조하였다.[59] 헌법을 위한 헌법개정이 아니라 독립운동을 추진하는 현실에 맞게 개정해야 한다는 것이고, 독립운동에 도움이 된다면 다른 국적을 가진 사람이라도 광복운동자로 포함시켜야 한다는 주장이었다.

헌법 개정에 대한 기본 방향뿐만 아니라, 구체적인 내용에 대해서도 적극적으로 관여하였다. 조소앙이 "대한민국은 균치공화국(均治共和國)"으로 개정하자고 하자 "대한민국은 민주공화국"으로 해야 된다고 주장하여 이를 관철시킨 것이[60] 그러한 사례이다. 홍진은 의장으로서 좌우익 세력이 공동으로 정부를 유지 운영하는 제도를 마련해야 한다는 책임감도 갖고 있었지만, 그 자신이 대한제국 법관양성소 출신으로 검사와 변호사를 지낸 법률전문가이기도 했다. 수개위원 중 또 다른 법률전문가로 조소앙이 있었다. 조소앙은 1904년 대한제국 황실유학생으로 선발되어 일본의 명치대 법과를 졸업한 인물이었다.[61]

수개위원회는 토의를 거쳐 수개안을 만들어 갔다. 약헌을 수개하는 목적은 "장차 건국에 대한 대강(大綱)"이라거나 '광복운동자를 통일 집

58 국회도서관, 『大韓民國臨時政府議政院文書』, 316-351쪽.
59 국회도서관, 『大韓民國臨時政府議政院文書』, 323쪽.
60 국회도서관, 『大韓民國臨時政府議政院文書』, 323쪽.
61 韓詩俊, 「趙素昂研究」, 『史學志』 18, 단국대 사학회, 1984, 137쪽.

중하고 전민족을 총동원하여 독립을 완성하고 진정한 민주공화국을 건설하는 데 필요한 법을 제정'하는데 있다는 것을 비롯하여,[62] 새 헌법의 명칭은 「대한민국임시헌장」으로 한다는 것 등이 결정되었다. 그러나 구체적인 내용에 들어가면서 합의를 이루지 못하는 문제들이 생겨났다. 정치적인 이해관계가 있는 문제들에 대해서는 여야가 서로 양보하지 않은 것이다.

상호 대립하게 된 문제는 여러 가지가 있었다. 임기규정이 없는 의정원 의원의 임기를 정하는 것과 각부 부장제를 각부위원회제로 개정하는 것 등도 주요한 문제가 되었다. 이 중에서도 여야가 첨예하게 대립한 것은 의원을 선출하는 선거구 문제였다. 약헌에는 "국내 각 선거구에서 선거 실시가 불능할 때에는 임시정부의 소재지에 교거(僑居)하고 각 해당 선거구에 원적(原籍)을 가진 광복운동자가 각 해당 선거구인의 선거권을 대행한다"고 되어 있었다.[63]

야당측이 이에 대한 개정을 요구한 것이다. 중경에 거주하고 있는 광복운동자 이외에는 선거권과 피선거권이 상실된다는, 즉 중경 이외에 전방에서 활동하고 있는 광복운동자는 참여할 수 없게 된다는 것이 그 이유였다.[64] 이는 단순한 선거구 문제가 아니라 정치적 기반을 좌우하는 문제였다. 중경에 기반을 두고 있던 한국독립당은 원래의 선거구제를 고집하면서 양보하지 않았고, 야당측은 종전의 선거구제를 바꾸려고 한 것이다.

여야의 대립은 제35차 의회가 개최되면서 극에 달하였다. 제35차 정기의회는 1943년 10월 9일 개최되었다. 제35차 의회에서 해결해야 할 주요한 과제는 약헌수개와 임기가 만료된 국무위원을 선출하는 문제

62 국회도서관, 『大韓民國臨時政府議政院文書』, 323-324쪽.
63 韓詩俊 편, 『大韓民國臨時政府法令集』, 62쪽.
64 ≪우리通訊≫ 제5호, 1942년 11월 1일자 「憲法修改에 關한 우리의 意見」.

였다. 이 중 국무위원 선임을 둘러싸고 대립한 것이다. 당시 국무위원은 11명이었고, 한독당이 9석을 차지하고 있었다. 한독당이 국무위원회를 장악한 것이나 다름없었다. 이에 대해 야당측이 국무위원의 수를 야당에게도 일정한 비율로 배분하자고 제의하였다.[65] 그러나 한독당이

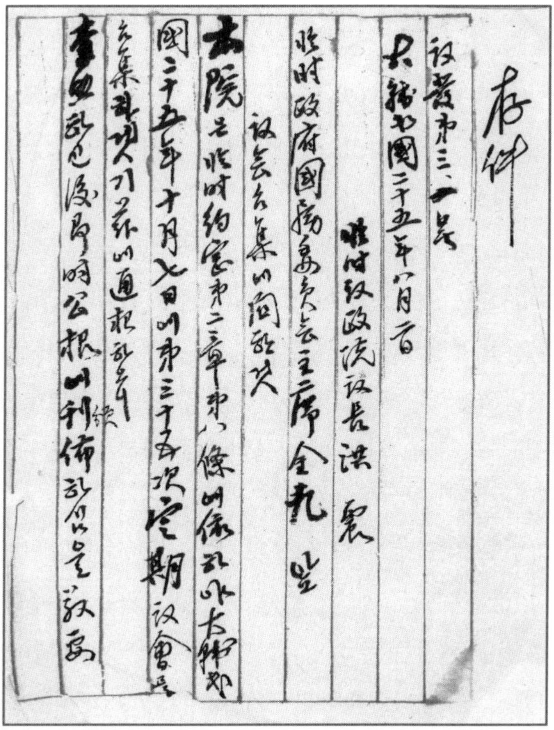
存件
議發第三一號
大韓民國二十五年八月二日
臨時議政院議長 洪震
臨時政府國務委員會主席 金九 앞
議會召集에關한件
本院은 臨時約憲第二章第十八條에依하야 大韓民
國二十五年十月九日에第三十五次定期議會를
召集하겠기로玆에通報하오니
貴政府는 該時期에 [illegible] [illegible] 하심을 敬要

임시의정원 의장 홍진이 임시정부 주석 김구에게 보낸 의회소집 통보(1943년 8월 2일자)

65 민혁당에서 국무위원의 수를 민혁당과 한독당이 각 4석씩, 기타 소당 2석으로 할 것을 요구하였다. 그러나 한독당이 이를 받아들이지 않았다. 이후 민혁당은 한독당의 박찬익과 조완구를 제외해 줄 것을 전제로 한독당 5석과 민혁당 3석을 비롯하여 기타 소당 2석으로 할 것을 조정안으로 제안하였지만, 한독당측이 다시 이를 거부하였다.(秋憲樹, 『資料 韓國獨立運動』 2, 231-232쪽).

이를 거부하면서 여야간에 첨예한 대립과 갈등이 일어났다.

국무위원 선임문제를 둘러싼 여야의 대립은 의회를 파국으로 몰고 갔다. 여야 의원들은 광복군 9개준승 문제에 대해서는 한 목소리로 정부로 하여금 중국과 취소를 위한 교섭을 전개하도록 하였지만,[66] 국무위원 선임에 대해서는 서로 양보하지 않았다. 타협점을 찾지 못한 채 대립상태가 지속되었고, 이로 이해 제35차 의회는 제대로 운영되지 못하였다.

국무위원의 숫자뿐만 아니라, 국무위원을 선출하는 방법에 대해서도 여야는 타협점을 찾지 못하였다. 한독당은 유기명투표를, 민혁당은 무기명투표를 주장한 것이다. 1944년 1월 3일 의정원에서 이에 대한 표결이 이루어졌고, 그 결과 한독당에서 안원생(安原生)을 비롯하여 몇 사람이 무기명투표안에 찬성함으로써 가부동수가 되었다. 가부동수일 경우에는 의장이 표결권을 행사한다는 의사진행 관례가 있었다. 의장인 홍진이 결정해야 하는 상황이 되었다. 홍진은 무기명투표안을 찬성하였다. "현대 민주주의 사조의 기본정신에 따라야 한다"는 것이 그 이유였다.[67]

무기명투표안은 민혁당이 주장한 것이었다. 민혁당의 안이 통과되면서, 더욱이 의장 홍진에 의해 그 결과가 초래되면서, 한독당이 크게 반발하였다. 당시 홍진은 한독당 소속이었고, 중앙집행위원이란 직책을 갖고 있었다. 한독당은 의장의 결정이 비법(非法)이라고 하며 의정원에서 퇴장하였고, 선거참가를 거부하였다.[68] 이로써 회기를 연장하면서 진행된 제35차 의회에서도 여야는 첨예하게 대립하였고, 회의는 더 이상 지속되기 어려운 상황이 되었다.

66 국회도서관, 『大韓民國臨時政府議政院文書』, 360-372쪽.
67 安炳武, 『七佛寺의 따오기』, 140쪽.
68 秋憲樹, 『資料 韓國獨立運動』 2, 235쪽.

홍진은 무기명투표를 지지한 일을 계기로 한독당을 탈당하였다. 한독당의 탈당은 소속 당원으로 당론과 위배된 결정을 한데 따른 문책성도 있었겠지만, 홍진은 당파를 떠나 여야의 대립을 조정하려고 하였던 것 같다. 1944년 1월 12일자로 된 중국의 정보보고에 "최근 의정원 의장 홍진과 부의장 최동오는 양당의 쟁집(爭執)을 조정하기 원한다는 뜻을 표시하고 한독당의 탈당을 선언하였다"고 한 것이 그것을 짐작케 한다.[69]

약헌을 수개하는 것이 시급한 문제였지만, 여야는 국무위원 인선 등 정치적인 문제로 대립을 지속하고 있었다. 다른 국적을 가지고 있는 사람이라도 독립운동에 도움이 되면 광복운동자로 보아야 한다는 주장을 하고 있던 홍진은 약헌수개를 하루빨리 매듭지어야 한다는 생각이었다. 이를 위해 당파를 초월하여 양당의 대립을 조정하고자 한 것이다.

홍진은 이러한 뜻을 갖고 한독당을 탈당하였지만, 그의 의도와 관계없이 홍진의 처지를 난처하게 만든 일이 일어났다. 민족혁명당 측에서 홍진을 주석으로 옹립하려는 일이 추진된 것이다. 구체적인 내용은 알려져 있지 않지만, 호춘혜(胡春惠)는 이와 관련하여 다음과 같이 서술하고 있다.

> 이때 조선민족혁명당은 金錢의 魔力을 사용하는 수단으로 비밀히 한국독립당내의 不穩定하였던 인물들을 유인하여 탈당시키고 이를 기화로 金九의 세력을 타도하고 홍진을 임시정부의 주석으로 하려 하였다[70]

이는 1944년 2월 26일자 중국의 정보자료에 보이는 내용으로, 민혁

69 「韓國兩黨現狀及其爭執之點」(秋憲樹, 『資料 韓國獨立運動』 2, 62쪽).
70 胡春惠 저, 辛勝夏 역, 『中國안의 韓國獨立運動』, 134쪽.

당에서 김구를 타도하고 홍진을 주석으로 옹립하려는 계획을 추진하였음을 알려준다. 중국측의 정보자료는 입수하지 못하였지만, 사실과 크게 다른 정보는 아닐 것이다. 여야가 극렬하게 대립하는 상황에서, 야당측이 이를 해결하고 좌우를 아우를 수 있는 인물을 내세우려 한 것이 아닌가 생각된다. 그 인물이 바로 홍진이었던 것이다.

홍진은 한독당을 탈당한 후, 여야의 막후교섭을 주선하였다. 당시 한독당 소속이면서 홍진과 가까이 지냈던 조시원(趙時元)의 회고에 따르면, 홍진은 자신이 결정한 무기명투표 철회를 제안하면서 양당의 대립을 조정하였고, 여야가 홍진의 조정을 받아들였다고 한다. 중국측에서도 양당의 대표들을 만나 합법정부를 조직하도록 종용하였다.[71] 자신의 결정을 양보하면서 교섭을 추진한 홍진의 노력으로 양당은 타협점을 찾게 되었고, 여야는 다음과 같은 세 가지 문제에 합의를 이루었다.

1. 제35차 의회는 폐회하고, 폐회 후 곧바로 임시의회를 소집한다.
2. 국무위원은 14인으로 증가하고, 따로 주석과 부주석을 각각 1인씩 두며, 각부 부장은 주석이 국무회의에 제출하여 통과한 후 任免한다.
3. 국무위원의 인수 비례는 한독당 8석, 민혁당 4석, 2개 소당 각 1석으로 하고, 주석은 한독당, 부주석은 민혁당에서 맡는다.[72]

이는 중국측이 민혁당의 김원봉을 통해 수집한 정보에 들어있는 내용이다. 국무위원 숫자와 배분에 대해 양당이 합의하였고, 임시의회를 소집하여 이를 처리한다는데 합의한 것이다. 이로써 제35차 의회를 파국으로 몰고 갔던 국무위원 인선문제는 해결되었고, 헌법의 개정과 아울러 좌우연합정부를 성립하게 되었다.

71 胡春惠 저, 辛勝夏 역, 『中國안의 韓國獨立運動』, 135-136쪽.
72 「韓國黨派紛糾近況」(秋憲樹, 『資料 韓國獨立運動』 2, 62쪽).

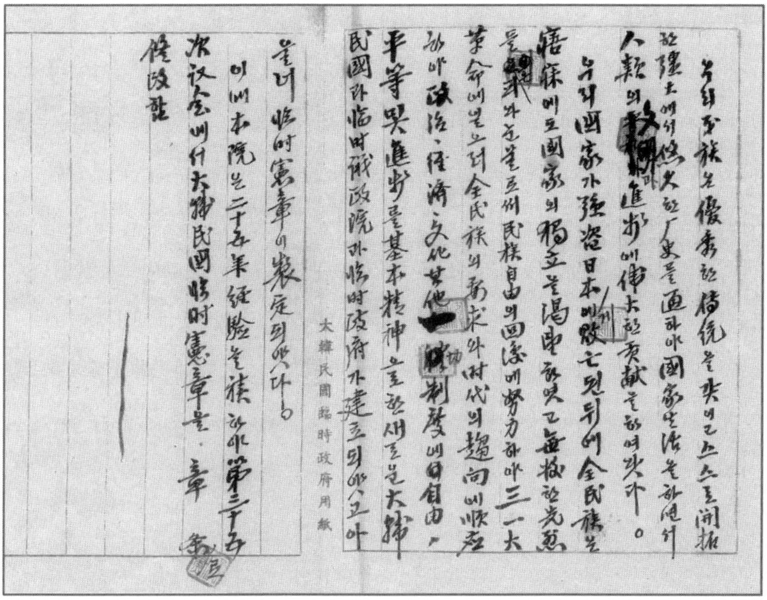
우리 民族은 優秀한 傳統을 갖이고 스스로 開拓한 疆土에서 悠久한 歷史를 通하야 國家生活을 하면서 人類의 文化와 進步에 偉大한 貢獻을 하여 왔다。우리 國家가 强盜日本에게 敗亡된 뒤에 全民族은 [illegible] 痛苦에도 國家의 獨立을 渴望하였고 無數한 先烈들 [illegible] 民族自由의 回復에 努力하야 三一大革命에 이르러 全民族의 要求와 時代의 趨向에 順應하야 政治·經濟·文化 其他 一切 制度에 自由 平等 및 進步를 基本精神으로 한 새로운 大韓民國과 臨時議政院과 臨時政府가 建立되었고 아울러 臨時憲章이 制定되었다。

이에 本院은 二十五年 經驗을 쌓아 第三十六次議會에서 大韓民國臨時憲章을 修改함

大韓民國臨時政府用紙

1944년 4월 임시의정원에서 수개(修改)된 헌법전문(憲法全文)

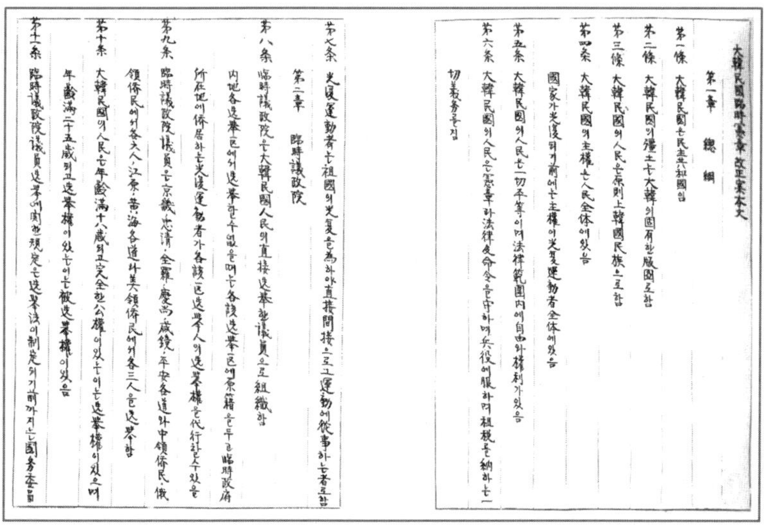
大韓民國臨時憲章 改正案本文

第一章 總綱

第一條 大韓民國은民主共和國임

第二條 大韓民國의疆土는大韓의固有한版圖로함

第三條 大韓民國의人民은原則上韓國民族으로함

第四條 大韓民國의主權은人民全体에있음

國家가光復되기前에는主權이光復運動者全体에있음

第五條 大韓民國의人民은一切平等이며法律範圍內에自由와權利가있음

第六條 大韓民國의人民은憲章과法律及命令을守하며兵役에服하며租稅를納하는一切義務를짐

第七條 光復運動者는祖國의光復을爲하야直接間接으로運動에從事하는者로함

第二章 臨時議政院

第八條 臨時議政院은大韓民國人民의直接選擧한議員으로組織함

內地各選擧區에서選擧할수없을때는各該選擧區에原籍을두고臨時政府所在地에僑居하는光復運動者가各該區選擧人의選擧權을代行할수있음

第九條 臨時議政院議員은京畿·忠淸·全羅·慶尙·咸鏡·平安各道와中領僑民·俄領僑民에서各六人·江原·黃海各道와美領僑民에서各三人을選擧함

第十條 大韓民國의人民은年齡滿十八歲되고完全한公權이있는이는選擧權이있으며

年齡滿二十五歲되고選擧權이있는이는被選擧權이있음

第十一條 臨時議政院議員選擧에關한規定은選擧法이制定되기前까지는國務委員

임시의정원에서 통과된 「대한민국임시헌장」(1944년 4월 22일)

여야의 대립이 해소되면서 1년 반 이상을 끌어오던 약헌수개 문제도 결실을 맺게 되었다. 합의에 따라 1944년 4월 20일 제36차 임시의회를 개최하였다. 제35차 의회에서 해결하지 못한 약헌수개안을 논의 통과시키기 위해 소집한 회의였다. 홍진은 4월 20일 약헌수개안을 상정하였다. 약헌수개안은 이틀 동안 독회를 거쳤고, 37명의 의원이 참가한 가운데 표결에 부쳐져 35표로 통과되었다.[73] 이로써 개정헌법인 「대한민국임시헌장」이 탄생되었다. 前文과 7장 62개조로 이루어진 임시헌장은 임시정부의 다섯 번째 헌법이었다. 이와 함께 좌익진영이 임시정부에 참여한 후 좌우세력의 합의로 만들어 낸 헌법이라는 점에서 임시헌장이 갖는 의미는 특별하다.

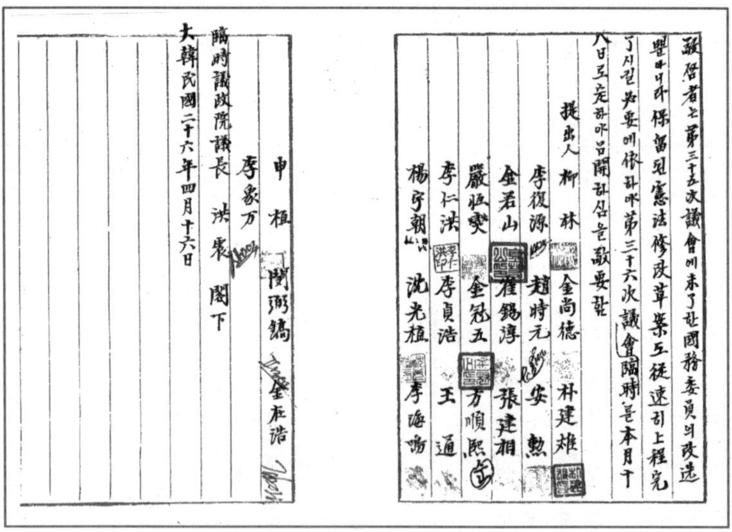
敬啓者는 第三十五次議會에 未了한 國務委員의 改選뿐 아니라 保留된 憲法修改草案도 從速히 上程完了시길 必要에 依하야 第三十六次議會臨時로 本月十八日로 定하야 召開하심을 敬要함

提出人 柳林 金尚德
李復源 趙時元 安勳 朴建雄
金若山 崔錫淳 張建相
嚴恒燮 金冠五 方順熙
李仁洪 李貞浩 王通
楊宇朝 沈光植 李海鳴
申植 閔弼鎬 金在浩
李象万

臨時議政院議長 洪震 閣下

大韓民國二十六年四月十六日

의정원 의원들이 연명으로 제출한 임시의회 소집 요구서
(1944년 4월 16일)

73 국회도서관, 『大韓民國臨時政府議政院文書』, 383-386쪽.

새로이 개정된 임시헌장을 근간으로 정부의 조직을 갖추었다. 정부의 조직과 기구는 주석 이외에 부주석제를 신설한 것을 비롯하여 예전보다 확대되었다. 국무위원은 종전의 6~10인에서 8~14인으로 증원하였고, 행정부서도 종전의 내무·외무·군무·법무·재무의 5부에서 문화·선전의 2개 부서를 증설하였다.[74] 주석과 국무위원은 의정원에서, 그리고 각 행정부서의 부장은 주석이 추천 제안하도록 되어 있었다. 주석에는 김구가, 신설된 부주석에는 민혁당의 김규식(金奎植)이 당선되었다. 임시헌장에 의해 구성된 정부의 조직을 정리하면 다음과 같다.

> **주　　석** : 김　구
> **부 주 석** : 김규식
> **국무위원** : 이시영, 조성환, 황학수, 조완구, 차리석, 박찬익, 조소앙, 안　훈, 장건상, 김붕준, 성주식, 유　림, 김원봉, 김성숙
> **외무부장** : 조소앙　　**군무부장** : 김원봉　　**재무부장** : 조완구
> **내무부장** : 신익희　　**법무부장** : 최동오　　**선전부장** : 엄항섭
> **문화부장** : 최석순

주석 김구는 한독당, 부주석 김규식은 민혁당 소속이었다. 국무위원 14명도 한독당 8명, 민혁당 4명, 해방동맹 1명, 혁명자연맹 1명 등으로 배분되었다. 그리고 7개의 행정부서 중 민혁당의 김원봉과 최석순이 각각 군무부장과 문화부장을 맡았다. 1942년 10월 의정원에 참여하였던 좌익진영의 인사들이 부주석을 비롯하여 국무위원과 행정부서 부서장에 선임된 것이다.

이로써 임시정부는 좌우세력이 공동으로 참여한 좌우연합정부를 구성하게 되었다. 1919년 9월 세 곳의 임시정부를 통합하면서 이루어졌던 좌우연합이 다시 실현된 것이다. 좌우연합정부는 1944년 4월 26일

74 독립운동사편찬위원회, 『독립운동사』 4, 1009쪽.

공식적으로 출범하였다. 주석 부주석을 비롯한 국무위원들이 감서인(監誓人)이 된 의정원 의장 홍진에게 취임선서를 하고,[75] 좌우연합정부를 출범한 것이다.

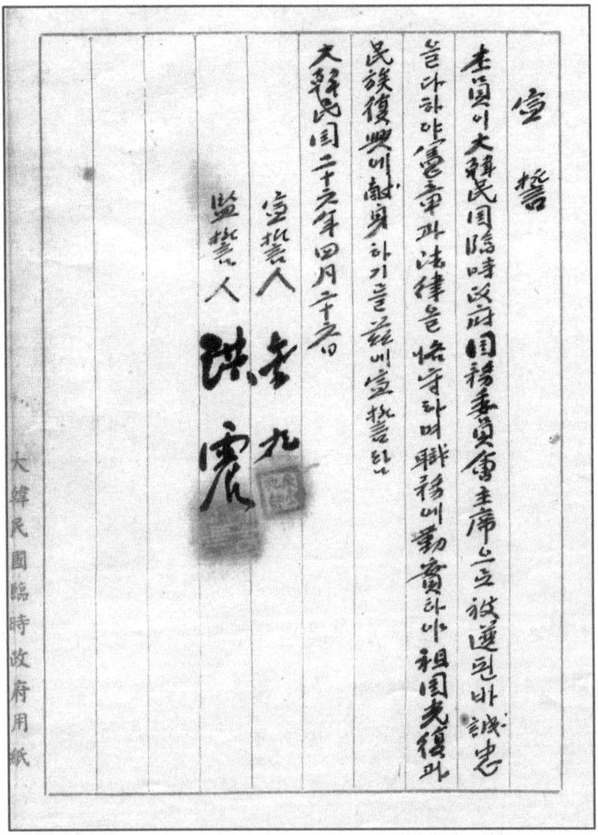
宣誓
本員이大韓民國臨時政府國務委員會主席으로被選된바誠忠을다하야憲章과法律을恪守하며職務에勤實하야祖國光復과民族復興에獻身하기를玆에宣誓함
大韓民國二十六年四月二十六日
宣誓人 金九
監誓人 洪震
大韓民國臨時政府用紙

주석 김구취임선서문

본원(本員)이 대한민국임시정부(大韓民國臨時政府) 국무위원회(國務委員會) 주석(主席)으로 피선(被選)된 바 성충(誠忠)을 다하야 헌장(憲章)과 법률(法律)을 각수(恪守)하며 직무(職務)에 근실(勤實)하야 조국광복(祖國光復)과 민족부흥(民族復興)에 헌신(獻身)하기를 자(玆)에 선서(宣誓)함

75 국회도서관, 『大韓民國臨時政府議政院文書』, 435-437쪽.

3. 국제공동관리 반대 운동

1) 미국에서 흘러나온 국제공동관리 소식

홍진은 의정원 의장으로서의 활동뿐만 아니라, 독립운동전선에서 일어나고 있던 현안에 대해서도 적극 관여하며 활동하였다. 1943년에 들어서면서 주요 현안으로 떠오른 문제의 하나는 전후(戰後)에 한국을 '국제공동관리'한다는 것이었다. 연합국 사이에 국제공동관리가 논의되고 있다는 소식이 알려지면서, 임시정부를 중심으로 한 독립운동계에 커다란 파문이 일어났고, 홍진은 이에 대한 반대운동에 앞장서 활동하였다.

중경에 있던 임시정부가 '국제공동관리'와 관련한 소식을 접하기 시작한 것은 1942년부터였다. 그 진원지는 미국이었다. 미국은 태평양전쟁 발발 직후부터 전후 미국의 대외정책에 대한 방안을 강구하였고, 한국문제에 대해서도 나름대로 해결방안을 마련하고 있었다. 한국에 대한 문제는 1942년 여름 '일정한 기간이 지난 뒤 독립시키되 기간 중 연합국 공동관리(국제기구)에 의한 신탁통치를 통해 자치능력을 배양시킨다'는 정책을 마련한 것으로 알려져 있다.[76]

미국이 전후 대외정책을 수립하는 과정에서 한국문제에 대한 내용이 신문·잡지 등 언론을 통해 흘러나왔다. 미국의 일급 경제잡지 ≪포춘(Fortune)≫은 1942년 7월 「태평양관계」라는 기사에서 전후 한국문제에 대해 '한국인들은 자치능력이 부족하다'는 것과 '국제적으로 선발된 민간행정기구를 통해 국제적 지원을 받아야 한다'는 내용을 보도하였다.[77]

76 鄭容郁, 「1942-47년 美國의 對韓政策과 過渡政府形態 構想」, 서울대 대학원 박사학위논문, 1996, 22쪽.

77 鄭容郁, 「1942-47년 美國의 對韓政策과 過渡政府形態 構想」, 27쪽.

이러한 내용들이 여러 신문에도 보도되었다. 임시정부에서는 이를 통해 연합국이 전후에 한국문제를 국제공동관리로 해결하려 하고 있다는 사실을 알게 되었다. 미국에서 발행되는 ≪행복(Happy)≫·≪생활(Life)≫·≪시대(Time)≫ 등이 한국을 모욕하는 문장을 공공연하게 실었다는 것이나, ≪아세아(Asia)≫라는 잡지에 '한국문제는 국제공동관리로 해결한다'는 내용이 실렸다는 것이[78] 그것이다.

미국의 신문 잡지를 통해 '국제공동관리' 소식을 접한 임시정부는 즉각 이를 반박하고 나섰다. 1943년 2월 1일 외무부장 조소앙이 「전후한국독립문제불능찬동국제공관(戰後韓國獨立問題不能贊同國際共管)」이란 성명서를 발표, 한국은 국제공동관리에 찬동할 수 없다는 것과 독립을 위해 혈전을 전개하고 있는 한국민족은 절대로 이를 받아들이지 않을 것임을 천명한 것이다.[79] 그리고 국제공관 문제를 거론하는 미국의 인사들에 대해서도 반박하는 성명을 발표하였다. 1943년 3월 미국과 영국의 일부 인사들의 논의를 반박하면서, "한인 전체는 완전한 독립을 요구하며 한인들이 피 흘려 싸우는 목적은 독립에 있지 공관(共管)에 있는 것이 아니다"라고 하여,[80] 한국인들은 절대독립을 요구한다는 것을 분명하게 밝혔다.

이와 같이 국제공관 문제로 긴장해 있을 때, 미국과 영국이 이를 정책으로 결정하였다는 소식이 전해졌다. 1943년 4월 29일이었다. 중경의 각 신문이 미국과 영국이 전후 정책을 수립하여 각 맹방(盟邦)에 통보하였는데, 그 중 제4항에 "한국은 독립되기 전에 잠시 국제에서 공동관리한다"라는 내용이 들어있다고 보도하였다.[81]

78 「戰後韓國獨立問題不能贊同國際共管」(삼균학회, 『素昻先生文集』 상, 횃불사, 1979, 178쪽) ; ≪獨立新聞≫ 1943년 6월 1일자 「在中國自由韓人大會宣言」.

79 삼균학회, 『素昻先生文集』 상, 1979, 178-180쪽.

80 「聲明書(駁美國一部人士之謬論)」(삼균학회, 『素昻先生文集』 상, 314쪽).

81 「駁戰後問題中關於韓國問題之謬論」(삼균학회, 『素昻先生文集』 상, 317쪽).

이는 한 달 전에 영국 외상과 미국 대통령이 만나 논의한 내용이 알려진 것이었다. 1943년 3월 영국 외상 이든(Anthony Eden)과 미국 대통령 루즈벨트는 워싱턴에서 만나 전후 문제를 협의하였다. 이때 루즈벨트가 한국을 국제신탁통치 아래 둘 것을 제의하였고, 이든이 이를 받아들였다고 한다.[82] 이러한 내용을 중경에 있는 신문들이 미국 시카고에 있는 ≪태양(Sun)≫의 전보를 받아 보도한 것이다.

2) 재중국자유한인대회를 개최하고 국제공동관리 반대

연합국 사이에 전후 한국문제가 국제공동관리로 논의되고 있다는 소식은 중경을 중심한 독립운동계에 커다란 충격을 안겨 주었다. 임시정부가 외교부장의 성명서를 통해 이에 대해 강력한 반대의사를 표명함과 동시에, 대책을 강구하였다. 구체적인 내용은 알려져 있지 않지만, 임시정부는 당·정·군의 수뇌회의를 소집하여 이 문제에 대해 논의했다고 한다.[83]

이와 함께 국제공동관리를 반대하는 운동을 전개하였다. 중경에서 활동하고 있던 좌우익의 각 정당 및 단체들이 주축이 되었다. 1943년 5월 10일 한국독립당·조선민족혁명당·조선민족해방동맹·조선무정부주의자총연맹·한국애국부인회·한국청년회 등의 정당 및 단체와 한인들 약 3백여 명이 참가한 가운데 재중국자유한인대회(在中國自由韓人大會)를 개최한 것이다.[84] 자유한인대회는 국제공동관리를 반대하기 위해 소집된 대회였다.

홍진이 국제공동관리를 반대하는 선두에 서게 되었다. 자유한인대회는 대회를 주관할 주석단을 선출하는 것으로 시작하였다. 대회가 시작

82 구대열, 『한국국제관계사연구』 2, 역사비평사, 1995, 52쪽.
83 ≪獨立新聞≫ 1943년 6월 1일자 「韓國臨時政府召開黨政軍首腦會議」.
84 ≪獨立新聞≫ 1943년 6월 1일자 「在中國自由韓人大會」.

1943년 5월 중경에서 개최된 재중국자유한인대회에서 연설하는 홍진

되면서 홍진을 비롯하여 김붕준·김규광(金奎光)·유월파(柳月波)·김순애(金淳愛)·한지성(韓志成) 등 6인이 주석단에 선출되었고, 다시 주석단을 대표하는 총주석에 홍진이 추대된 것이다.[85] 이로써 홍진은 중경의 각 정당 및 단체와 한인들 전체가 참여한 자유한인대회의 상징적 대표가 되었고, 국제공동관리를 반대하는 데 앞장서서 활동하게 되었다.

재중국자유한인대회는 국제공동관리를 반대하기 위해 임시로 소집된 대회였다. 총주석도 단지 대회를 주관하는 대표에 지나지 않았다. 그러나 홍진이 총주석에 추대된 것은 당시 그의 위상을 말해주는 것이라고 하겠다. 자유한인대회는 좌우익의 각 정당 및 단체가 연합을 이루어 성립된 대회였다. 좌우익 세력이 연합하여 함께 활동할 때, 그 대표로 내세울 수 있는, 또 그러한 역할을 수행할 수 있는 인물이 바로 홍진이었다. 좌우 양진영이 통일을 이룬 통일의회에서 그를 의장으

85 《獨立新聞》 1943년 6월 1일자 「在中國自由韓人大會」.

로 선출한 것과 같은 이유였다고 생각된다.

홍진은 총주석으로 자유한인대회를 주관하였다. 대회는 특별히 고려하거나 토론할 내용이 없었다. 국제공동관리를 반대한다는 한인들의 결의를 다지고, 그 뜻을 대외적으로 천명하는 대회였다. 홍진이 총주석으로 개회사를 하고, 이어 각 단체를 대표하는 인사들의 연설이 진행되었다. 조소앙·손두환·박건웅·유월파·방순희·성현원 등이 연사로 나섰고, "전후 한국은 완전히 독립시켜야 하고, 어떠한 형식의 외래간섭도 반대한다"는 내용의 연설이 있었다.[86]

이어 대회의 선언문을 통과시키고, 결의안을 채택하였다. 선언문은 "한국은 마땅히 독립되어야 하고, 한국민족은 마땅히 자유민이 되어야 한다"는 것을 대외에 선포한 것이었다. 그리고 채택된 대회결의안은 4개항으로, 내용은 다음과 같다.

1. 우리는 완전 독립을 요구하며, 소위 國際監護나 다른 어떠한 형식의 외래간섭도 반대한다.
2. 우리는 중·소·영·미 등 동맹 각국의 절실한 합작을 요구하며, 파시스트 침략자를 타도한다.
3. 우리는 거듭 혁명진영의 정리를 요구하며, 자력갱생의 길로 매진한다.
4. 우리는 전후 완전 독립을 쟁취하기 위하여, 또 임시정부의 국제적 합법지위를 쟁취하기 위하여 계속 노력한다.[87]

「각 동맹국 원수들에게 보내는 전문」도 채택하였다. 전후 한국문제를 국제공동관리로 해결하려 한 것은 동맹국이 일제의 기만적인 선전이나 한국이 가지고 있는 실제 역량을 정확하게 파악하지 못한데서 나온 결정이라고 보았다. 때문에 한국민족의 진정한 의사를 동맹국 원

86 ≪獨立新聞≫, 1943년 6월 1일자 「在中國自由韓人大會 要求戰後韓國之完整獨立 反對任何形式之外來干涉」.

87 ≪獨立新聞≫ 1943년 6월 1일자 「大會決議案」.

수들에게 전달하고자 하였던 것이다. “전 인류의 진정한 평화와 행복을 위해 우리 국가의 완전 독립을 주장한다”고 하면서, 각 동맹국 원수를 향해 “우리 민족이 대일작전(對日作戰)의 주요한 역량(力量)이 된다는 것을 인정하고 적극적인 물자의 원조와 임시정부의 국제 합법적 지위를 승인해 줄 것”을 요청하였다.[88]

그리고 모든 한국인들이 나서서 국제공동관리를 반대하도록 촉구하기도 하였다. 「치각지동지동포공개신(致各地同志同胞公開信)」을 통해 “각 지방마다 자유한인대회를 개최하여 우리들과 같은 문제를 채택해 달라”고 요구한 것이 그것이다.[89] 각지에서 한인들이 국제공동관리 반대 운동을 전개하면, 민족의 경각심을 높일 수 있고, 또 동맹국들의 작전 방침에도 유리하게 작용할 것이라는 생각이었기 때문이다.

이들은 국제공동관리를 반대하는 자유한인대회를 각 지방으로 확산시키고자 하였다. 중경에서와 같은 자유한인대회가 각 지방에서 얼마나 전개되었는지는 알 수 없지만, 이에 호응한 경우도 있었다. 사천성에 있는 성도(成都)가 그러한 경우였다. 성도에 거주하고 있던 이영무(李英茂)·이사영(李士英)·최용성(崔鏞成) 등 12명이 국제공동관리를 절대 반대한다는 뜻을 임시정부로 보내온 것이다.[90]

4. 신한민주당의 창당과 활동

1) 한국독립당과 민족혁명당의 갈등, 대립

좌우익 세력이 임시정부로 통일을 이루어 좌우연합정부를 구성하

88 《獨立新聞》 1943년 6월 1일자 「致各同盟國領袖電文」.
89 《獨立新聞》 1943년 6월 1일자 「致各地同志同胞公開信」.
90 《獨立新聞》 1943년 6월 1일자 「成都韓僑反對國際共管韓國」.

였지만, 이 과정에서 적지 않은 파란이 있었다. 좌우익 세력의 결집체이면서 여당과 야당 역할을 하던 한독당과 민혁당 사이에 심각한 갈등과 대립이 벌어졌고, 이로 인해 한독당과 민혁당을 탈당한 인사들이 생겨난 것이다. 이후 이들은 별도로 세력을 결집하였다. 한독당과 민혁당을 탈당한 인사들이 세력을 결집하는 중심에 홍진이 있었다.

한독당과 민혁당은 좌우연합정부를 구성하기까지 치열한 대립과 공방을 벌였다. 그 중에서도 1943년에 일어났던 '김구암살음모사건'(또는 '권총도난사건')과 '공금횡령사건'이 대표적인 사례가 된다. '권총도난사건'은 1943년 4월 임시정부 경위대에서 권총을 도난당한 데서 비롯되었다. 민혁당의 왕통(王通)·황민(黃民)이 임시정부의 경위대원 박수복(朴守福)을 매수하여 권총을 마련하였고, 이 권총으로 김구·조완구·박찬익·이시영·조성환 등 한독당 인사들을 암살하려고 하였다는 것이 사건의 핵심이었다.[91] 임시정부 내무부에서 황민과 박수복을 체포하여 조사하였고, 이로써 사건의 내용이 알려졌다.

이를 둘러싸고 한독당과 민혁당 사이에 치열한 공방이 벌어졌다. 민혁당에서 임시정부 내무부장 조완구와 법무부장 박찬익 등이 고문을 통해 권총이 도난된 사실, 그리고 암살할 대상과 암살 후 대체할 인물의 명단을 작성하였다고 하면서, 중앙집행위원회 명의로 이 사건은 날조된 정치적 음모라는 내용의 문건을 발표한 것이다.[92] 민혁당이 이 사건을 한독당측에서 날조한 것이라고 주장하면서, 양당의 대립은 격화일로로 치달았다.

91 이 사건과 관련한 문건으로 임시정부 경위대에서 작성한 「手槍盜失事件顚末書」, 관련자 황민이 작성한 「眞正書」, 중국측에서 조사 보고한 「韓國臨時政府內務部警衛隊手槍遺失事件經過情形」과 「查韓國臨時政府警衛隊遺失手槍案」등이 전해지고 있다(백범김구선생전집편찬위원회, 『白凡金九全集』 5, 1999, 225-250쪽).

92 「朴精一趙琬九等反統一派侵呑公款捏造金九等暗殺事件眞相」(中央研究院近代史研究所, 『國民政府與韓國獨立運動史料』, 151-165쪽).

양당 사이에 공방이 벌어지는 가운데 홍진도 거론되었다. 민혁당이 날조된 것이라고 주장하며 발표한 문건에 홍진의 이름이 보이고 있다. 즉 민혁당의 왕통·황민 등이 한독당원과 경위대원을 매수하여 김구·조완구·박찬익·이시영·조성환을 암살하고, 이들을 대신하여 새로운 내각을 조직하려고 하였다고 하면서, 새로운 내각에 홍진·최동오·김원봉·손두환·김붕준 등을 거론한 것이다.[93] 이 사건의 진상은 밝혀지지 않았다. 양측 사이에 해결되지 못하고 중경시 경찰국으로 넘어갔지만, 중국 경찰도 끝내 사건의 진상을 밝혀내지 못하였다.

홍진이 거론된 것은 그의 의지와는 아무런 관계가 없었다. 이 무렵 홍진은 민혁당이 제기한 임시정부의 확대 개조문제를 놓고 한독당의 주류 인사들과 입장을 달리하고 있었다. 1943년 2월 민혁당은 제7차 개조대표대회를 개최하고 '임정을 중심으로 민족통일전선을 확대 강화할 것'과 '임정을 민족독립사업을 총영도하는 혁명기구로 발전시키자'고 하면서 임시정부의 확대 개조를 제기하였다.[94] 지금까지 한독당 중심으로 되어 있던 임시정부를 민혁당과 공동으로 유지 운영하자는 것이었다.

이에 대한 한독당 내의 반응은 둘로 갈라졌다. 민혁당이 임시정부에 참여하는 폭을 가급적 제한하려는 인사들과 민혁당을 비롯한 모든 혁명단체를 임시정부로 통일시켜야 한다는 입장을 가진 인사들로 나뉜 것이다. 전자는 한독당의 주류라 할 수 있는 김구·조완구·박찬익·엄항섭 등이었고, 홍진은 유동열·조소앙 등과 같이 후자에 속했다.[95]

홍진이 거론된 것은 이러한 상황에서 이해해야 할 것 같다. 만일 한

93 위와 같음.

94 裵慶植, 「중경시기 반한독당세력의 임시정부 개조운동」, 『대한민국임시정부수립80주년기념논문집』, 국가보훈처, 1999, 645-646쪽.

95 「韓國獨立黨於本年5月8日 第3次全黨大會」(백범김구선생전집편찬위원회, 『白凡金九全集』 6, 157-159쪽).

독당측에서 명단을 작성한 것이라고 하면, 한독당과의 관계가 원만하지 못한 것이라 할 수 있다. 홍진은 이 사건이 일어나기 직전 소위 '왕통사건(王通事件)'과 관련하여 주류인 박찬익과 마찰을 빚은 일도 있었다. '왕통사건'이란 민혁당 소속의 의원인 왕통이 외국 신문에 임시정부를 폄하하는 글을 게재한 것을 두고 일어난 논란을 말한다.[96]

홍진은 이것이 문제가 되자 1943년 3월 25일 임정의 비서장인 차리석, 군무부장 유동열과 함께 민혁당의 본부가 있는 남안(南岸) 대불단(大佛段)으로 가 김원봉을 만났다. 구체적인 내용은 알 수 없지만, 이 만남을 계기로 왕통사건을 다시 추궁하지 않기로 하였던 것 같다. 이에 대해 박찬익이 큰 불만을 가졌고, 3월 26일 박찬익은 홍진을 찾아와 남안에 간 목적을 힐문하면서 홍진을 구타한 것이다.[97]

만일 민혁당측에서 실제로 김구 등을 암살할 일을 꾸미고 명단을 작성한 것이라고 하면, 홍진이 좌우를 아우를 수 있는 지도자로 부각되었음을 의미한다고 하겠다. 한독당과 민혁당이, 즉 좌우세력이 통일을 이루었을 경우, 좌우를 아우를 수 있는 인물이 있어야 했다. 그러한 인물로 홍진이 대두된 것이 아닌가 생각된다. 1944년 초 민혁당에서 홍진을 주석으로 옹립하려는 일을 추진하였다는 것도 이러한 생각을 갖게 한다.

'권총도난사건'에 이어 양당을 치열한 대립으로 몰고 간 또 다른 사건이 있었다. '공금횡령문제'라는 것이 그것이다. 이는 중국정부에서

96 王通은 민혁당 의원이었던 인물이다. 그는 중국군사위원회에서 대적선전용으로 발행하는 일본어판 ≪國際≫라는 잡지에 「韓國臨時議政院의 統一局面 형성과 약헌수개에 대하여」라는 제목의 글과 광복군에 대한 것을 게재하였다. 임시정부에서는 그 내용 중 임시정부에 불리하고 적에게 유리한 선전이 있다며, 왕통을 소환하였다. 그러나 왕통은 이에 응하지 않았고, 임시정부에서는 내무부장 조완구 명의로 왕통을 독립운동가가 아니라는 처분을 내렸다. 이 일로 인해 한독당과 민혁당 사이에 일어난 일을 '왕통사건'이라고 한다(국회도서관, 『大韓民國臨時政府議政院文書』, 637쪽).

97 「韓獨立黨中委朴贊翊毆打臨時政府顧問洪震」(重慶檔案館 자료, 이선자 제공).

지급되는 지원금을 임시정부가 수령하여 임시정부의 정무비를 비롯하여 각 정당들의 활동비로 분배하도록 되어 있었는데, 1943년 6월분을 나누어주지 않고 임시정부의 누군가가 횡령하였다는 것이 핵심 내용이다.

이는 민혁당측에서 제기하였다. 민혁당에서는 7월 12일 당무회의를 통해 공금횡령사건을 선포하였고, 민혁당 주석이면서 임정의 선전부장을 맡고 있던 김규식이 국무회의에서 이를 공개적으로 제기하고 나섰다.[98] 그러나 조사 결과 사실이 아님이 밝혀졌다. 중국국민당 조직부장인 주가화(朱家驊)가 각 성(省)을 시찰하는 출장이었던 관계로 6월분의 지원금이 7월 중순이 되어서야 지불된 것이다.[99] 사실이 밝혀지면서 한독당의 김구 등은 민혁당에게 '공금횡령문제'에 대한 취소를 요구하였다. 그러나 민혁당이 이를 거부하면서, 사태는 더욱 악화되었다.

'권총도난사건'과 '공금횡령문제'를 둘러싼 대립과 공방은 임시정부를 무정부상태로 몰고 가는 데까지 치달았다. 1943년 8월 31일 주석 김구를 비롯하여 조완구·이시영·박찬익·조성환·황학수·차리석 등 국무위원 7인이 사직서를 의정원 홍진 의장에게 제출하고 토교(土橋)로 떠나 버린 것이다.[100] 당시 국무위원은 모두 11명이었고, 이중 한독당 소속 7명이 사퇴하였다. 남아 있던 국무위원은 한독당 소속으로 이에 동참하지 않은 조소앙과 유동열, 그리고 민혁당 소속의 김규식·장건상 등 4명 뿐 이었다. 과반수이상의 국무위원이 사퇴함으로써 국무위원회가 그 기능을 발휘할 수 없는 상태가 되고 말았다.

정부가 무정부상태에 빠지게 되자, 홍진이 이를 수습하러 나섰다.

98 胡春惠 저, 辛勝夏 역, 『中國안의 韓國獨立運動』, 125-127쪽.

99 「1943년 8월 11일자로 朱家驊가 金九에게 보낸 공함」(백범김구선생전집편찬위원회, 『白凡金九全集』 7, 386쪽).

100 「金九等七人離去主席暨國務委員等職」(백범김구선생전집편찬위원회, 『白凡金九全集』 5, 284-293쪽).

의정원 의장 자격으로 나선 것이다. 홍진은 부의장 최동오와 함께 사퇴하지 않은 국무위원 4명을 만나 수습방안을 논의하는 한편, 9월 12일 중경에 있는 의원들을 중심으로 의원담화회(議員談話會)를 소집하였다.[101] 주석 및 국무위원의 선출권을 갖고 있었던 의정원이 주도하여 수습방안을 마련하고자 한 것이다. 의정원이 수습책을 강구하는 가운데, 사퇴하였던 국무위원들이 복귀하였다. 9월 13일 조성환과 차리석이 복귀하여 국무위원회에 출석하였고, 9월 21일에는 주석 김구를 비롯한 나머지 국무위원들도 돌아왔다.[102] 이로써 20여일에 걸친 임시정부의 무정부상태가 수습되었다.

2) 한국독립당에서 탈당

한독당과 민혁당의 갈등은 독립운동전선에 적지 않은 영향을 끼쳤다. 그 영향의 하나로 한독당과 민혁당을 탈당하는 인사들이 나타났다. 좌익진영이 의정원에 참여하였을 때, 국내외 독립운동자들은 좌우익 세력이 대단결을 이루어 적극적인 독립운동을 전개하리라고 기대하였다. 그러나 주요 세력인 한독당과 민혁당은 독립운동 노선이나 방법상의 문제가 아닌, 즉 정부의 주도권 문제로 정쟁(政爭)을 벌이고 있었다. 이를 보면서 양당의 대립과 갈등을 청산하고 좌우가 합작을 이루어 독립운동을 전개하자는 인사들이 탈당한 것이다.

탈당은 한독당에서 집단적으로 이루어졌다. 1943년 10월 유동열·채원개(蔡元凱)·이준식·김자동(金紫東)·이석화(李錫華)·최덕신(崔德新) 등을 비롯한 17명이 한독당의 탈당을 선언한 것이다.[103] 유동열이 주도한

101 「大韓民國25年度 臨時議政院院務報告書」(국사편찬위원회, 『韓國獨立運動史』 資料 3, 619-620쪽).
102 위와 같음
103 추헌수, 『資料 韓國獨立運動』 2, 160-161쪽.

이들의 탈당은 당의 통일정책에 대한 불만 때문이었다. 탈당과 더불어 발표한 성명서를 통해 "당내에는 상호 반대되는 통일(統一), 반통일(反統一)의 의견이 대립되어 행동의 불일치로부터 구릅의 형성에까지 발전되어 두 개의 부동한 세력이 의연히 존재하게 되었다"고 하여,[104] 탈당이유가 통일에 대한 의견 차이에 있다고 하였다.

유동열이 당원들과 함께 집단 탈당한 후 홍진도 탈당하였다. 홍진의 탈당은 국무위원 선출문제를 둘러싸고 한독당과 민혁당이 날카롭게 대립하는 상황에서 이루어졌다. 앞에서 언급하였듯이, 홍진은 1944년 1월 의정원에서 국무위원 선출방법에 대해 유기명·무기명투표가 표결에 부쳐졌을 때, 민혁당이 주장하는 무기명투표안에 찬성하였다. 이 일이 있은 직후 홍진은 부의장 최동오와 함께 한독당을 탈당하였다. 홍진의 탈당은 한독당 중앙집행위원으로 당의 결정에 반대한 것도 작용하였을 터이지만, 당적을 떠나 양당의 대립을 조정하고자 한 것이 주된 이유였다. 중국측의 정보에 홍진과 최동오는 "중간 입장에서 양당의 쟁집(爭執)을 조정할 뜻을 표시하였다"라는 내용이 보인다.[105]

민혁당에서도 많은 인사들이 탈당하였다. 양당의 '정쟁(政爭)'이 지속되면서 한독당과 마찬가지로 민혁당의 지도력도 커다란 손상을 입게 되었고, 내부의 불만세력도 나타났다. 김원봉을 중심으로 하여 의열단계가 주도하고 있던 민혁당은 1943년 2월 조선민족해방투쟁동맹·한국독립당 통일동지회·조선민족당 해외전권위원회 등 3당과 함께 민혁당을 개조하는 형식으로 통일을 이루었다.[106] 특히 나중에 참가한, 즉 비의열단계 인사들이 불만을 갖게 되었고, 이들이 탈당을 결행하였다.

104 「柳東說等 17人의 韓國獨立黨脫黨聲明書」(추헌수, 『資料 韓國獨立運動』 2, 160-161쪽).

105 「韓國兩黨現狀及其爭執之點」(추헌수, 『資料 韓國獨立運動』 2, 61-62쪽).

106 양영석, 「1940년대 조선민족혁명당의 활동」, 「한국독립운동사연구」 3, 1989, 563쪽.

한국독립당 통일동지회의 김붕준·손두환·김철남, 조선민족당 해외전권위원회의 신기언·강창제·문일민, 이외에 신영삼·김윤서 등이 연이어 탈당하였다.[107]

한독당과 민혁당을 탈당하는 인사들이 생겨나면서, 중경을 중심으로 한 독립운동 진영에 변화가 일어났다. 당시 중경지역의 독립운동 세력은 '정당' 및 단체를 중심으로 결집되어 있었다. 탈당한 인사들이 별도의 세력을 결집하게 되면서, 이러한 독립운동 세력의 판도가 바뀌게 된 것이다.

3) 탈당파 인사들과 신한민주당을 창당

홍진은 한독당과 민혁당을 탈당한 인사들과 함께 신한민주당(新韓民主黨)을 결성하였다. '탈당파' 인사들은 신한민주당을 결성하기 이전에 조선민족혁명자통일동맹이란 단체에 결집되어 있었다. 조선민족혁명자통일동맹은 한독당을 탈당한 인사들이 1943년 11월 유동열을 간사장(幹事長)으로 하여 조직한 단체였다.[108] 이후 한독당과 민혁당을 탈당한 인사들이 이에 소속되었던 것으로 보인다.

조선민족혁명자통일동맹은 정치적 단체는 아니었다. 한독당과 민혁당의 '정쟁'을 극복하고, 독립운동자들의 대단결을 촉구하기 위한 임시기구였다. "본맹(本盟)은 합당통일(合黨統一)이 성립됨을 따라 맹체(盟體)를 해소하고 통일체에 가입함"이라 한 데서 나타나듯이,[109] 독립운동 세력이 대단결하여 통일체를 결성하면 언제든지 해체할 수 있는 단체였다.

홍진을 비롯한 '탈당파' 인사들은 독립운동 세력이 대단결한 통일체

107 裵慶植, 「중경시기 반한독당세력의 임시정부 개조운동」, 653쪽.
108 추헌수, 『資料 韓國獨立運動』 2, 288-289쪽.
109 「朝鮮民族革命者統一同盟 宣言書」(추헌수, 『資料 韓國獨立運動』 2, 289쪽).

가 결성되기를 기다리고 있었다. 그리고 이를 중심으로 항일무장투쟁과 같은 적극적인 독립운동이 전개될 날을 기대하였다. 그러나 독립운동 세력의 통일은 이루어지지 않았다. 일제의 패망이 가시화되면서, 이들은 더 이상 기다릴 수 없었다. 일제와의 전쟁에서 최소한이라도 공헌을 하지 않으면 안 된다는 생각과 복국에 대한 준비를 서둘러야 한다는 생각을 갖게 되었다.

이는 신한민주당을 창립하면서 발표한 창립선언에 들어 있는 글이다. 일제의 패망이 가까이 다가오고 있는 데도 '정쟁'과 당파투쟁에서 벗어나지 못하고 있는 현실, 그리고 일제와의 전쟁에서 별다른 공헌도 쌓지 못하고 조국독립에 대한 준비도 제대로 갖추지 못한 현실을 안타까워하고 있다.

국제정세는 급박하게 돌아가고 있었다. 연합국들이 일본에 대한 공세를 강화하면서, 전후 문제를 협의하기 시작한 것이다. 1943년 11월 미·영·중의 원수들이 카이로에서 전후 문제를 협의한 데 이어 1945년 2월 4일부터 크리미아의 얄타에서 미·영·소 3개국 대표가 참석한 가운데 전후 문제를 처리하기 위한 회의가 개최되었다.[110] 잘 알려져 있듯이, 이 얄타회담에서 소련이 일본과의 전쟁에 참가하기로 하였다. 그리고 비공식적이긴 하지만, 한반도에 대한 신탁통치문제도 논의되었다.

홍진은 얄타회담 소식을 접하면서 시급히 전쟁에 참여하고 독립을 위한 준비를 서두르지 않으면 안된다고 생각하였다. 일제가 패망하기 전에 어떠한 형태이든지 전쟁에 참가해야 한다는 것이 그의 생각이었다. 이를 위해 홍진은 유동열·김붕준과 함께 탈당파 세력들을 결집, 1945년 2월 8일 신한민주당을 창당하였다.[111] 창당과정에 대해서는 구체적으로 드러나는 내용이 없다. 이유는 알 수 없지만, 사전에 치밀한

110 合同通信社 調査部, 『얄타 秘密協定-美國務省發表全文-』, 1956.
111 「創黨에 關한 消息과 內部實情」(추헌수, 『資料 韓國獨立運動』 2, 191쪽).

조국이 머지않아 포화가 하늘까지 이르고 피와 살이 마구 튀는 싸움터로 변할 것입니다. 한번 생각해 보십시오. 우리들이 급박한 시기에 이르기까지 전쟁에 대해 무슨 기릴만한 공헌이 있었습니까? 복국에 대해 무슨 절실한 준비가 있었습니까? 내일 동맹군이 우리나라에 진입하면 우리들이 그 당사자가 될 터인데, 전쟁에 대해 상당한 공헌도 없고, 복국에 대해 응당 있어야 될 충분한 준비도 없습니다. 한갓 카이로회의에서 결정한 상당시기가 되어야 독립할 수 있다고 한데 대해 불평만 하는 것은 실로 쓸데없는 일이고 극히 유치한 일입니다. 중경에 있는 많은 분들이 수십 년간 혁명사업에 치력하면서 직업적 독립운동가라고 자처하는데 우리들 자신을 포함하여 조국을 광복하는데 무슨 절실한 계획과 실천적 노력을 했습니까? 때때로 연줄 따라 모이고, 텅 빈 정권을 각축하며, 당파투쟁에 열중하며[112]

我們祖國不久亦將化爲砲化連天血肉横飛的戰場, 請試想我們直至此刻而對緊急關頭, 對戰爭有何可稱的貢獻 對復國有何切實的準備 明日盟軍進入我國, 我們應爲本身對於戰爭若無相當的貢獻, 對復國若無應有的充分準備, 徒對開羅會議決定「相當時期」始得獨立高鳴不平. 實屬無用而極幼稚, 在渝吾韓袞袞諸公, 以數十年致力於革命事業而自詡爲職業的獨立運動者, 連我們自己也在內, 究竟對光復祖國有何切實計劃及實踐的努力 實不能無疑, 除夤緣時會於臨時政府承認運動, 爲角逐空洞政權而熱中於黨派鬪爭

112 <신한민주당창립선언>(국사편찬위원회, 『韓國獨立運動史』 자료 3, 535쪽)

준비가 없었던 것 같고, 창당은 급하게 이루어졌던 것으로 보인다.

당의 조직도 창당 후에 갖추어졌다. 처음에는 주석단과 중앙집행위원 체제였다가 후에 주석단과 중앙상무위원 체제로 정립되었다. 1945년 3월 6일 중국측에 창당 사실을 통보하였고, 여기에 신한민주당의 조직과 신한민주당 당원 명단이 다음과 같이 나타나 있다.

> 주 석 단 : 홍　진, 유동열, 김붕준
> 비서부장 : 신기언
> 조직부장 : 김윤서
> 선전부장 : 안원생
> 재무부장 : 유진동
> 중앙집행위원
> 　　신영삼, 이광제, 손두환, 문일민, 이연호, 강창제, 김철남,
> 　　강홍주, 조동철, 김자동, 이석화, 이　웅, 장성철, 김좌경[113]

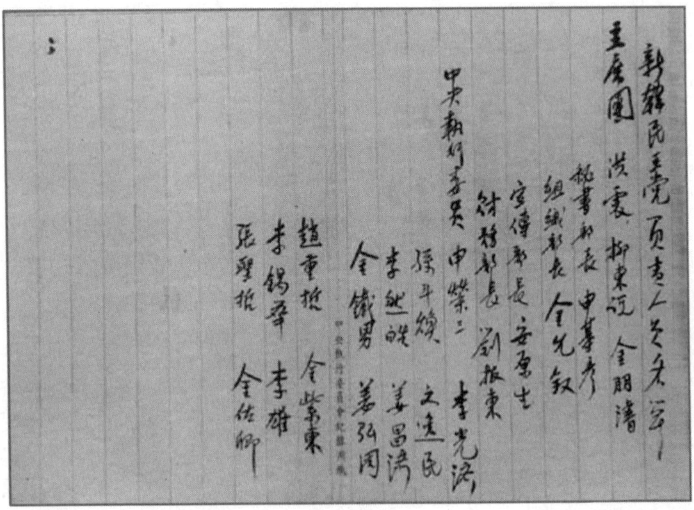
新韓民主黨負責人名單
主席團 洪震 柳東說 金朋濬
秘書部長 申基彦
組織部長 金允叙
宣傳部長 安原生
財務部長 劉振東
中央執行委員 申榮三 李光濟
孫斗煥 文逸民
李然浩 姜昌濟
金鐵男 姜弘周
趙重哲 金紫東
李錫華 李雄
張聖哲 金佐卿

신한민주당 당원 명단

113 「新韓民主黨中央執行委員會代電」(추헌수, 『資料 韓國獨立運動』 2, 189-191쪽).

이후 기본골격에는 커다란 변화가 없지만, 1945년 4월 1일자 보고문건에는 주석단과 중앙상무위원 체제로 나타나 있다. 그리고 창당 4개월 만인 6월 8일에 전체회의를 개최하고 조직을 확대하였다. 중앙상무위원 4인을 7인으로 확대하고, 조직부·선전부·재무부·비서부 4부 이외에 경제위원회·전방공작위원회·정치위원회 등 3개 위원회를 설치하였다.[114]

당의 조직체제는 주석단제였고, 주석단이 당의 최고기구였다. 홍진은 유동열·김붕준과 함께 주석단으로 선출되었다. 홍진을 비롯한 유동열과 김붕준은 임시정부 수립 당시부터 활동해 온 독립운동계의 지도적 인물이었고, 당시에도 임시정부의 주요 인사로 활동하고 있었다. 홍진은 임시의원정 의장, 유동열은 참모총장, 김붕준은 국무위원이었다. 이들 3인이 한독당(안원생, 유진동, 김자동, 이석화 등)과 민혁당(손두환, 김철남, 이연호, 신영삼 등)을 탈당한 세력을 결집하여 신한민주당을 창당한 것이었다.

신한민주당은 정당으로 결성되었다. 그렇지만 정치단체나 정당으로 자임하지 않았다. 창립선언에서 "본당은 전민족이 당면한 임무를 공동으로 수행하기 위한 행동집단이지, 동일한 사상이나 주의 혹은 계급적 정치단체가 아니다. 정권에 욕망을 가진 정당도 아니다. 민족을 구하

114 확대 개편한 신한민주당의 조직체제를 정리하면 다음과 같다.
주석단 : 홍진, 유동열, 김붕준
중앙상무위원 : 김윤서, 安原生, 劉振東, 申基彦, (이광제), (김철남), (강홍주)
조직부장 : 金允敍 (김철남)
선전부장 : 安原生
재무부장 : 劉振東
비서부장 : 申基彦 (李光濟)
(경제위원회) 주임 : 신영삼
(정치위원회) 주임 : 강홍주
(전방공작위원회) 주임 : 김윤서
* (　)는 6월 8일 전체회의에서 신설된 것.
(추헌수, 『資料 韓國獨立運動』 2, 191-192쪽).

고 조국을 광복하며 민주를 실천하는 애국주의의 결사이다"라고 하여,[115] 당의 성격을 정치단체도 아니고 정당도 아니며, 당면한 민족문제를 해결하기 위한 행동집단이자 민주주의를 실천하는 애국주의 결사로 천명하였다.

당의 정책이나 노선도 정치적인 문제보다는 독립운동 진영에서 시급하게 추진해야 할 문제, 즉 대일항전에 역점을 두었다. 당이 추진할 당면정책으로 결정한 것은 다음과 같다.

1. 국내외 및 적의 점령구역 내에 있는 민중들과 연계를 맺고, 모든 가능한 지도와 원조를 통해 역량을 집중하고 조직을 확대하여 전면적인 폭동을 일으킨다.
2. 국내외에 무장대오를 건립하여 유격전을 일으키며, 盟軍이 우리나라에 진입할 때에는 지하로부터 왜적을 擊敗한다.
3. 모든 반일민주집단과 협동하여 전민족적 민주통일을 완성하도록 노력한다.
4. 모든 유효한 노력으로 각 방면에서 맹군의 대일작전에 적극 협조한다.[116]

신한민주당이 추진할 과제로 삼았던 것은 직접 일제와 전쟁을 전개하는 것, 그리고 연합군의 대일작전에 조응하고 협조하는 것이었다. 일제의 패망이 예견되는 상황에서 무엇보다도 일제와의 전쟁이 시급하다고 여긴 때문이었다. 또 유동열을 비롯하여 당의 구성원들이 만주에서 무장투쟁을 전개하였던 경험을 갖고 있었고, 김자동·이웅·이석화 등과 같이 광복군에서 활동하고 있던 군사간부들이 있었던 것도 크게 작용하였다. 실제로 당원 중 신영삼은 적후공작을 전개하기도 하였다.[117] 이러한 노선과 활동은 중국군사당국에 주목을 받았던 것 같다.

115 「신한민주당창립선언」(국사편찬위원회, 『韓國獨立運動史』 자료 3, 536쪽).
116 국사편찬위원회, 『韓國獨立運動史』 자료 3, 537쪽.
117 추헌수, 『資料 韓國獨立運動』 2, 189쪽.

중국군사위원회 군통국(軍統局)의 대우농(戴雨農)이 당의 경비를 원조했다고 한다.[118]

홍진은 신한민주당을 창당하여 활동을 시작하였지만, 새로이 정당을 결성한 데 따른 여론은 좋지 않았다. 중경에는 한독당과 조선민족혁명당을 비롯하여 공산주의를 표방하던 조선민족해방동맹, 무정부주의를 표방하는 조선무정부주의자연맹 등 여러 정당 및 단체들이 결성되어 활동하고 있었다. 그리고 이들 정당과 단체들은 중경에 있는 한정된 인원을 대상으로 각기 자파의 세력을 확대하기 위해 경쟁을 벌이면서 여러 문제들을 야기하기도 하였다.[119] 이러한 상황에서 또다시 신한민주당이 결성된 것이다. 신한민주당이란 '정당'을 창당하면서도 창립선언을 통해 구태여 '정치단체'가 아님을 천명한 것도 이러한 여론을 의식한 것이었다고 하겠다.

신한민주당 창당에 대한 비방과 견제도 거셌다. 특히 한독당은 격렬한 반응을 보였다. 임시정부의 외무부장이면서 한독당의 중앙집행위원장이었던 조소앙이 광복군 신입대원들에게 훈사를 하면서 신한민주당을 비난한 것이 그것을 단적으로 말해준다. 조소앙은 지금까지 임시정부가 각국의 승인을 얻지 못하였는데 그 원인이 "신한민주당의 분자들이 정부를 뒤흔들고 비방 훼손하는데 있다"고 하면서, 정부는 앞으로 신한민주당에 대해 타격을 가하고 필요하다면 무력으로 대처할 것이라고 하였다.[120]

조소앙은, 개인적으로 보면, 홍진이 가장 막역하게 지낸 대표적인 인물이었다. 홍진은 중국관내로 이동한 후 항주에서부터 중경에 이르기까지 함께 활동하기도 하였다. 함께 동고동락한 사이였을 뿐만 아니

118 胡春惠 저, 辛勝夏 역, 『中國안의 韓國獨立運動』, 215-216쪽.
119 金俊燁, 『長征』 2, 나남, 1991, 463-467쪽.
120 「創黨에 관한 消息과 內部實情」(추헌수, 『資料 韓國獨立運動』 2, 191쪽).

라, 정치적 동지이기도 한 사이였다.

한독당으로부터 당원 신기언이 구타당하는 사건도 일어났다. 신기언은 1945년 5월 중경 교외에 있는 부로수용소를 방문하였다. 그곳에 있는 한인포로들을 상대로 당원을 획득하기 위한 것이었고, 이들을 설득하는 중에 임시정부를 비판하는 내용이 들어 있었다고 한다. 이 소식을 들은 한독당의 조완구가 임시정부 경위대를 파견하여 신기언을 구타하였고, 구타를 당한 신기언이 부상을 입어 병원에 입원한 일이 일어난 것이다.[121]

그러나 신한민주당은 주요한 정치세력이었다. 임시정부를 둘러싼 주요한 정당의 하나였고, 의정원에서 한독당에 이어 가장 많은 의원을 확보한 제2당의 위상을 갖고 있었다. 당시 임시의정원 의원 수는 모두 49명이었다. 이중 한독당이 23명으로 가장 많았고, 이를 이어 신한민주당이 12명, 그리고 민혁당이 9명, 해방동맹이 3명, 무정부주의자연맹이 2명을 차지하고 있었다.[122] 이로써 한독당과 민혁당을 중심으로 하였던 기존의 양당체제는 붕괴되었고, 한독당·신한민주당·민혁당을 중심으로 한 3당 구도가 형성되었다.

5. 독립운동자대표대회 추진

신한민주당은 홍진의 세력 기반이 되었다. 홍진은 신한민주당을 배경으로 자신의 정치적 구상을 실현하고자 하였다. 홍진의 구상은 전민족의 독립운동 역량을 한 곳으로 집중시켜, 이를 중심으로 적극적인 독립운동을 전개한다는 것이었다. 1920년대에 민족유일당운동을 일으

121 추헌수, 『資料 韓國獨立運動』 2, 358쪽

122 裵慶植, 「중경시기 반한독당세력의 임시정부 개조운동」, 655쪽.

켜 이를 시도한 바 있었다. 신한민주당을 창당하면서, 홍진은 이를 다시 추진하고자 하였다. 독립운동자대표대회가 바로 그러한 시도였다.

일제와 직접 전쟁을 전개하고, 연합군의 대일작전에 협조한다는 것이 신한민주당이 내세운 당면정책이었다. 이와 함께 신한민주당이 추진하고자 하였던 문제는 국내외 독립운동 세력의 통일을 도모하는 것이었다. 창립선언을 통해 이러한 의도를 다음과 같이 밝히고 있다.

> 우리는 해방 후 我國의 정부 형식 및 기타 건설문제는 응당 전국 인민의 자유 평등 비밀투표 방식에 의해 선출된 대표들로 조직된 國民代表大會에서 결정해야 한다고 생각한다. 復國 이전 독립운동 기간의 모든 문제는 응당 또 반드시 국내외 민주집단의 대표들로 조직된 독립운동자대표대회에서 결정되어야 한다고 생각한다. 이것이 본당의 성질과 입장으로, 우리는 여기에서 나온 결론을 움직일 수 없는 주장으로 견지할 것이다.[123]

해방 후 국가를 건설하는 문제는 국민대표대회에서 결정하도록 한다는 것이고, 독립운동 기간 중의 모든 문제는 국내외 독립운동 대표들로 독립운동자대표대회를 조직하여 이를 통해 결정하자는 것이었다. 독립운동자대표대회를 조직한다는 것은 국내외 독립운동 세력의 통일을 도모한다는 것이었고, 이것이 신한민주당을 창당한 목적의 하나였다.

홍진이 신한민주당을 기반으로 이를 추진하고자 하였을 때, 임시정부 국무회의에서 의정원에 긴급한 요청을 해왔다. 독일에 대해 선전포고를 의정원에서 동의해 달라는 요청이었다. 1945년 4월 미국 샌프란시스코에서 연합국회의가 개최되는데, 이 회의에 참가할 자격은 1945년 3월 1일 이전에 독일에 대하여 선전포고를 한 국가에 한정한다는 전제가 있었다. 이에 임정 국무회의에서 긴급히 「대덕선전포고(對德宣

123 국사편찬위원회, 『韓國獨立運動史』 자료 3, 536쪽.

戰布告)」를 결의하고 의정원에 동의를 구한 것이다.

홍진은 의정원 회의를 소집하였다. 1945년 2월 28일 저녁 8시 28명의 의원이 참여한 가운데 제37차 의정원 회의가 개최되었고, 이 회의에서 「대덕선전요구안(對德宣戰要求案)」을 가결시켰다.[124] 임시정부는 미·일간에 태평양전쟁이 발발하자, 이틀 후인 1941년 12월 10일 일본에 대해 선전포고를 발표한 일이 있었다. 이에 이어 독일에 대해서도 선전포고를 발표하게 되었다.

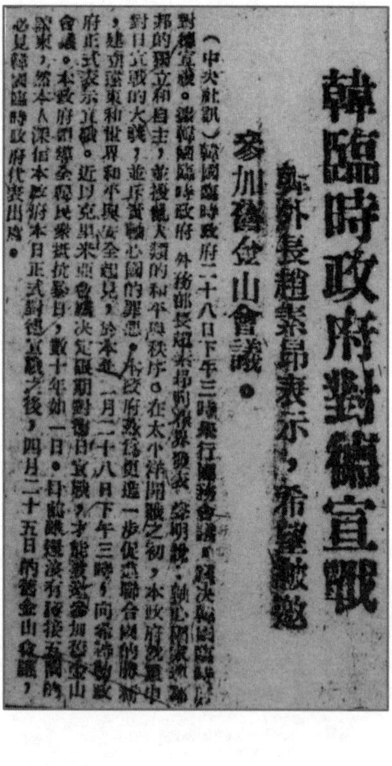

韓臨時政府對德宣戰

外長趙素昂表示，希望[illegible]參加舊金山會議。

（中央社訊）韓國臨時政府二十八日下午三時舉行國務會議，議決韓國臨時政府對德宣戰。韓國臨時政府外務部長趙素昂對記者發表[illegible]明：韓國[illegible]邦的獨立和自主，並擁護人類的和平與秩序，在太平洋開戰之初，本政府就[illegible]對日宣戰的大戰，並斥責軸心國的罪惡。本政府為[illegible]更進一步促成聯合國的勝利，建立遠東和世界和平與安全起見，於本年二月二十八日下午三時，向[illegible]政府正式表示宣戰。近以克里米亞會議決定[illegible]期對德日宣戰，才能被邀參加舊金山會議。本政府領導全韓民衆抵抗暴日，數十年如一日。目前[illegible]要求，然本人深信本政府本日正式對德宣戰之後，四月二十五日的舊金山會議，必見韓國臨時政府代表出席。

임시의정원의 동의를 얻어 발표된 독일에 대한 선전포고.

124 국회도서관, 『大韓民國臨時政府議政院文書』, 398쪽.

홍진은 독립운동 세력의 통일을 도모한다는 것이 얼마나 어려운 일인가를 잘 알고 있었다. 민족유일당운동을 일으켜 이를 추진하면서, 또 1930년대 여러 정당의 통일운동을 추진하면서, 누구보다도 값진 경험을 하였다. 그러나 일제의 패망이 눈앞에 보이고, 연합국들이 전후 문제를 논의하고 있는 상황에서, 독립운동 세력의 통일을 더 이상 미룰 수 없었다. 하루라도 빨리 일제와 전쟁을 전개하지 않으면 안된다는 생각이었고, 이를 위해 시급히 해결할 과제가 독립운동 세력의 통일을 도모하는 일이었다. 이에 대한 홍진의 절박한 심정은 1945년 4월 제38차 의회를 개회하면서 여야 의원들에게 당부한 다음과 같은 말 속에 잘 나타나 있다.

> 우리가 그동안 웬만큼만 하여 왔다면 지금쯤은 세계 각국이 다 우리를 동정하고 승리할 때이다. 지금 이 시간으로 말하면 맹국의 수천만 군대를 우리의 군대로 본다하여도 過치 않을 좋은 시기요 軍火租借를 求치 않아도 도와주고 모든 방면으로 다 유리하게 도와 줄 때이다. (중략) 그러므로 우리는 앞에 남은 시간을 '行動' '犧牲'의 길로 나가는 것이 오늘 의회 개원식에 의의가 있다고 봅니다. 즉 금후부터는 院과 府가 독립운동 좀 해보자 입니다. 그런데는 '행동'과 '희생'이 없이는 독립운동 같은 것도 아니온다 입니다.[125]

제38차 의회를 개회하면서 홍진은 남다른 감회를 갖지 않을 수 없었다. 제38차 의회가 개회되던 1945년 4월 11일은 의정원 및 임정 수립 26주년이 되는 날이었다. 26년 전 홍진은 국내에서 한성정부를 수립하였었고, 이것이 현 임시정부의 기초가 되어 있었다. 의정원 의장으로 기념식을 거행하면서, 홍진은 지난 26년의 세월이, 그리고 유리하게 돌아가는 국제정세에 제대로 대응하지 못하고 있는 현실이 너무도 안타까웠다.

125 국회도서관, 『大韓民國臨時政府議政院文書』, 400쪽.

홍진은 지금이라도 모든 독립운동 세력이 통일을 이루어, 적어도 의정원과 임시정부만이라도 독립운동에 적극 나서기를 촉구하였다. 이것은 임시정부를 수립한 지도자의 한 사람으로서, 그리고 나이 70을 바라보는 독립운동의 원로로서 홍진의 진심어린 갈망이었다. 홍진은 그 길이 '행동'과 '희생'에 있다고 믿었고, 정부 각원과 의정원 의원들에게 이제부터라도 '행동'과 '희생'의 길로 나갈 것을 촉구한 것이다.

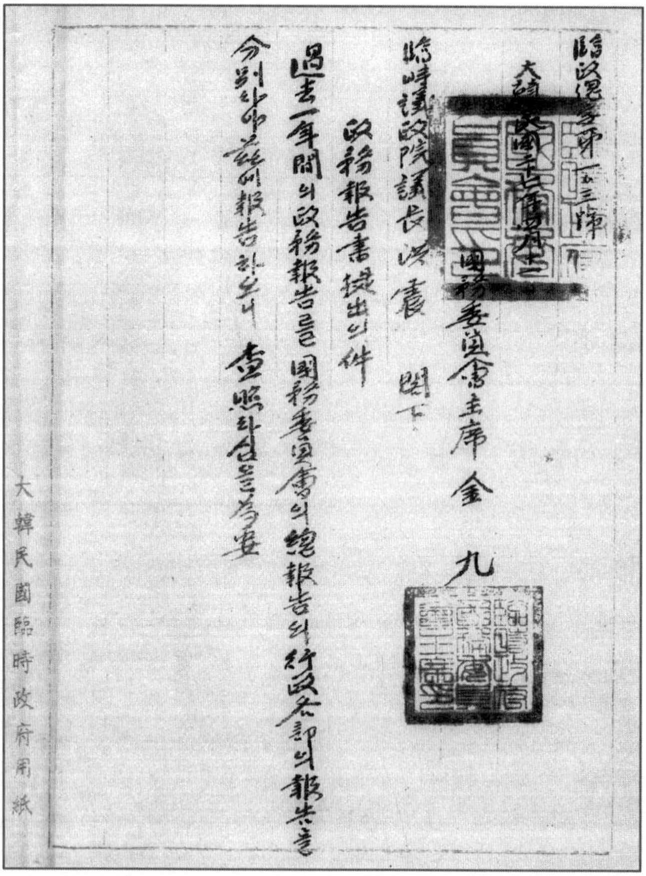

臨政總字第一五三號

大韓民國二十七年四月十一日

臨時議政院議長洪震 閣下

國務委員會主席 金九

政務報告書提出의件

過去一年間의政務報告를國務委員會의總報告와行政各部의報告書를

合하야茲에報告하오니 查照하심을爲要

大韓民國臨時政府用紙

홍진 의장에게 보낸 국무위원회 주석 김구의 1945년 4월 11일자 정무보고서

홍진은 제38차 의정원 회의를 통해 국내외 독립운동자들의 대단결을 추진하고자 하였다. 독립운동자대표대회안을 제38차 의회에 안건으로 제출한 것이다. 신한민주당이 제출한 이 안건의 구체적인 내용은 알려져 있지 않다. 몇 가지 내용을 종합하면, 가장 빠른 기간 내에 적당한 지점에서 국내외 민주영수들이 모여 독립운동자대표대회를 개최하고 모든 절박한 문제들을 해결한다는 것, 그리고 의정원 의장·임정 주석·광복군 총사령으로 구성된 주석단이 소집의 주체가 된다는 것이 핵심을 이루고 있다.[126] 당·정·군의 최고 책임자가 직접 나서서 국내외 독립운동자들의 통일을 도모하고, 이를 기반으로 독립운동을 전개하자는 것이었다.

당·정·군의 최고 책임자. 임시정부 주석 김구, 임시의정원 의장 홍진, 한국광복군 총사령관 이청천.

독립운동자대표대회안은 1923년 상해에서 개최되었던 국민대표회와 크게 다르지 않은 것으로 생각된다. 국내외 각 지역 및 여러 단체의 대표들이 한 자리에 모여 독립운동의 새로운 활로와 방안을 모색하고자 하였던 것이 바로 국민대표회였다. 독립운동자대표대회를 소집하려는 것도 이러한 의도였다고 할 수 있다. 그리고 '민주영수들이 모인

126 신한민주당의 창립선언(국사편찬위원회, 『韓國獨立運動史』 자료 3, 534-537쪽) 및 제38회 의정원 회의록(국회도서관, 『大韓民國臨時政府議政院文書』, 453쪽).

독립운동자대표대회에서 모든 문제들을 해결한다'는 것으로 보면, 독립운동자대표대회로 하여금 기존 의정원의 기능을 담당토록 한다는 방침이었던 것 같다.

그러나 독립운동자대표대회안은 홍진과 신한민주당의 의도대로 해결되지 못하였다. 우선 분과위원회에서 통과되지 않았다. 이 안은 제2과(내무·외무) 소관사항이었다. 제2과는 조소앙·박건웅·엄항섭 의원이 위원으로 있었는데, 이중 조소앙이 "심사위원 세 사람이 있는데 세 사람의 의견이 동일하게 나가지 못하였습니다"라고 하였다.[127] 분과위원회를 통과하지 못한 것이다. 위원 중 한 사람인 조소앙은 개인적으로는 대표대회에 찬성한다고 하면서도, '의정원은 대표대회 소집에 관한 권한이 없다'는 것과 '5단체가 이에 대해 협의 진행하고 있는데 의장·주석·총사령이 주석단이 되어 책임지고자 하는 것은 모순'이라는 이유를 들어, 분과위원회에서 통과시키지 않았다고 설명하였다.[128]

독립운동자대표대회안에 대해서는 각 당의 의견이 같지 않았다. 문제는 누가 소집의 주체가 되느냐에 달려 있었다. 임시정부를 옹호 유지하고 있던 한독당은 소집의 주체를 의장·주석·총사령으로 구성한 주석단으로 하자는 신한민주당의 의견을 받아들이기 어려웠다. 임시정부의 권위와 위상이 훼손될 가능성이 많다고 생각하였기 때문이었다. 제2과의 3인 위원 중 조소앙과 엄항섭은 한독당 소속이었고, 박건웅은 조선민족해방동맹 소속이었다.

독립운동자대표대회안은 5당 회의에서 논의되었던 것 같다. 5당은 한독당·신한민주당·민혁당·조선민족해방동맹·무정부주의자연맹 등을 말한다. 5당 회의에서 언제부터, 그리고 어떻게 이 문제를 논의하였는지는 알려져 있지 않다. 다만 중국측의 정보자료에 5당 회의에서 한독

127 국회도서관, 『大韓民國臨時政府議政院文書』, 453쪽.
128 국회도서관, 『大韓民國臨時政府議政院文書』, 453쪽.

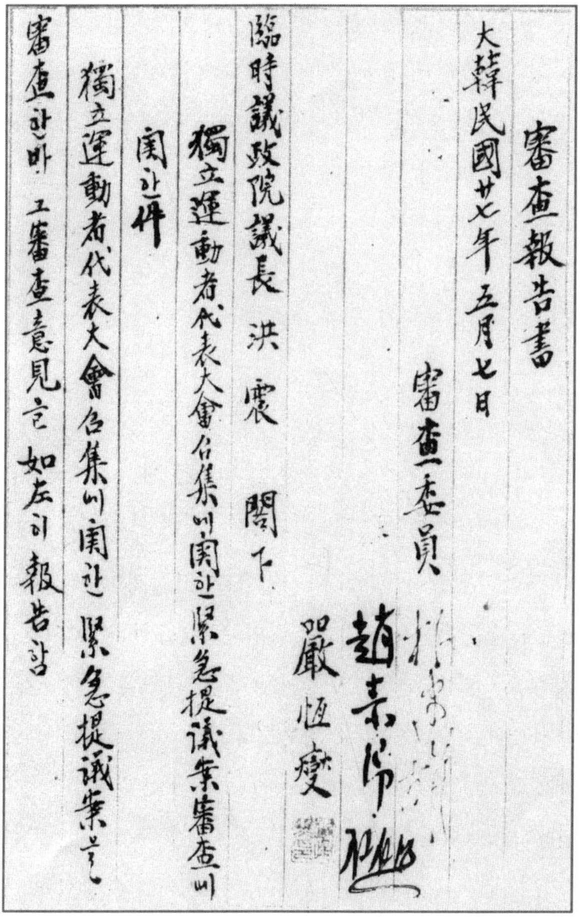
審査報告書

大韓民國廿七年 五月七日

審査委員 趙素昂 嚴恒燮

臨時議政院議長 洪震 閣下

獨立運動者代表大會召集에 関한 緊急提議案審査에 関한 件

獨立運動者代表大會召集에 関한 緊急提議案을 審査한바 그審査意見은 如左히 報告함

독립운동자대표대회에 관한 심사보고서

당이 각 당은 무조건으로 통일하고 통일 후에 임시정부의 문제를 논의하자는 주장을 하였다는 것과 이에 대해 4당이 모두 반대하였다는 내용이 보이고 있다.[129]

129 「議政院의 最近動態」(추헌수, 『資料 韓國獨立運動』 1, 358쪽).

결국 신한민주당이 제출한 독립운동자대표대회안은 의안으로 다루어지지 못하였다. 그런데 5월 7일 긴급제의안으로 「독립운동자대표대회소집에 관한 건」이 제출되었다. 제안자는 민혁당 4명(최석순, 이해명, 김약산, 염온동)과 한독당 3명(안훈, 조시원, 양우조) 등 모두 7명이었다. 그 내용은 다음과 같다.

> 현하 내외정세에 鑑하야 현재 議籍에 망라된 광복운동자대표의 기구보다 실질적으로 명실상부한 각지의 독립운동자대표대회를 정부로 하여금 최속한 기간내에 소집하여 독립운동에 관한 중요 문제를 결정하여 합법적으로 추진 실현하도록 할 것. 단 독립운동자대표대회에 관한 구성요소 및 범위와 소집 程序는 정부에서 결정하여 실시할 것[130]

의회에서 신한민주당이 제출한 안건을 기각시키고, 한독당과 민혁당이 공동으로 독립운동자대표대회소집안을 제출한 것이다. 신한민주당이 양당으로부터 적지 않은 견제를 당하고 있었음을 짐작할 수 있다. 신한민주당이(12석) 의석수로 보면 제2당이긴 하였지만, 한독당(23석)과 민혁당(9석)이 합세할 경우에는 상대가 되지 못하였다.

독립운동자대표대회를 소집해야 한다는 데는 누구나 공감하고 있었다. 한독당이나 민혁당도 이에 대해서는 같은 생각이었다. 다른 점이 있다면 소집의 주체에 대한 문제였다. 한독당과 민혁당은 신한민주당이 제안한 의장·주석·총사령이 주석단이 되어 소집하자는 안을 받아들이지 않았다. 대신 정부가 소집의 주체가 되어 모든 사항을 주도한다면 독립운동자대표대회를 소집한다는 것이었고, 소집의 주체를 정부로 수정하여 다시 의회에 제출한 것이다.

신한민주당은 한독당과 민혁당이 제안한 수정안에 대해 강력한 이

130 국회도서관, 『大韓民國臨時政府議政院文書』, 609쪽 ; ≪앞길≫ 42호, 1945년 6월 1일(국가보훈처, 『韓國獨立運動史料』 楊宇朝 篇, 1999, 651쪽).

의를 제기하였다. 5월 7일 회의에서 강홍주(姜弘周) 의원이 나서서 이 문제는 원외(院外)에서 협상하기로 해놓고 다시 의정원에 제출한 이유가 무엇인지를 따지는 한편, "신한민주당이 하는 것을 부인하고 한독당과 민혁당이 독자적으로 제출하는 식으로 일을 추진한다면 독립운동자대표대회가 잘 모여지겠느냐"고 하면서 전후가 모순된 행동임을 지적하고 나선 것이다.[131]

한독당과 민혁당이 제안한 수정안을 둘러싸고 격렬한 토론이 벌어졌다. 신한민주당에서 적극 반대하였고, 조선민족해방동맹도 정부가 주도하는 것에 대해 이의를 제기하였다. 조선민족해방동맹 소속의 박건웅(朴健雄) 의원이 나서서 반대의견을 개진하면서, 정부가 주도할 것이 아니라 의정원·정부·당파·문화단체·무장대오가 모여 주비회를 구성하는 것으로 수정하자고 한 것이다.[132]

신한민주당과 조선민족해방동맹은 반대하였지만, 수적인 열세를 극복할 수 없었다. 한독당과 민혁당이 제안한 독립운동자대표대회소집안이 그대로 통과된 것이다. 5월 7일 회의는 오후 내내 이 문제를 가지고 격렬한 토론을 벌이다가 표결에 들어갔다. 그 결과 참가한 의원 28명 중 22명이 찬성, 한독당과 민혁당이 공동으로 제안한 독립운동자대표대회소집안이 통과되었다.[133]

그러나 제38차 의회에서 통과된 독립운동자대표대회소집안은 해방될 때까지 실행에 옮겨지지 않았다. 임시정부는 국무회의를 열어 의회에서 결의한 독립운동자대표대회소집 문제를 논의하였다. 이때 민혁당 소속의 국무위원은 즉시 소집을 요구하였지만, 한독당 소속의 국무위원측에서 실행하기에는 곤란한 점이 많다고 하면서, 장기적인 계획으

131 국회도서관, 『大韓民國臨時政府議政院文書』, 521-522쪽.
132 국회도서관, 『大韓民國臨時政府議政院文書』, 523쪽.
133 국회도서관, 『大韓民國臨時政府議政院文書』, 528쪽.

로 논의하자고 한 것이다.[134]

이로써 국내외 독립운동 역량을 한 곳으로 집중하여, 이를 중심으로 독립운동을 논의하고 전개한다는 홍진의 구상은 실행되지 못하였다. 그리고 독립운동자대표대회의 소집이 실행에 옮겨지지 못하면서, 일제의 패망을 앞두고 국내외 독립운동 세력의 통일을 도모하려는 시도는 구상에 그치고 말았다.

134 「最近의 臨政動態」(추헌수, 『資料 韓國獨立運動』 1, 404쪽).

제 10 장

해방, 환국과 비상국민회의 의장

1. '화평공제(**和平共濟**)의 새 정신'으로

일제가 항복한다는 소식이 중경에 전해진 것은 1945년 8월 10일 저녁이었다. "일본이 무조건적으로 동맹국에 투항했다는 소식이 중경에 도착한 것은 오늘, 10일 저녁 8시쯤이었다"라는 기록이 그것을 말해준다.[1] 이것은 당시 중경에 거주하고 있던 양우조(楊宇朝)와 최선화 부부가 쓴 일기에 기록되어 있는 내용이다. 양우조는 한독당의 중앙집행위원이며, 임시의정원의 예결위원장으로 활동하고 있던 인사였다.[2]

홍진도 이날 일제의 항복소식을 들었다. 홍진이 일제의 항복에 대한 감회를 직접 피력하거나 기록한 것은 없지만, 그의 감회가 남달랐을 것임은 미루어 짐작할 수 있다. 그는 1945년에 들어와 일제의 패망이 임박해지는 상황에서 서둘러 연합군과 함께 대일전쟁에 참전하고, 또

1 양우조·최선화, 『제시의 일기』, 혜윰, 1998, 239쪽.

2 李在鎬, 「少碧 楊宇朝의 생애와 독립운동」, 『史學志』 36, 단국사학회, 2003, 46-47쪽.

미주·소련 등지에서 활동하고 있던 세력들도 임시정부로 결집시켜 국내외의 전민족을 임시정부로 통일시킨 가운데 해방을 맞이하고자 하였다. 이를 위해 독립운동자대표대회를 추진하자고 하였지만, 정치적 이해관계에 휘말려 결국은 실행되지 못하고 말았다.

홍진의 생각은 임시정부가 국내로 들어갈 때, 국민들에게 내보일 것이 있어야 한다는 것이었다. 적어도 미주·소련 등지에서 활동하고 있는 세력들이라도 참여시켜, 전민족이 대단결을 이룬 임시정부의 모습을 갖추어 국민들 앞에 서고자 한 것이다. 독립운동자대표대회를 추진하려고 한 목적도 여기에 있었다. 이를 실현하지 못한 채 해방을 맞게 된 것이다.

> 오늘은 세계 인류의 도적 일본 파쇼가 여지없는 파괴의 盟國에 향하여 투항하는 이때 우리 조국은 자유의 세계를 향하는 이날 우리가 39차 의회를 여기서 開할 때 참으로 감분합니다. 창쾌 不止에 세 가지 점으로 이 개막을 하게 됐습니다. 우리 조국이 회복함에 따라 완전 자유되고 건설할 무거운 짐을 지고 나가야 할때 역시 감분 悲狀의 정서를 느끼게 됩니다. 과거 30여년간 일 하여오든 우리가 그 일의 성적을 內地人民에게 내놀 때 역시 창쾌 不止입니다.[3]

이는 1945년 8월 17일 제39차 의정원 회의를 개최하면서, 홍진이 의장으로서 행한 개회사 중의 일부분이다. 회의록이 제대로 기록된 것 같지 않아 그가 말한 내용이 명확하게 전달되지는 않지만, 국내에 들어가 국민들 앞에 떳떳하게 임시정부를 내놓을 수 있겠냐는 것이었다. 단편적이긴 하지만, 이를 통해 해방을 맞은 그의 마음이 가볍지 않았다는 것을 짐작할 수 있다.

홍진은 1945년 8월 17일 의정원 회의를 개최하였다. 제39차 임시회의로, 정부의 요구에 의해 소집된 회의였다. 임시정부는 일제의 항복소식

3 국회도서관, 『大韓民國臨時政府議政院文書』, 1974, 548-549쪽.

이 전해진 후 곧바로 국무회의를 소집하여, 일제의 항복에 따른 대책을 협의하였다.[4] 그리고 국무회의에서 논의된 임시정부 문제를 비롯하여 귀국과 관련한 문제들은 의정원 회의를 통해 결정하고자 한 것이다.

홍진은 의정원 회의를 주재하면서, 이번 의회야말로 여야가 힘을 합쳐 주기를 바랐다. 해방을 맞이하여 갖는 첫 의회였고, 자유 조국을 건설하는 과제가 대두되어 있었던 것이다. 그는 회의를 시작하면서 의원들에게 당부하였다.

> 당면문제를 잘 해결하는 데는 이 회의를 잘 해 보아야겠다입니다. 그러는 데는 引責할 것 인책하고, 先後方案을 잘 꾸미는데 일은 잘 되겠다입니다. 그만한 새 精神을 가지고 일에 臨하여야겠다 입니다. 그러므로 여러분이 和平共濟하는 새 정신에서 새 出發하기 바랍니다[5]

홍진의 당부는 '화평공제(和平共濟)의 새 정신(精神)'을 가지고, 당면문제를 잘 해결해 나가자는 것이었다. 그동안 의회 내에서 여야가 헌법 개정과 건국강령의 수개, 국무위원 선임, 임시정부의 확대 개조 등으로 첨예하게 대립과 갈등을 빚어 왔었다. 이러한 과거의 대립과 갈등을 떨쳐버리고 자유 조국을 건설하는 길에 '화평공제의 새 정신'으로 출발하기를 당부한 것이다.

그러나 의회는 회의 벽두부터 순조롭게 진행되지 못하였다. 우선 임시정부에서 정부안을 회의에 제출하지 않은 것이다. 주석이 서안에서 돌아오지 않아 서명이 되지 않았다는 이유였다. 당시 주석 김구는 OSS

4 당시 임시정부 국무회의록은 남아 있지 않다. 다만 국무위원 중 한 사람이었던 趙擎韓의 『白崗回顧錄』(한국종교협의회, 1979, 366쪽)에 일제의 항복소식이 알려진 다음 날 국무회의를 개최하였다고 하면서, 1) 귀국해서 정권을 국민에게 봉환한다. 2) 귀국해서 반포할 당면정책을 기초한다. 3) 대외교섭을 빨리 전개하여 귀국절차를 밟는다. 4) 정부 및 의정원의 일절 문헌과 집물을 정리한다. 5) 제39차 의회소집을 요구한다는 다섯 가지 사항을 의결한 것으로 나타나 있다.

5 국회도서관, 『大韓民國臨時政府議政院文書』, 549쪽.

훈련을 마친 광복군 대원들의 국내진입문제를 미국측과 논의하기 위해 서안에 가 있었다. 정부의 요구에 의해 소집된 의회였지만, 정부의 안이 제출되지 않았다. 이로써 첫날 회의는 개회식만 하는 것으로 끝났다.

다음 날 회의가 속개되었다. 정부에서는 국무회의에서 결정한 1) 27년간 우리가 대행(代行)하던 임시정권(臨時政權)은 금일 해방된 국내 인민에게 봉환(奉還)하기로 결의함. 2) 정권(政權)을 봉환(奉還)하기 위하여 현 임시정부는 곧 입국하기로 결의함이란 제의안을 회의에 제출하였다.[6] 임시정부가 그동안 대행하여 왔던 정권을 국민들에게 바친다는 것이었고, 국민들에게 바치기 위해 임시정부는 속히 입국한다는 것이었다.

정부의 제의안이 제출된 후, 회의는 곧 파란으로 이어졌다. 강홍주(姜弘周)·김철남(金鐵男)·손두환(孫斗煥)·박건웅(朴健雄) 등 민혁당과 신한민주당을 중심으로 한 야당측 의원들이 '임시정부의 개조'와 '국무위원의 총사직'을 요구한 것이다. 현 임시정부 그대로는 입국할 수 없다는 것이고, 현재의 국무위원은 총사직하고, 새로이 정부를 개조하여 입국하자는 것이었다.

임시정부 개조는 1942년 좌익진영이 의정원에 참여한 이래 줄곧 제기되었던 문제였다. 야당을 대표하였던 민혁당은 임시약헌과 건국강령의 수개, 국무위원 선임 등을 통해 한독당 위주로 짜여진 임시정부의 체제를 확대 개편하자고 주장해 왔고, 1945년 2월 결성된 신한민주당도 독립운동자대표대회를 소집하여 임시정부를 확대 개조하자고 주장하였다.[7] 임시정부의 확대 개조를 둘러싸고 여당인 한독당측과 갈등을

6 국회도서관, 『大韓民國臨時政府議政院文書』, 549, 560쪽.
7 裵慶植, 「중경시기 反한독당세력의 임시정부 개조운동」, 『대한민국임시정부수립 80주년기념논문집』 상, 국가보훈처, 1999, 548-549쪽.

빚었던 야당측이 국내로 환국하기에 앞서 국무위원의 총사직을 요구한 것이다.

국무위원 총사직 문제가 대두되면서, 정부와 야당이 첨예하게 대립하였고, 회의는 3일간 휴회에 들어갔다. 서안에 갔던 김구 주석이 8월 18일 돌아왔고, 21일 회의가 다시 열렸다. 회의에 출석한 김구는 서안에 다녀온 경과를 보고하는 한편, 정부의 대표로서 야당측의 요구에 대해 "현직 국무위원은 총사직할 필요가 없다"는 것과 정부 주도하에 "입국을 위한 준비가 진행되고 있다"고 답변하였다.[8] 야당측의 요구를 정면으로 거부한 것이다.

이로써 회의는 더 이상 진전되지 못하였다. 야당측 의원들과 정부의 국무위원 사이에 격렬한 토론이 계속되었다. 홍진은 회의를 주재하면서, 이를 매듭지으려고 하였다. 정부의 제의안이 너무 소략하다는 것을 지적하면서, "내 생각 같아서는 이것을 가지고 오후 시간에 몇 분이 좀 수정(修正)해서 통과하는 것도 좋다"라고 한 것이다.[9] 정부의 제의안 내용을 수정해서 통과시키려는 의도였다.

홍진이 의장으로서 중재하여 통과시키려 하였지만, 야당측은 고집을 꺾지 않았다. 8월 22일 오후 부의장 최동오가 사회를 맡아 표결에 부치려 하였다. 그러나 민혁당의 이정호(李貞浩) 의원이 "현 국무위원이 총사직하기 전에는 여하한 제의안일지라도 결의할 수 없으니 총퇴석한다"며, 민혁당 의원 4명과 함께 퇴장하였다. 이어 신한민주당의 강홍주 의원도 같은 이유로 소속 의원 6명과 함께, 박건웅 의원도 해방동맹 소속 3명과 퇴장하였다.[10] 야당측 의원 13명이 퇴장하면서 법정 의원수가 부족하게 되었다. 회의는 그대로 휴회되었고, 더 이상 개최

8 국회도서관, 『大韓民國臨時政府議政院文書』, 556, 572쪽.
9 국회도서관, 『大韓民國臨時政府議政院文書』, 567쪽.
10 국회도서관, 『大韓民國臨時政府議政院文書』, 573쪽

되지 못하였다.

2. 27년만의 환국

해방을 맞은 후, 홍진이 강조한 것은 '화평공제(和平共濟)의 새 정신'이었다. 기존의 대립과 갈등을 떨쳐버리고, 여야가 서로 협력하여 민족의 나아갈 길을 개척할 것을 기대한 것이었다. 그러나 해방 후 개최된 의정원 회의는 여야의 격렬한 대립으로 무산, 아무런 합의도 이루지 못하였다.

의정원에서 합의를 이루지 못하자, 임시정부는 국무회의에서 결의한 대로 환국방침을 결정하였다. 임시정부가 향후 활동에 대해 구체적인 방향을 천명한 것은 1945년 9월 3일이었다. 주석 김구 명의로 「국내외 동포에게 고함」을 발표한 것이 그것이었다. 이를 통해 해방은 "허다한 우리 선열(先烈)의 보귀(寶貴)한 열혈(熱血)의 대가(代價)와 중·미·소·영 등 동맹군의 영용한 전공"에 의한 것이라고 하면서, 향후 임시정부가 추진해 나갈 당면정책을 발표하였다. 당면정책은 모두 14개조로 되어 있다. 주요 내용은 다음과 같다.

- 본 임시정부는 최속기간내에 곧 입국할 것
- 전국적 普選에 의한 正式政權이 수립되기까지 국내 過渡政權을 수립하기 위하여 국내의 각계급, 각혁명당파, 각종교집단, 각지방대표와 저명한 各民主領袖 회의를 소집하도록 적극 노력할 것
- 국내 과도정권이 수립된 즉시에 본정부의 임무는 완료된 것으로 認하고 본정부의 일체 職能 및 소유물건은 과도정권에 交還할 것
- 국내의 과도정권이 성립되기 전에는 국내 일체 질서와 대외 일체 관계를 본 정부가 負責維持할 것
- 교포의 안전 및 귀국과 국내외에 거주하는 동포의 救濟를 신속 처리할 것

- 적국에게 被迫出戰한 韓籍軍人을 광복군에 편입하되 盟軍과 협상할 것
- 독립운동에 방해된 자와 매국적에 대하여는 공개적으로 엄중히 처분할 것[11]

이는 임시정부가 해방을 맞아 처음으로 국민들을 향해 발표한 성명이었고, 국내에 들어가 추진할 과제를 국민들에게 알린 것이었다. 핵심은 임시정부는 현 정부형태 그대로 환국한다는 것이었고, 국내에 들어가 과도정권을 수립한다고 하였다. 그리고 과도정권이 수립되면, 임시정부는 모든 것을 과도정권에 인계할 것이라고 밝혔다. 과도정권을 수립할 때까지는 임시정부가 정부로서의 역할을 수행한다고 하였다.

이후 임시정부 주도하에 환국이 추진되었다. 환국을 위해서는 해결해야 할 문제들이 적지 않았다. 정부로서 해결하지 않으면 안되는 문제는 크게 두 가지였다. 하나는 중국대륙 각지에 이주해 있는 한인들의 생명과 재산을 보호하는 일이었고, 다른 하나는 일본군에 끌려나온 한인사병들에 대한 문제였다. 전자를 위해서는 한교선무단(후에 주화대표단)을 조직하여 화북·화중·화남의 세 구역으로 나누어 활동하도록 하였다.[12] 후자는 중국이 일본군을 항복접수할 때 그 안에 있는 한인사병들을 광복군으로 편입시킨다는 것이었고, 이를 위해 광복군 대원들을 각지로 파견하여 이들을 접수하도록 하였다.

그리고 중국과 미국을 상대로 환국을 위한 교섭을 전개하였다. 임시정부가 중국영토 안에서 활동하였고, 더욱이 중국정부와 긴밀한 관계를 맺으며 활동하였기 때문에, 중국과의 교섭은 당연한 절차였다. 그리고 환국에 필요한 교통편과 소요경비를 중국측에 의뢰하지 않을 수

11 백범김구선생전집편찬위원회, 『白凡金九全集』 5, 대한매일신보사, 1999, 670-671쪽.

12 金正仁, 「임정 주화대표단의 조직과 활동」, 『역사와 현실』 24, 1997, 127쪽.

대한민국임시정부 환국기념 사진(중경 임시정부 청사에서)

없는 현실적인 문제도 있었다. 미국과의 교섭도 필수적인 요소가 되었다. 일제의 패망과 더불어 한반도가 중국전구에서 태평양전구로 바뀌었고, 미군이 38선 이남지역을 점령하고 군정을 실시하고 있었다. 미군정 지역으로 입국하려면 미국측의 승인이 필요하게 된 것이다.[13]

여러 절차와 교섭을 거쳐, 10월 중순경 환국방법이 구체화되었다. 이동하는 노선은 우선 중경에서 상해로 이동하고, 상해에서 국내로 들어간다는 방침이 정해졌다. 그리고 교통편은 중경에서 상해까지는 중국측이, 상해에서 서울까지는 미국측이 부담하기로 결정되었다.[14] 임시정부 요인과 가족들의 귀국방법도 골격을 잡았다. 주석을 비롯하여 가족이 없는 국무위원과 원로 선생님들은 먼저 비행기로 출발하고, 나머지 인사들은 교통편 사정이나 생활의 정리 등에 따라 귀국한다는 것이었다.[15]

임시정부의 환국이 결정되면서, 중국의 여러 기관에서 환송연을 베풀었다. 10월 24일 중국국민당이 임시정부 국무위원과 의정원 의원 등 60여명을 상청화원(上淸花園)으로 초대한 것이 가장 큰 환송연이었다. 이외에 한중문화협회(韓中文化協會) 등의 민간단체를 비롯하여, 당시 중경에 주재하고 있던 중국공산당의 주은래와 동필무도 송별연을 베풀었다.[16]

홍진은 의정원 의장으로 여러 송별연에 참석하였다. 마침내 상해로 가는 비행기가 마련되었다. 중국측이 마련한 것이다. 비행기는 두 대였고, 탑승인원은 29명이었다. 주석 김구와 의정원 의장 홍진을 비롯하여 국무위원과 경위대원을 포함하여 탑승인원이 결정되었다.[17] 비행

13 金正仁, 「대한민국임시정부의 환국과 정치세력의 대응」, 『대한민국임시정부수립80주년기념논문집』 하, 국가보훈처, 1999, 603-605쪽.

14 韓詩俊, 「대한민국임시정부의 환국」, 『한국근현대사연구』 25, 2003, 76쪽.

15 양우조·최선화, 『제시의 일기』, 혜윰, 248쪽.

16 金九, 『白凡逸志』, 나남출판, 2002, 415쪽.

17 「乘機者名單」(국가보훈처, 『大韓民國臨時政府와 韓國光復軍』, 1996, 167쪽).

중국국민당의 임시정부 송별연

기는 11월 5일 중경의 산호새 비행장을 출발, 다섯 시간 만에 상해에 도착하였다.

상해에는 도착하였지만, 국내로 가는 길은 쉽게 열리지 않았다. 미군정이 '개인자격'으로의 입국을 종용한 것이다. 이것은 임시정부를 승인한 일이 없었던 미국정부의 정책이고 방침이었다.[18] 더욱이 미군정에서는 개인자격으로 입국한다는 서약서에 서명을 해야 맞아들이겠다는 조건을 붙였다. 이로써 국내로 환국하는 길이 상해에서 막히게 되었다.

임시정부 요인들은 상해에서 이 문제를 논의하였다. 미군정의 요구에 대해 커다란 모욕을 느끼지 않을 수 없었고, 이 문제를 두고 격론

18 鄭秉峻, 「남한진주를 전후한 주한미군의 對韓정보와 초기 점령정책의 수립」, 『史學硏究』 51, 1996, 172쪽.

이 벌어졌다.[19] 그대로 상해에 있다가 미군정이 철수한 후에 귀국하자는 주장이 제기되기도 하였다. 그러나 정부의 주석과 의정원 의장을 비롯하여 요인들이 모두 귀국하는데 어찌 정부로 귀국하는 것이 아니냐는 명분도 있었고, 또 서명은 입국을 위한 임시방편이라는 위안도 있었다. 결국 미군정의 요구대로 서명을 하기로 결정하였고, 11월 19일 김구는 중국전구 미군사령관 웨드마이어에게 '개인자격의 귀국'이라는 서약서를 제출하였다.[20]

서약서가 제출되고 나서야 국내로 들어가는 길이 열렸다. 다음날인 11월 20일 미군정에서 비행기를 상해로 보내 온 것이다. 그러나 보내 온 비행기는 한 대 뿐이었고, 탑승인원도 15명이었다. 상해에 도착한 인원이 모두 29명이었으니, 이들이 한꺼번에 귀국할 수 없게 되었다. 국내로 들어가는 순서를 제1진과 제2진으로 나누어야 했다. 주석 김구와 부주석 김규식을 비롯한 15명이 제1진이 되었고, 이들은 11월 23일 국내로 떠났다.[21]

19 상해에서 국무회의를 개최하여 이 문제를 논의하였다고 한다. 공식적인 기록은 남아있지 않지만, 국무위원이었던 조경한이 그의 회고록에 당시의 상황을 다음과 같이 기록해 놓았다.

> 국무회의가 열렸다. 분하고 기막힌 정서는 누구나 일반이었다. "모욕적인 싸인을 말고 이대로 귀국하지 않고 있다가 미군정이 철수한 뒤에 들어가도 늦지 않다"고 주장하는 일부 인사도 있었으나, "싸인은 물론 모욕이나 우리의 정세가 어서 들어가서 국가의 일대 혼란을 만분지일이라도 바로 잡아줄 의무가 있는 것이다. 형식은 기관이 아닌 개인이라고 싸인을 해줄지라도 어디까지나 들어가기 위한 임시응변의 권변과 방편에 불과한 것인데 기관을 운영한 전원이 들어가는 마당에 어찌 기관이 아니라고 보며 기관의 권력 발동에 있어서도 이미 정권을 국민에게 봉환하기로 결정한 바 있으니 기회보아서 국민대표회의를 열어 봉환에 대한 절차를 준비하는 것이 옳을 것이다. 권변으로 싸인을 해주고 보자"는 의론이 압도적이어서 싸인해주기로 가결하였다.

(조경한,『白崗回顧錄』, 367-368쪽).

20 鄭秉峻,「남한진주를 전후한 주한미군의 對韓정보와 초기 점령정책의 수립」, 174쪽.

21 韓詩俊,「대한민국임시정부의 환국」, 78쪽.

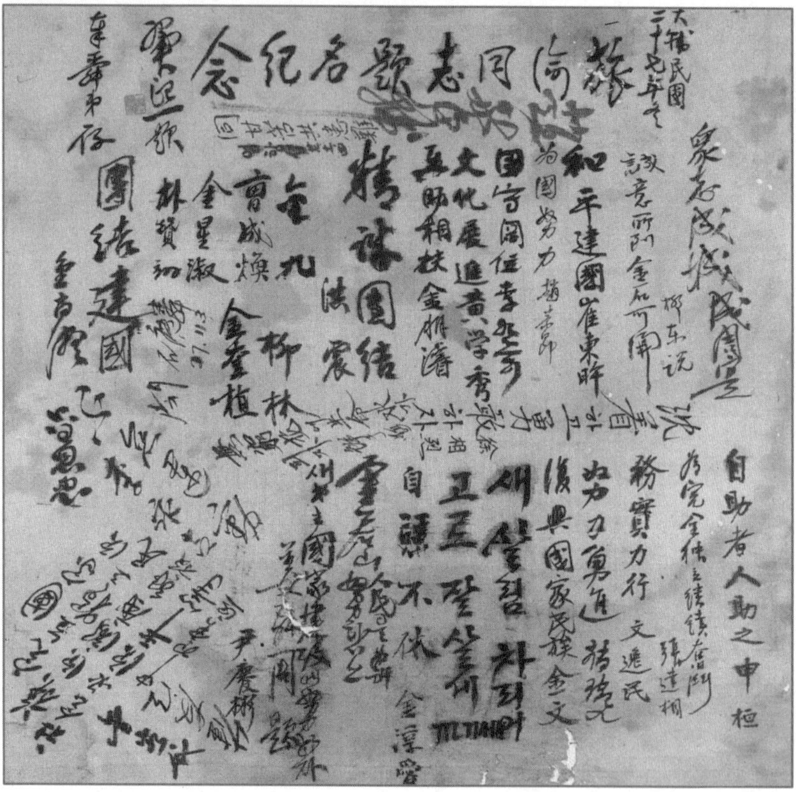

환국 직전 임시정부 요인들이 서명한 서명포, 홍진은 '정성단결(精誠團結)'이란 휘호를 남겼다.

홍진은 제2진이었다. 제1진이 떠난 후 일주일만에 미군정이 다시 비행기를 보내왔다. 홍진은 국무위원 조성환·황학수·장건상·김붕준·성주식·유림·김성숙·조경한을 비롯하여, 외교부장 조소앙, 재무부장 조완구, 법무부장 최동오, 군무부장 김원봉, 내무부장 신익희, 수행원 노능서·서상열·이계현·윤재현·안우생, 그리고 중국인 무전기사 3명 등 모두 22명과 함께 비행기에 올랐다. 1945년 12월 1일이었다.

洪議長以下卄二名
二日午後空路金浦安着

홍진 의장 일행의 도착을 알린 신문보도(≪조선일보≫ 1945년 12월 3일자)

상해를 출발한 비행기가 김포비행장에 다다랐다. 그러나 비행장에 폭설이 내려 착륙할 수 없었다. 비행기는 착륙할 곳을 찾아 남쪽으로 향했고, 저녁이 되어서야 군산비행장에 내렸다. 자동차로 이동하다가 논산에서 하룻밤을 지냈다. 그리고 다음날 대전의 유성으로 와 다시 비행기를 타고 김포에 도착하였다.[22] 12월 2일이었다.

홍진은 27년 만에 고국으로 돌아왔다. 임시정부를 수립하여 이를 품안에 안고 국내를 떠난 것이 1919년 4월이었다. 그가 품안에 안고 갔던 임시정부가 상해에서 뿌리를 내렸다. 이후 임시정부는 중국대륙을 중심으로 활동하며, 27년 동안 민족을 대표하는 기구이자 독립운동의

22 ≪自由新聞≫ 1945년 12월 3일자 「殘餘要人昨夕入京」; ≪東亞日報≫ 1945년 12월 3일자 「臨時政府殘留要人昨夕入京」.

구심점으로 역할을 하였다. 핏덩이 아들을 안고 나가, 그 아들을 객지에서 훌륭한 장정으로 키워, 아들과 함께 고향으로 돌아오는 아버지의 심정, 그것이 고국 땅을 밟은 홍진의 감회가 아니었을까 생각된다.

3. 환국 후 첫마디 '통일'

홍진은 국내에 환국한 이후, 충무로 2가의 한미호텔에 숙소를 정하고, 임시정부와 함께 활동하였다. 서울에 도착한 다음 날인 12월 3일 김구의 숙소인 죽첨장에서 회합을 가졌다. 이 회합에는 제1진으로 귀국한 주석 김구와 부주석 김규식, 제2진으로 귀국한 의정원 의장 홍진을 비롯하여 국무위원과 각 부장 14명, 그리고 미국에서 귀국한 이승만까지 참여하였다.

이 회합은 국내로 환국한 임시정부 요인들이 가진 첫 모임이었다. 당시 신문은 이들의 회합을 「全閣僚一堂에 會合, 昨日還國後 最初의 國務會議」라는 제목으로 보도하였다.[23] 임시정부가 국내에서 국무회의를 개최한 것이다. 이후 홍진은 12월 19일 임시정부개선환영회를 비롯하여 임시정부 명의로 개최되는 여러 행사에 참석하면서, 임시정부와 보조를 같이 하고 있었다.

임시정부는 정부로서 행세하지 않는다는 조건으로 국내에 들어왔다. 정부의 명의가 아닌 '개인자격'으로 입국이 허락된 것이다. 그러나 임시정부 요인들은 그렇게 생각하지 않았다. 주석 김구가 "국제관계에 있어서는 개인자격이지만 국내동포의 입장에서는 정부"라고 언명한 것이나,[24] 선전부장 엄항섭이 "대외적 국제관계에 있어서는 개인자격

23 ≪自由新聞≫ 1945년 12월 4일자.
24 ≪新朝鮮報≫ 1945년 11월 25일자.

이겠지만, 국내에 있어서는 정부자격으로 해석하여야 할 것"이라고[25] 한 것이 그것이다.

홍진이 이에 대한 입장을 밝힌 것은 없다. 그렇지만 그 역시 김구의 생각과 크게 다르지 않았을 것으로 생각된다. 홍진은 임시정부에 대해 남다른 애착을 갖고 있었던 사람이었다. 한성정부를 수립하여 상해로 가지고 나갔고, 해방을 맞아 그 임시정부를 보듬어 안고 귀국하였다. 그는 임시정부를 유지하고, 이를 중심으로 새로운 국가를 건설하려는 생각을 갖고 있었다. 미국측에서 임시정부 요인들의 성향을 조사하면서, 홍진을 김구와 함께 임시정부의 법통론 계열로 분류한 것도 여기서 연유한 것이었다.[26]

홍진이 환국 후 국민들을 향해 던진 첫 마디는 '통일'이었다. 서울에 도착한 날 기자들에게 '총역량을 결집하자'거나[27] '통일만이 민족을 살리는 길'임을[28] 강조한 것이다. 전민족의 역량을 한 곳으로 집중 통일하여 새로운 국가를 건설하자는 의미였다. 그리고 공개적인 연설을 통해 새 국가 건설에 대한 희망을 피력하기도 하였다.

> 눈바람 찬 저녁에 망명의 길을 걷던 우리들을 이처럼 성대하게 맞아주심에 부끄러움과 황송함을 금할 수 없읍니다. 38도선이 막힌 중에 임시정부 하나 제대로 세우지 못하고 이러한 자리에 나선 것을 부끄럽고 황송하게 여깁니다. 그러나 3천만 동포에게 드릴 선물은 우리의 민족성을 잃지 않은 것과 겨레가 한마음되어 새나라를 건설할 뜨거운 염원과 자신을 가지고 온 것입니다. 미국이 독립하던 당시 "자유를 주지 않으려거든 죽음을 달라"고 한 그 정신과, 불란서 혁명에서 선언한 인권정신 이 두 가지를 우리가 실천에 옮기지 않으

25 ≪中央新聞≫ 1945년 11월 25일자.
26 도진순, 「1945-1946년 미국의 대한정책과 우익진영의 분화」, 『역사와 현실』 7, 1992, 357쪽.
27 ≪東亞日報≫ 1945년 12월 3일자.
28 ≪自由新聞≫ 1945년 12월 3일자.

면 안됩니다.[29]

이는 1945년 12월 19일 덕수궁 석조전에서 개최된 임시정부개선환영회에 참석하여 의정원 의장으로 행한 답사의 일부분이다. 새 나라 건설에 대한 자신감을 피력하고, 멀지 않아 새 조국이 건설될 것임을 국민들에게 천명하였다.

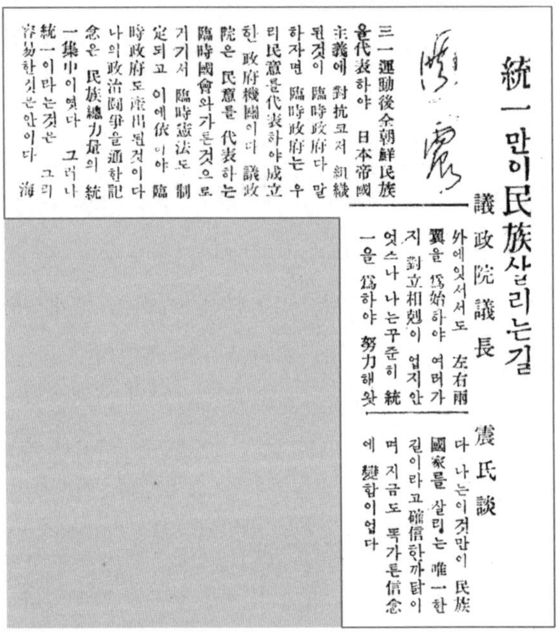

統一만이民族살리는길

議政院議長 洪震氏談

三一運動後全朝鮮民族을代表하야 日本帝國主義에 對抗코저 組織된것이 臨時政府다 말하자면 臨時政府는 우리民意를代表하야成立한 政府機關이다 議政院은 民意를 代表하는 臨時國會와가튼것으로 거기서 臨時憲法도 制定되고 이에依하야 臨時政府도產出된것이다 나의政治鬪爭을通한記念은 民族總力量의 統一集中이엿다 그러나 統一이라는것은 그리 容易한것은안이다 海外에잇서서도 左右兩翼을 爲始하야 여러가지 對立相剋이 업지안엇스나 나는꾸준히 統一을 爲하야 努力해왓다 나는이것만이 民族國家를 살리는 唯一한 길이라고 確信한까닭이며 지금도 똑가튼信念에 變함이업다

홍진의 환국 후 첫 일성 '통일만이 민족을 살리는 길'

그러나 임시정부를 둘러싼 국내의 정치적 상황은 간단치 않았다. 우선 미군정이 정부로서 활동하는 것을 막았다. 이미 미군정에서는 임시

29 ≪自由新聞≫ 1945년 12월 20일자.

1945년 12월 19일 덕수궁 석조전에서 개최된 임시정부개선환영회(사진 중앙은 김구, 그 오른쪽으로 김규식, 홍진)

정부가 환국하기 전 어떠한 정부도 인정할 수 없으며, 남한에는 오직 미군정만이 유일하다는 것을 천명한 적이 있었다.[30] 그리고 임시정부 요인들이 환국하여 주석의 숙소에서 첫 국무회의를 개최한 직후인 12월 5일, 미군정은 임시정부를 정부로 인정하지 않는다는 것을 다시 밝혔다.[31]

30 金光旭, 「해방직후 미군정의 唯一政府的 權威의 확립과정」, 『한국근현대사연구』 9, 1998, 288-289쪽.

31 주한미군사령부는 12월 5일 산하 군정기관에 "김구와 임정집단에 대해 일반적으로 오해가 있는 듯하다. 이들은 더 이상 정부로 인정되지 않는다. 그들은 개인 자격으로 이곳에 있으며 연합국으로부터 정부로 인정될만한 어떠한 언질도 받은 적이 없다. 장차 한국정부는 전적으로 새로이 만들어 질 것이다"라는 메시지를 전달하였다(도진순, 「1945-1946년 미국의 대한정책과 우익진영의 분화」, 354쪽).

또 좌우익 정치세력들과의 문제도 복잡하였다. 조선공산당을 비롯한 좌익진영은 이미 9월 6일 정부로서 '인민공화국'을 선포하여 활동하고 있었고, 우익진영에서도 한국민주당을 비롯하여 수많은 정당들을 결성하여 활동하고 있었다. 이러한 국내세력과의 문제도 있었지만, 미국에서 귀국한 이승만과 그가 중심이 된 독립촉성중앙협의회와의 관계도 매우 미묘하지 않을 수 없었다.

임시정부가 국내에서 공식적으로 활동을 시작한 것은 반탁운동을 계기로 해서였다. 1945년 12월 28일 모스크바 3상회의에서 한반도에 대한 신탁통치가 결정되었다는 소식이 전해지자, 임시정부는 즉각 각 정당사회단체대표자대회를 소집하고, 신탁통치반대국민총동원위원회를 결성하여 반탁운동을 전개해 나갔다. 임시정부의 반탁운동은 즉각적인 독립을 바라고 있던 국민들로부터 많은 지지를 받았다. 일반국민은 물론이고, 군정청의 한국인 직원 3천여 명도 임시정부가 주도한 파업과 사직에 동참할 정도였다.[32]

임시정부의 반탁운동은 새로운 것이 아니었다. 이미 중경에 있을 때 국제공동관리 반대운동을 전개한 일이 있었다. 미국과 영국 사이에 전후 한국문제에 대해 국제공동관리한다는 소식이 전해지자, 임시정부는 즉각 이에 대한 반대를 표명하였다. 그리고 1943년 5월 중경에 있는 각 정당 및 단체들이 모두 참여한 가운데 재중국자유한인대회를 개최하고, 국제공동관리 반대운동을 전개하였던 것이다. 그 자유한인대회를 주도하고, 국제공동관리 반대운동에 앞장서 활동하였던 것이 바로 홍진이었다.

반탁운동은 이러한 국제공동관리 반대운동의 연장선상에서 전개된 임시정부의 활동이었다. 임시정부는 반탁운동을 주도하면서, 이를 계

32 이완범, 「한반도 신탁통치문제 1943~1946」, 『해방전후사의 인식』 3, 한길사, 1987, 243~244쪽.

임시정부는 모스크바 3상회의에서 신탁통치가 결정되자 신탁통치반대국민총동원 위원회를 조직하고 반탁운동에 돌입했다.

기로 '정부'로서 공식적인 활동을 시도하였다. 12월 31일 내무부장 명의로 발표한 「국자 1호」와 「국자 2호」의 포고문이 그것이었다. 포고문의 내용은 다음과 같다.

1. 현재 전국 행정청 소속의 경찰기구 및 한인 직원은 전부 본 임시정부 지휘 하에 예속케 함.
2. 탁치반대의 시위운동은 계통적 질서적으로 행할 것.
3. 폭력행위와 파괴행위는 절대 금지함.
4. 국민의 최저 생활에 필요한 식량 연료 수도 전기 교통 금융 의료 기관등의 확보 운영에 대한 방해를 금지함.
5. 불량상인의 폭리 매점 등은 엄중 취체함.[33]

이는 임시정부가 정부로서 역할을 수행하겠다는 공식적인 선언이나

33 국사편찬위원회, 『자료 대한민국사』 1, 1968, 722-723쪽.

다름없었다. 당시는 미군정이 유일한 정부를 자처하고 있던 때였다. 미군정의 존재를 부인하고 임시정부가 정권을 접수하려고 한 것이나 마찬가지였다.

임시정부의 이러한 의도는 좌절되고 말았다. 미군정이 강력하게 이를 저지하고 나선 것이다. 미군정은 이를 임시정부가 군정을 타도하려는 '임정의 쿠데타'로 규정하였고, 임시정부 요인들을 살해하거나 중국으로 추방한다는 논의까지 하였다. 1946년 1월 1일 하지가 김구를 만나 면담을 하였고, 이를 통해 중재가 이루어졌다. 김구는 '결코 미군정을 반대하는 것이 아니라는 것'을 확인해 주었고, 시위와 파업을 중지하겠다고 하였다.[34]

이로써 정부로서 활동하려한 임시정부의 시도는 실현되지 못하였다. 뿐만 아니라 이를 계기로 임시정부는 미군정이 가장 위험한 존재로 여기는 대상이 되었고, 미군정의 협력 대상에서도 배제되었다. 이후 임시정부의 활동은 미군정으로부터 견제를 받지 않을 수 없었다.

4. 임시의정원을 계승한 비상국민회의 의장

미군정으로부터 정권을 접수하여 정부로서 역할하려는 시도가 좌절된 후, 임시정부는 과도정권 수립을 위한 활동을 시작하였다. 과도정권을 수립한다는 것은 임시정부의 방침이었다. 앞에서 언급했듯이, 임시정부는 중경에서 '당면정책'을 통해 정부 수립 구상을 발표한 일이 있었다. 정식정부를 수립하기 전에 과도정권을 수립하고, 이를 통해 정식 정부를 수립한다는 것이었다.

과도정권 수립을 위한 활동은 비상정치회의(非常政治會議)를 소집하

34 도진순, 『한국민족주의와 남북관계』, 서울대출판부, 1997, 64쪽.

는 것으로 추진되었다. 1946년 1월 4일 김구는 「통일공작에 대한 성명」을 통해, 비상정치회의의 소집을 제창하였다. "남의 손을 기대할 것 없이 우리의 손으로 신속히 강고한 과도정권을 수립하자"고 하면서, 이를 위해 각계 각층·각 혁명당파·각 종교집단·각 지방대표·저명한 각 민주영수들을 망라하여 비상정치회의를 소집하자고 한 것이다.[35]

임시정부는 4당 회의를 비상정치회의의 발판으로 삼고자 하였다. 4당 회의는(이후 신한민족당이 참여하여 5당회의가 됨) 한국민주당·국민당·인민당·조선공산당이 정당통일 방식으로 민족통일전선을 결성, 모스크바 결정에 대응하자는 차원에서 진행되던 회의였다.[36] 임시정부는 이를 비상정치회의 예비회담으로 이끌어가려고 하였다. 그러나 임시정부의 확대 강화를 꾀한다고 생각한 좌익진영이 반대함으로써, 이러한 시도는 실효를 거두지 못했다.

임시정부는 단독으로 비상정치회의 소집을 추진하였다. 1946년 1월 20일 각계 대표 21명을 소집하여 비상정치회의 제1차 주비회를 개최한 것이다.[37] 비상정치회의 주비회가 개최되면서, 이승만과 독립촉성중앙협의회가 합류하였다. 이들은 처음에는 비상정치회의에 의한 정계통합을 반대하며 참여하지 않고 있다가, 1월 23일 제4차 주비회부터 참가하기로 결정하였다. 이들이 참여하면서 비상정치회의의 명칭이 바뀌었다. 비상정치회의 주비회와 독립촉성중앙협의회를 통합, 그 이름을

35 ≪서울신문≫ 1946년 1월 5일자 「非常政治會議를 즉시 소집하자」.

36 이승억, 「임시정부의 귀국과 대미군정 관계」, 『역사와 현실』 24, 1997, 115쪽.

37 제1차 주비회에 초청된 단체 및 그 대표는 다음과 같다.
한민당(徐相日), 국민당(安在鴻), 조선공산당(불참), 신한민족당(權泰錫), 조선민주당(李宗鉉), 독립동맹(불참), 한국독립당(趙琬九), 조선민족혁명당(成周寔), 신한민주당(金朋濬), 조선민족해방동맹(金星淑), 무정부주의자총연맹(柳林)
(宋南憲, 『解放三年史』 1, 까치, 1985, 273쪽).

비상국민회의 주비회로 바꾼 것이다.[38]

이승만과 독촉중협이 참가하면서, 비상정치회의 소집은 급진전되었다. 그렇지만 내부적으로 이탈하는 인사들이 생겨났다. 임시정부 내에서 혁신세력을 대표하던 김원봉·장건상·성주식·김성숙 등이 "이박사의 중협(中協)이 모종(某種)의 예정안을 가지고 비상정치회의를 인도"하려 하며, "좌익이 참가하지 않는 단결은 비민주주의적"이라며 주비회를 탈퇴한 것이다.[39] 이들이 탈퇴하면서, 1944년 중경에서 이루어진 좌우연합정부는 사실상 그 의미가 상실되었다.

한 달여의 준비를 거쳐, 과도정권 수립을 위한 활동이 결실을 맺게 되었다. 명칭은 비상국민회의(非常國民會議)였고, 각계인사 195명이 참석하였다. 1946년 2월 1일 명동의 천주교회당에서 비상국민회의 창립대회가 열렸다.[40] 대회시작과 더불어 과도정권 수립을 위해 최고정무위원회를 설치하자는 것과 대회에 참가하지 않은 공산당·인민당·독립동맹에 참가를 교섭하자는 건의안이 제출되어 통과되었다.

이어 의장단을 선출하였다. 고순흠(高舜欽)이 의장에 홍진, 부의장에 최동오를 추대하자는 제의를 하였고, 만장일치로 홍진과 최동오가 의장과 부의장에 선출되었다. 홍진과 최동오는 임시의정원에서 의장과 부의장을 맡고 있었고, 비상국민회의를 결성하면서 이들을 그대로 의장과 부의장으로 추대한 것이다. 이로써 홍진과 최동오를 의장과 부의장으로 한 비상국민회의가 결성되었다. 비상국민회의의 부서와 간부는 다음과 같이 구성되었다.

38 李庸起, 「1945-48년 臨政勢力의 정부수립 구상과 臨政法統論」, 『韓國史論』 38, 서울대 국사학과, 1997, 188쪽.

39 ≪朝鮮日報≫ 1946년 1월 24일자.

40 ≪朝鮮日報≫ 1946년 2월 1일자 「非常國民會議 開幕」.

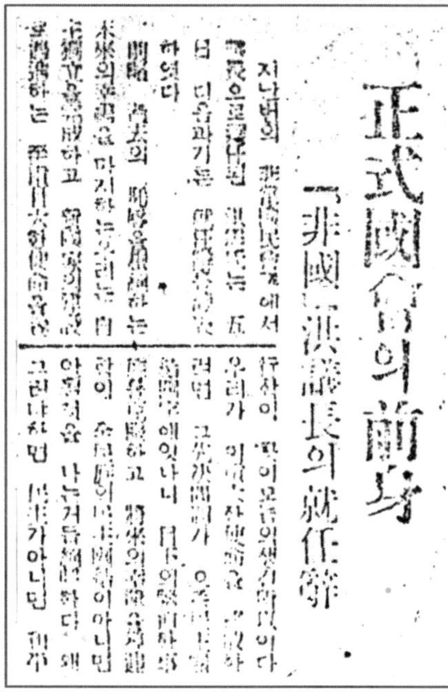
正式國會의 前身
非國 洪議長의 就任辭

비상국민회의 의장 취임사

> 의　장 : 홍　진
> 부의장 : 최동오
> 정무위원장 : 安在鴻　　외교위원장 : 조소앙
> 재정위원장 : 조완구　　산업경제위원장 : 김성수
> 국방위원장 : 유동열　　법제위원장 : 金炳魯
> 교통위원장 : 白寬洙　　문교위원장 : 金觀植
> 예산위원장 : 李　雲,　　노농위원장 : 柳　林
> 후생위원장 : 李鶴松　　선전위원장 : 嚴恒燮
> 청원징계위원장 : 趙擎韓[41]

비상국민회의는 임시의정원을 계승한 것이었고, 과도정권 수립을 위한 대의체로 성립한 것이었다. 창립대회의 조직대회에서 비상국민회의의

41 ≪朝鮮日報≫ 1946년 2월 14일자.

에 대해 "대한민국임시정부 당면정책 제6항에 의한 과도정권 수립에 관한 일체 권한을 有하고 대한민국 임시의정원의 직능을 계승한다"라고 규정한 것이다.

이로써 홍진은 비상국민회의 의장으로, 해방 후 신국가를 건설하는 책임을 맡게 되었다. 3·1운동 직후 한성정부를 수립하였던 그가 27년이 지난 후 다시 정부를 조직하는 일을 담당하게 된 것이다. 홍진은 2월 5일 발표한 취임사를 통해 신국가를 건설하기 위해서는 무엇보다도 '민주단결'이 필요함을 강조하였다.

> 과거의 치욕을 근절하는, 미래의 행복을 맞이하는 우리는 自主獨立을 완성하고 신국가의 건설로 邁進하는 至重且大한 사명을 遂行함이 곳 이 모듬의 생긴 所以이다. 우리가 이 重大한 사명을 達成하려면 그 先決問題가 오직 民主團結 4字에 있나니 目下의 緊迫한 事態를 克服하고 장래의 행운을 導迎함에는 전민족의 民主團結이 아니면 안될 것을 나는 거듭 絶叫한다.
>
> 왜 그러냐하면 民主가 아니면 和平의 정권을 건립할 수 없고 團結이 아니면 모든 苦難을 征服하고 難苟한 前途를 개척할 수 없는 까닭이다. 이 모듬이 비록 잠시 성질을 가진 비상국민회의이라 하지만 3천만을 토대로 한 和平統一, 民主團結을 宗旨로 한 總民意의 기초로 된 것이므로 이것이 輿論의 代表機關이며 입법기관이며 正式國會의 前身이 될 것이다. 그러함에 본 의장이 이 자리에 나서는 유일한 임무도 또한 이러한 사명을 달성코저함에 주저치 않는 바이다.[42]

홍진은 신국가 건설이라는 사명을 위해 진력하겠다는 각오를 밝혔다. 비상국민회의를 '3천만 여론의 대표기관이고, 입법기관이며, 정식국회의 전신'이라고 규정하면서, 이를 중심으로 신국가를 건설하자고 하였다. 그리고 화평의 정권을 수립하기 위해, 또 여러 고난을 극복하기 위해 '민주단결'하자는 것을 당부하였다. 홍진은 비상국민회의 의장

42 ≪서울신문≫ 1946년 2월 6일자 「비상국민회의 의장, 홍진 취임사」

에 취임하자 곧 최동오, 이극로 등과 같이 조선공산당, 독립동맹 등 좌익단체들이 비상국민회의에 참가토록 교섭하기로 하였다.[43]

5. 신국가 건설의 꿈을 무덤으로

비상국민회의는 임시정부가 독자적으로 정부를 수립한다는 구상의 첫 단계였다. 임시정부는 1945년 9월 3일 당면정책을 통해 국내에 들어가 과도정권을 수립한다고 하였고, 그 과도정권을 수립하기 위해 비상국민회의를 결성한 것이다. 그러나 임시정부의 이러한 구상은 커다란 벽에 부딪치지 않을 수 없었다.

가장 커다란 벽은 미군정이었다. 미군정은 '국자포고 사건'을 계기로 임시정부 명의로 진행되는 모든 활동을 용인하려 하지 않았다. 임시정부가 과도정권 수립을 위해 비상정치회의 소집을 준비할 때, 미군정은 이미 이를 허락할 수 없다는 방침을 정하였고, 임시정부를 분쇄하는 작업을 시작하였다.

- 본 사령부는 임시정부 집단이 국회를 소집하거나 독자적인 과도정부를 수립하는 일을 허락함으로써 사태를 복잡화시킬 의도가 없다[44]
- 과도정부를 수립하기 전에 임시정부를 분쇄해야 합니다. 지금(1946년 1월 15일)이야말로 임시정부의 권위를 빼앗아야 할 적절한 시기입니다.[45]

앞의 것은 1946년 1월 18일자로 발령된 미군정 사령관인 하지의 훈

43 ≪조선일보≫ 1946년 2월 4일자.
44 이승억, 「임시정부의 귀국과 대미군정 관계」, 117쪽.
45 도진순, 「1945-1946년 미국의 대한정책과 우익진영의 분화」, 361쪽.

령 속에 들어 있는 것이고, 뒤의 것은 미군정 정보보고서에 보이는 내용이다. 임시정부가 비상정치회의 소집을 추진하는 활동을 시작하자, 미군정에서는 이를 허락하지 않는다는 것은 물론이고, 이것을 임시정부를 분쇄하는 기회로 보았던 것이다.

임시정부에 대한 미군정의 기본적인 방침은 이미 환국을 교섭할 때 정해져 있었다. 핵심은 임시정부를 환국시켜 활용한다는 전제하에, 임시정부 요인들을 자문위원회에 포함시켜 미군정에 협조하도록 한다는 것이었다.[46] 이러한 방침에 따라 미군정은 임시정부가 정부로서 활동하는 것을 제한하였다. 그리고 다른 한편으로는 임시정부를 비롯한 정치세력을 미군정의 자문기관으로 만들어 가는 작업을 추진하였다.

이러한 작업은 임시정부가 비상정치회의 소집을 준비하는 단계에서 추진되었다. 이승만과 독립촉성중앙협의회가 합류한 것도 그 일환이었다. 이승만과 독촉중협은 비상정치회의에 의한 정계통합을 반대하였지만, 미군정의 임시정부 분쇄공작과 한민당의 권유로 비상정치회의에 참여하기로 결정한 것이다.[47] 이들이 참여하면서 임시정부가 의도하였던 비상정치회의가 변질되었다. 명칭부터 비상국민회의로 바뀌었다. 그리고 김원봉·장건상·성주식·김성숙 등이 임시정부를 떠났다. 앞에서 언급하였듯이, 이들은 이승만이 '모종의 예정안'을 가지고 참여한다며 탈퇴를 선언하였다. '모종의 예정안'은 얼마 뒤 현실로 나타났다.

비상국민회의 창립대회에서 최고정무위원회를 설치한 것도 그러한 작업의 일환이었다. 2월 1일 창립대회가 개최되면서 권동진 등 100여

46 도진순, 「1945-1946년 미국의 대한정책과 우익진영의 분화」, 345-346쪽.

47 이승만이 비상정치회의에 참여하게 된 이유에 대해서는 한민당 인사들이 권유하였다는 이야기도 있다. 이와 더불어 참여를 결정하게 된 주요한 이유는 비상국민회의를 남조선대표민주의원으로 전환시키려는 굿펠로우의 공작에 호응하기 위한 것이었다고 한다(도진순, 「1945-1946년 미국의 대한정책과 우익진영의 분화」, 357쪽).

명의 연서로 과도정권 수립에 있어 최고정무위원회를 설치하자는 것, 그리고 정무위원의 선출은 이승만과 김구에게 일임하자는 건의안이 제출되어 통과되었다.[48] 이후 10여일만에 최고정무위원회가 구성되었다. 전형을 위임받았던 이승만과 김구가 2월 13일 선출한 위원 28명의 명단을 발표하였다.[49] 그리고 다음날인 2월 14일 최고정무위원회는 남조선대한국민대표민주의원으로 개편, 미군정의 자문기관이 되었다.[50] 결국 미군정이 의도한 대로 이루어졌다. 김원봉 등이 탈퇴하면서, '모종의 예정안'이라고 한 것이 민주의원으로 나타난 것이다.

홍진은 비상국민회의와 민주의원이 탄생한 과정, 그리고 그 의도를 누구보다도 잘 알고 있었을 것이다. 홍진이 비상국민회의와 민주의원이 별개임을 특별히 언급한 것도 그 내용을 누구보다도 잘 알고 있었던 때문으로 생각된다.

> 우리의 최혜국인 미소양국이 금번 회의에서 조선민족의 의사와 자유를 존중하여 갈 것을 확신하며 미군정자문기관인 민주의원과의 관계는 말하고 싶지 않으나, 비상국민회의는 자주적 국권 존재를 자임하는 전국적인 民意의 기관 즉 민주의원최고권력기관인 동시에 금후 과도정

48 《조선일보》 1946년 2월 4일자.

49 최고정무위원회 위원은 임시정부를 비롯한 각정당과 종교단체 대표들을 중심으로 선출되었다. 그 명단은 다음과 같다.
임시정부 요인(6명) : 이승만, 김 구, 김규식, 조소앙, 조완구, 김붕준.
한국민주당(5명) : 백남훈, 김도연, 원세훈, 김준연, 백관수.
신한민족당(3명) : 권동진, 최익환, 김려식.
국민당(3명) : 안재홍, 이의식, 박용희.
인민당(3명) : 여운형, 백상규, 황진남.
무소속(5명) : 오세창, 김창숙, 정인보, 김 선, 홍현숙.
기독교(1명) : 함태영.
천주교(1명) : 장 면.
불교(1명) : 김법린.
(《朝鮮日報》 1946년 2월 14일자).

50 도진순, 「1945-1946년 미국의 대한정책과 우익진영의 분화」, 360쪽.

> 권 수립에 적극 매진하지 않으면 안된다. 그러므로 민주의원과 비상국민회의는 그 임무가 다른 것을 이 기회에 언명 강조하는 바이다.[51]

홍진은 민주의원과 비상국민회의는 별개의 존재임을 강조하였다. 민주의원은 미군정의 자문기관이고, 비상국민회의는 전국적인 민의(民意)에 기초한 자주적인 존재라는 것이었다. 그리고 비상국민회의는 과도정권 수립에 적극 매진할 것임을 재차 천명하였다.

민주의원과 비상국민회의에 대한 인식은 입장에 따라 달랐다. 미군정과 이승만이 생각하고 있는 것과 임시정부측에서 생각하는 것이 같지 않았다. 임시정부측에서는 비상국민회의와 민주의원을 과도정권 수립을 위한 주된 기관과 조직으로 여겼고, 비상국민회의는 의회의 기능을, 민주의원은 정부의 기능을 갖는 것으로 이해하고 있었다. 그러나 임시정부를 탈퇴한 김성숙의 경우는 민주의원의 성립을 임시정부가 해산한 것으로 받아들이기도 했다.[52]

홍진은 비상국민회의를 과도정권 수립을 위한 기구로 이끌어갔다. 비상국민회의 본부는 창덕궁 인정전(仁政殿) 서행각(西行閣)에 두었다. 홍진이 비상국민회의 의장으로 행한 첫 번째 일은 '조선의 무조건 독립과 38선의 철폐를 요구'한 일이었다. 2월 4일 홍진은 고창일과 장덕수 의원을 미소공동위원회에 보내 "조선의 무조건 독립과 정치·경제·문화·교통 등의 필요로 하루바삐 38도선을 철폐하라"는 요구서를 제출하였다.[53]

이어 홍진은 한민족의 총의에 의한 자주적인 정권 수립을 요구하였다. 모스크바 3상회의 결정에 따라 미소공동위원회가 구성되었다. 그

51 ≪서울신문≫ 1946년 3월 21일자 「비상국민회의 의장 洪震, 민주의원과 비상국민회의는 별개임을 언명」.

52 金星淑, 「오호 ! 임정 30년만에 해산하다」(≪月刊中央≫ 1968년 8월호).

53 ≪朝鮮日報≫ 1946년 2월 5일자.

리고 미소공위는 1946년 1월 덕수궁에서 회의를 개최하고, 한반도에 임시정권을 수립하는 문제를 논의하기 시작하였다. 이에 대해 홍진은 비상국민회의 의장 명의로 다음과 같은 담화를 발표하였다.

1. 民主主義政權수립은 반드시 한국인이 自主的 政權을 수립하는데 하등 외래적 간섭이 없어야 할 것.
2. 自主政權을 수립하는데 그 정부 책임자의 선택권은 완전히 한국인 자유 의사에 일임할 것.
3. 民主主義統一政權 수립에서 국토를 양단하고 생명을 위협하는 형태인 것은 至急히 취소하여 한국인으로 하여금 일체의 장애됨이 없이 전민족적 임무를 수행할 수 있게 할 것.
4. 민주주의 정권 수립과 민주주의 정권 행사는 반드시 전민족 대다수의 총의로 좌우될 것이다. 현하 공동회담에서 운위되는 조선문제도 한국인 대다수의 향배에 의하지 않고 임시로 강행적 실천을 한다면 결국은 순리치 못하다고 할 수밖에 없다. 우리 전민족의 요구는 자유 2자를 제하고는 다른 것이 없다.[54]

한국에 수립하는 정권은 민주주의 정권, 자주정권, 민주주의통일정권이 되어야 한다는 것이고, 이러한 정권을 수립하는 전제를 요구한 것이다. 무엇보다도 한국인에 의한 자주적 정권을 수립해야 하며, 정권의 수립은 한국인의 총의에 의해야 한다는 전제였다. 전민족의 총의에 의한 자주적 정권을 수립한다는 것이고, 이에 대해 미소공위는 간섭하지 말라는 것이나 다름없었다.

그러나 정국의 주도권은 미군정이 장악하였고, 한반도에 임시정권을 수립하는 문제는 미소공위의 주도하에 논의되고 있었다. 민족 내부적인 문제도 간단치 않았다. 조선공산당을 비롯한 좌익진영은 별도로 민주주의민족전선을 결성하였다. 여기에 남한만이라도 단독정부를 수립해야 한다는 논의도 일어나고 있었다.

54 ≪조선일보≫ 1946년 2월 9일자.

홍진은 내부적인 통일이 이루어지지 않으면, 과도정권이고 신국가 건설이고 어렵다는 것을 잘 알고 있었다. 이론이 아니라 경험이었다. 그는 유일당운동을 전개하기도 하였고, 정당을 결성하고 이를 중심으로 통일운동을 전개하였던 경험도 풍부했다. 그는 민족 내부적인 통일이 전제되지 않으면 안되다고 생각하였고, 기자회견을 통해 '내부상호의 정치적 합작'을 강조하였다.

> 지금 우리가 이러한 난관을 돌파하고 통일 화평의 민주정권을 건립하는 유일한 방법은 내적으로는 각정당 각사회단체 각지방 대표인물들이 각자의 사상 신앙 입장 그대로의 정치적 화평 통일을 구하며, 외적으로는 미소양국위원들의 일치한 見地에서 偏向아닌 最友誼적 입장에서 우리 내부 상호의 정치적 합작 통일에 노력하여 주는 것 외에 없다.[55]

미군정이나 미소공위도 문제였지만, 홍진은 좌우 양진영을 비롯하여 여러 세력들이 각자의 사상·신앙·입장을 내세우며 첨예하게 대립 갈등하고 있는 민족의 현실이 너무도 안타까웠다. 그는 민주정권을 수립하는 유일한 길은 정치적 합작과 통일 밖에 없음을 강조하였다. 그 방법으로 각자의 사상·신앙·입장을 그대로 가지고 정치적 통일을 이룰 것을 촉구하고 있었던 것이다.

홍진은 1946년 2월 6일 기자회견에서 좌우합작 교섭이 진행 중에 있음을 다음과 같이 밝혔다. "그간 2, 3차 좌익과 교섭하여 타협 합작할 것을 꾸준히 찾고 있으나 소기의 성과를 아직 거두지 못하였고 계속 최선을 다하여 노력하겠으며 기필코 좌우혼연일체가 되어 독립을 위하여 공동 노력할 것을 믿는다."[56]

55 《서울신문》 1946년 4월 14일자. 「內部相互의 政治的 合作-非常國民會議長 洪震氏 會見談」.

56 《서울신문》 1946년 2월 7일자.

홍진은 그 자신이 직접 나서서 좌익진영과의 합작도 추진하였던 것 같다. 해방 후 홍진을 가까이서 모셨던 손자 홍석주의 증언에 의하면, 막후통로를 이용하여 조선공산당의 홍남표(洪南杓)와 합작을 도모하였다고 한다. 홍남표와는 상해에서 유일당운동을 시작하면서, 좌우세력이 통일을 이루어 유일당을 결성하기로 합의를 이루고, 이에 대한 공동선언을 발표한 일이 있었다. 아마도 홍진은 20년 전에 이러한 경험을 되살려 홍남표와 좌우합작을 추진하였던 것이 아닌가 생각된다.

홍진이 좌우합작을 추진하였다는 것은, 이후 좌우합작운동에서 비상국민회의와 민주의원이 우익의 주축이 되고 있는 것과도 무관치 않을 것이다. 좌우합작운동은 제1차미소공위가 결렬된 후인 1946년 5월 말 김규식·여운형·원세훈 등이 만나면서 시작된 것으로 알려져 있다.[57] 이후 7월 좌우합작위원회가 결성되었다. 좌우합작위원회의 우익측 대표는 민주의원과 비상국민회의에서 선출하였다. 7월 7일 비상국민회의와 민주의원은 연석회를 통해 한민당의 반대에도 불구하고 좌우합작을 지지하고, 김규식·원세훈·김붕준·안재홍·최동오 등 5명을 대표로 선정하였다.[58] 그리고 좌우합작위원회에서 좌우합작조건 8가지를 마련하였을 때, 이를 비상국민회의에서 통과시켜 좌우합작을 추진케 하였다

이외에 홍진은 민족주의 제3당 결성을 도모하기도 하였다. 1946년 4월 홍진을 중심으로 하는 민족주의 제3당 결성활동이 시작되었다. 신당 조직 준비에는 다음 단체들이 참가하였다. 신한민주당(홍진, 유동열, 김붕준), 재미한족연합회(김호, 한시대, 전경무), 조선혁명당, 청우당(이용), 삼우구락부(홍상희, 김충규, 김성숙), 신한민족당, 국민당의 일부, 그리고 무소속 등이다.[59]

57 鄭秉峻, 「1946-1947년 左右合作運動의 전개과정과 성격변화」, 『韓國史論』 29, 1993, 252-255쪽.

58 鄭秉峻, 「1946-1947년 左右合作運動의 전개과정과 성격변화」, 263-264쪽.

59 ≪서울신문≫ 1946년 4월 13일자.

한편 홍진은 비상국민회의 의장으로서 현실문제에도 많은 관심을 표명, 당시의 식량난 해결책으로 저장미의 응급배급을 실시하고, 미곡 유통을 자유롭게 하기 위하여 가마당 38원의 공정가격제를 철폐할 것을 미군정 당국에 제안하였다.[60]

홍진은 비상국민회의 의장으로 과도정권 수립과 민족주의 제3당 결성 등을 위해 많은 노력을 기울였지만, 더 이상 활동을 계속할 수 없었다. 병마 때문이었다. 심장천식으로 서울대학병원에 입원하였다. 병원에 입원해 있는 동안, 만주에서 함께 활동하던 경혜춘을 비롯하여 많은 인사들이 찾아와 옛 이야기를 나누었다.[61] 그리고 천주교 영세를 받기도 하였다. 처가의 친척되는 남상철이 권고하여, "안드레아"란 이름으로 영세를 받았다.[62]

홍진은 끝내 병문을 다시 나서지 못하였다. 1946년 9월 9일 병마를 이기지 못하고, 숨을 거둔 것이다. 향년 70세였다. 김구를 위원장으로 한 장의위원회가 구성되었다. 9월 13일 이승만, 김구, 조소앙을 비롯하여 미군정 위크 대장 등 많은 인사들이 참여한 가운데, 유언에 따라 명동 천주교 성당에서 영결식을 거행하였다.[63] 그리고 인천시 관교동에 있는 선영으로 향했다.

인천은 그가 한성정부를 조직할 때, 13도대표자대회를 개최한 곳이기도 하였다. 홍진은 1919년 3·1운동 직후 국내에서 임시정부 수립을 주도하였고, 해방 후 국내에 돌아와서는 비상국민회의 의장으로 새 국

60 ≪동아일보≫ 1946년 4월 14일자.

61 당시 병원에 입원해 있을 때 손자인 홍석주가 옆에서 모시고 있었고, 그는 홍진이 옛 동지들과 나누는 많은 이야기를 들을 수 있었다고 한다. 그것을 기록으로 남겨놓지는 않았지만, 홍석주는 당시 들었던 많은 이야기들을 기억하고 있다. 이 글을 쓰는데 홍석주로부터 적지 않은 도움을 받았다.

62 ≪京鄕雜誌≫ 제40권 제979호, 1946년 10월 1일.

63 ≪동아일보≫ 1946년 9월 14일자 ; ≪서울신문≫ 1946년 9월 14일자.

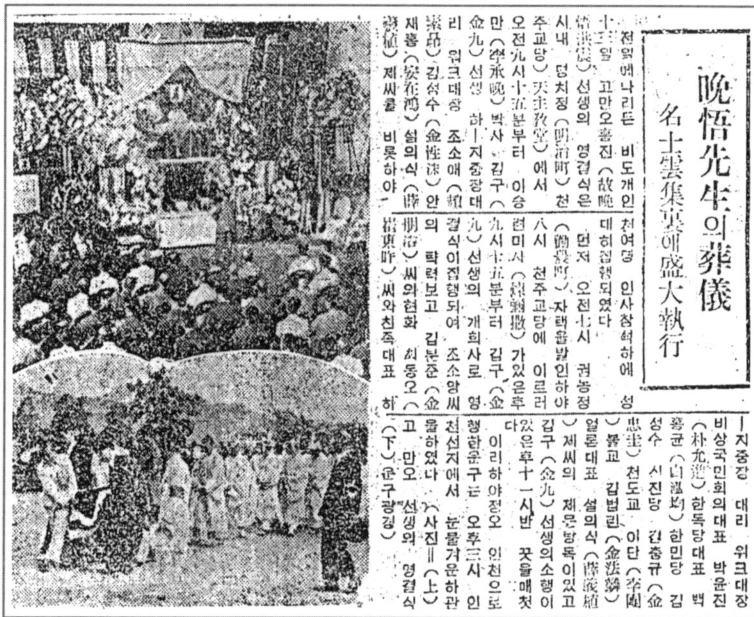

晩悟先生의葬儀
名士雲集裏에盛大執行

전일에나리든 비도개인 十三일 고만오홍진(故晩悟洪震)선생의 영결식은 시내 명치정(明治町)천주교당(天主敎堂)에서 오전九시十五분부터 이승만(李承晩)박사 김구(金九)선생 하ー지중장대리 위크대장 조소앙(趙素昂)김성수(金性洙)안재홍(安在鴻)설의식(薛義植)제씨를 비롯하야 천여명 인사참석하에 성대히집행되였다 먼저 오전七시 권농정(勸農町)자택을발인하야 八시 천주교당에 이르러 련미사가있은후 九시十五분부터 김구(金九)선생의 개회사로 영결식이집행되여 조소앙씨의 략력보고 김붕준(金朋濬)씨와헌화 최동오(崔東旿)씨와친족대표 하ー지중장 대리 위크대장 비상국민회의대표 박윤진(朴允進)한독당대표 백홍균(白泓均)한민당 김성수 신진당 김충규(金忠圭)천도교 이단(李團)불교 김법린(金法麟)언론대표 설의식(薛義植)제씨의 제문낭독이있고 김구(金九)선생의소행이있은후 十一시반 꼿을매첫다 이리하야정오 인천으로 행한운구는 오후三시 인천선지에서 눈물겨운하관을하였다 (사진=(上)고 만오선생의 영결식 (下)운구광경)

홍진선생의 장례식을 보도한 ≪동아일보≫ 기사(1946년 9월 14일자)

가를 건설하는 주역을 맡았다. 한성정부를 조직하여 품안에 안고 상해로 나가, 이를 임시정부로 발전시켰다. 그렇지만 해방된 조국에 돌아와 새 국가를 건설하려는 꿈은, 1946년 9월 13일 무덤 속으로 가지고 들어갔다.

‖ 홍진 연보

1877년 (1세)

- 8. 27.(음력) : 서울 車洞(현 서소문)에서 부친 풍산홍씨 洪在植과 모친 청주한씨 韓壽東 사이의 3형제 중 차남으로 출생(장남 : 昌熹, 삼남 : 明熹), 본명 : 冕熹, 幼名 : 鳳根 또는 又鳳, 호 : 晩湖, 晩悟, 자 : 聖武, 필명 : 警寰

1882년 (6세)

- 부친 홍재식 타계, 이후 어머니 한수동의 보살핌을 받으며 한학을 수학

1896년 (20세)

- 의령 남씨 南肅熙의 차녀 南相福과 결혼, 슬하에 두 자녀(起子 : 女, 起澤 : 男)를 둠

1903년 (27세)

- 2. : 법관양성소 입학

1904년 (28세)

- 7. 21 : 법관양성소 졸업(제3회)
- 7. 26 : 법관양성소 박사에 임명, 이틀 후 의원면관

1906년 (30세)

- 2. : 한성평리원(재판소) 主事
- 12. 5 : 法官銓考所시험 합격
- 12. 10 : 충청북도 재판소 검사로 발령. 義兵사건을 맡아 감형, 法部로부터 견책을 받기도 함

1908년 (32세)

- 5. 14 : 의병사건의 논고를 거부하고 충청북도 재판소 검사직을 의원면관
- 5. 29 : 대한제국 법부로부터 변호사 인가장 받음

1909년 (33세)

- 7. 14 : 평양지방재판소 검사국에 변호사 명부 등록. 평양에서 변호사 개업

1915년 (39세)

- 평양에서 金應燮과 함께 형사소송전문 변호사로 활동

1919년 (43세)

- 3. : 3·1운동에 참여. 충북 청주군 연락책임자 李奎甲과 함께 서울, 인천을 중심으로 임시정부 수립을 추진
- 3. 17 : 韓聖五의 집에서 임시정부 수립을 위한 회합을 갖고, 한성정부를 조직
- 4. 2 : 인천 만국공원에서 13도대표자대회 개최
- 4. 3 : 상해에서 왔다고 한 洪鎭儀(洪濤)를 만남
- 4. 15 : 이규갑과 함께 한성정부의 각원명단과 선포문건을 가지고 상해로 망명, 압록강을 건너며 이름을 洪鎭으로 바꿈
- 4. 23 : 국내에서 국민대회를 통해 한성정부 수립이 선포됨
- 4. 30 : 임시의정원에서 충청도 의원으로 선출. 청원법률심사위원회 위원
- 7. 8 : 임시의정원 법제위원장
- 9. 11 : 한성정부를 계승하는 형식으로 노령의 대한국민의회와 상해의 임시정부가 통합을 이룸
- 9. : 취임을 미루고 있던 국무총리 李東輝를 찾아가 '희생'을 강조하며 취임을 종용
- 11. : 임시정부 국내조사위원에 임명, 임시의정원 충청도 선거위원장

1920년 (44세)

- 3. 19 : 임시의정원 상임위원회 제4분과 위원
- 3. 30 : 임시의정원 정무조사특별위원회 위원
- 8. : 崔昌植과 함께 吾人俱樂部를 조직하여 활동

1921년 (45세)

- 4. 6 : 임시의정원 전원위원장에 당선
- 4. 20 : 상해 대한교민단장에 선임
- 5. 6 : 임시의정원 의장에 선출(제3대 의장)

- 5. 20 : 대한교민단장 사면
- 8. 13 : 상해교민단 사무소에서 대태평양회의외교후원회를 발족하고 임시 회장에 선출
- 8. 26 : 대태평양회의외교후원회의 간부들을 임명하고 공식 출범, 최고 대표인 幹事長을 맡음
- 9. : 태평양회의 외교후원회 간사장 명의로 선언서 발표
- 9. 29 : 미국에 있는 李承晩·徐載弼에게 태평양회의출석 대표로 선임된 사실을 통보하고, 전권을 위임
- 10. : 태평양회의외교후원회의 선전을 위한 기관지로 ≪宣傳≫을 발행하기 시작
「태평양회의에 대한 한국독립의 청원서」를 임시의정원 의원 25명의 명의로 발표

1922년 (46세)

- 4. 3 : 태평양회의에 대한 책임으로 국무원이 총사직한 후, 임시의정원 의장을 사면
- 4. 5 : 장붕, 윤기섭 등과 임시정부와 임시의정원을 영구히 유지하기 위한 제안을 임시의정원에 제출
- 7. : 안창호, 조소앙, 이동녕, 김구 등과 시사책진회 조직
- 8. : 임시정부 법무총장에 임명

1923년 (47세)

- 1. 5 : 손정도, 김인전, 조완구, 김구 등과 국민대표회에 대한 대책을 논의
- 7. 2 : 국민대표회에 참여한 '개조파'와 헌법을 개정하여 임시정부를 유지한다는 전제로 타협을 이루고, 임시헌법개정기초위원회를 조직

1924년 (48세)

- 4. 16 : 의정원에서 헌법개정문제를 둘러싸고 '기호파'와 '서북파'의 대립과 갈등이 지속되자, 임시정부 법무총장을 사임
- 5. : 江蘇省 鎭江으로 가 은거 생활, 진강에서 독립운동의 문제점을 분석하고 독립운동의 방안을 정립한 「痛忿과 切望」을 저술

1926년 (50세)

- 6. 중순 : 임시의정원 의장으로 임시정부의 '집정'을 맡고 있던 최창식이 진강으로 찾아와 국무령을 맡아 줄 것을 요청
- 7. 7 : 임시의정원에서 國務領으로 선출, 이후 警寰이라는 字를 사용하고, 이름도 '鎭'을 '震'으로 바꿈
- 7. 8 : 임시정부 국무령에 취임, 3대 시정방침을 천명. 취임식을 통해 전민족이 대단결한 민족대당의 결성을 촉구, 유일당운동의 바람을 일으킴
- 8. 18 : 국무원으로 金應燮, 李裕弼, 趙尙燮, 趙素昂, 崔昌植 등 5명을 선임
- 8. 30 : 최창식을 내무장, 조소앙을 외무장, 이유필을 재무장, 김응섭을 군무장, 조상섭을 사법장에 임명하여 정부를 구성. 이로써 1925년 7월 박은식 대통령 사임이후 계속되어 온 무정부상태가 수습되고, 홍진 정부가 공식 출범
- 9. 27 : 외무장 조소앙이 취임치 않자 국무령으로 외무장을 겸직
- 12. 9 : 유일당운동에 주력하기 위해 국무령을 사임

1927년 (51세)

- 4. 10 : 좌익진영을 대표한 洪南杓와 유일당 결성에 대한 합의를 이루고, 양인의 명의로 「전민족적독립당 결성의 선언문」을 발표
- 4. 11 : 상해 三一堂에서 좌우세력들이 참가한 가운데 한국유일독립당상해촉성회 창립총회 개최하고, 집행위원에 선출
- 11. 9 : 상해 민국로 침례당에서 북경, 상해, 남경, 광동, 무한에서 결성된 5개 촉성회가 참여한 가운데 한국독립당각지촉성회대표연합회 개최. 상무위원에 선임

1928년 (52세)

- 1. : 유일당상해촉성회 연락대표로 만주 길림으로 감, 鄭遠과 박건병이 동행, 이후 만주지역에서 40여개 단체를 역방하며 통일을 종용하고 유일당운동을 추진
- 5. 12~16 : 정의부를 비롯한 18개 단체 대표들이 참가하여 화전현에서 전민족유일당조직회를 개최.
- 12. : '촉성회파' 인사들과 함께 혁신의회를 조직하고, 부의장에 선출(의장은 김동삼)

1929년 (53세)

- 4. : 길림성 김응섭의 집에 머물고 있다가, 五常縣 沖河鎭으로 감
- 봄 : 이청천, 김좌진, 황학수 등과 生育社를 조직하고, 社長에 선임

1930년 (54세)

- 1. 24 : 金佐鎭이 공산주의자에게 암살당함
- 7. 26 : 김좌진의 암살을 계기로 민족주의 세력들이 결집, 길림성 위하현에서 한국독립당 창당, 중앙위원장에 선출
- 8. : 한족자치연합회를 조직하여, 북만주 일대 한인들의 자치와 생활안정을 도모

1931년 (55세)

- 11. 2 : 한국독립당 간부회의를 소집하여, 만주사변 이후 정세변화에 따른 대응책을 논의. 당의 활동을 군사활동에 주력하기로 하고, 당군으로 한국독립군을 편성(총사령관에 李青天을 임명)
- 11. 12 : 남대관과 신숙을 李杜, 丁超의 吉林自衛軍과 호로군에 파견, 한중연합을 타진토록 하여 긍정적 답변을 받음
- 12. 11 : 총사령관 이청천과 독립군 간부들이 호로군 총부를 방문하여 한중연합군을 편성하여 대일항전을 전개하기로 합의, 이후 한국독립군은 중국군과 연합하여 서란현전투, 쌍성보전투를 비롯하여 치열한 대일항전을 전개

1932년 (56세)

- 2. 10 : 중국국민당 정부당국에 지원을 요청하기 위해 申肅과 金尙德을 남경으로 파견(이들보다 앞서 총무부장 李圭彩를 임시정부로 파견)
- 11. 29 : 오상현 사하자에서 한국독립당과 한국독립군 연석회의를 열고, 당과 군을 동만주로 이동하기로 결정
- 11. 30 : 오상현을 출발, 액목현을 거쳐 다음 해 1월 13일 영안현에 도착

1933년 (57세)

- 1. : 동만주로 이동 중 길림구국군의 蔡世榮부대와 연합하기로 하고, 연합부대의 명칭을 中韓聯合討軍이라고 함
- 2. : 길림구국군와 합작하여 경박호에서 일본군을 공격하여 큰 승

리를 거둠. 鏡泊湖전투 이후 四道河子전투, 東京城전투, 大甸子嶺전투 등을 전개

- 10. : 길림구국군 吳義成부대가 한국독립군을 무장해제하고 총사령 이청천을 비롯하여 독립군을 체포 구금한 사건이 발생
항일 마적의 도움으로 산시역 부근 산속으로 들어가 피난
- 11. : 장개석의 협조를 얻어 낙양군관학교에서 군사간부 양성을 추진하고 있던 김구로부터 중국관내로 이동하라는 제의가 옴
이청천은 독립군 간부와 군관학교 입학지원자들을 데리고 북경으로 이동
- 11. 말 : 산해관을 넘어 북경에 도착

1934년 (58세)

- 2. 25 : 남경에서 申翼熙의 한국혁명당과 통합하여 新韓獨立黨 창당, 중앙위원장에 선출
- 3. 1 : 한국대일전선통일동맹이 주도한 제2차대표대회에 신한독립당 대표로 참여하여 한국독립당(상해), 조선혁명당, 의열단 등과 정당의 통일문제를 협의
- 3. : 의열단을 적색단체로 여겨 통일을 반대하는 세력을 설득, 신한독립당이 정당 통일에 참여하도록 함

1935년 (59세)

- 6. 20 : 남경의 신한독립당 사무소에서 9개 정당 및 단체 대표들이 참여한 가운데 정당의 통일을 추진하기 위한 각혁명단체대표대회를 개최
- 6. 25 : 단일당 결성을 위한 신당창립대표위원으로 선출
- 6. 29 : 신당창립대표대회 예비회의에서 신당의 당명, 당강, 정책 등을 심의 의결
- 7. 5 : 신한독립당을 비롯하여 한국독립당(상해), 의열단, 조선혁명당, 대한독립당 등 5개 정당이 통일을 이루어 단일당으로 민족혁명당을 창당, 중앙검사위원
- 9 : 曹成煥·閔丙吉과 함께 민족혁명당 탈당, 趙素昂과 함께 한국독립 당(상해)을 재건하여 활동
조소앙, 조시원, 김사집과 ≪震光≫(월간) 잡지 발행

1936년 (60세)

- 杭州에서 생활

1937년 (61세)

- 7. 초 : 남경에서 한국독립당을 대표하여 한국국민당의 宋秉祚, 조선혁명당의 이청천을 만나 3당 합동과 임시정부 옹호 문제를 협의. 3당이 협력하여 임시정부를 옹호하자는 합의를 이끌어 냄
- 8. 17 : 한국독립당, 한국국민당, 조선혁명당을 비롯하여 미주지역의 6개 단체를 참여시켜 한국광복운동단체연합회를 결성. 선전위원
- 11. 23 : 일본군이 남경을 공격해오자 남경을 출발
- 12. 20 : 임시정부와 함께 호남성 長沙에 도착

1938년 (62세)

- 5. 7 : 장사 남목청에서 한국독립당, 한국국민당, 조선혁명당의 대표들과 함께 3당 통합문제를 논의, 회담장에 李雲煥이 들어와 권총을 난사, 玄益哲이 숨지고, 김구는 중상을 입은 사건이 일어남
- 7. 17 : 일본군이 장사를 공격해오자, 장사를 떠남
- 8. 초 : 임시정부와 함께 광동성 廣州에 도착
- 9. 하순 : 광주에서 다시 교외에 있는 南海縣城 佛山으로 이동
- 10. 18 : 일본군의 광주 공격으로, 광주를 떠남
- 11. 30 : 광서성 柳州에 도착

1939년 (63세)

- 5. : 사천성 綦江에 도착
- 8. 27 : 기강에서 한국독립당 대표로 한국국민당, 조선혁명당, 민족혁명당, 조선민족해방동맹, 조선청년전위동맹, 조선혁명자연맹 등의 통일을 위한 7당통일회의에 참석
- 10. 2~12 : 한국독립당 대표로 한국국민당, 조선혁명당의 통일을 추진
- 10. 15 : 임시의정원에서 황학수, 안훈, 이상만, 신환 등과 충청도 의원으로 선출
- 10. 16 : 임시의정원 의장에 선출(두번째)
- 10. 23 : 임시정부 국무위원에 선임

- 10. 25 : 임시정부 내무장에 선임
- 11. 5 : 임시의정원 의장과 국무위원 불겸직안에 따라, 의정원 의장을 사면

1940년 (64세)

- 5. 9 : 우익진영 3당을 통합하여 한국독립당을 창당, 중앙집행위원에 선출
- 9. 17 : 한국광복군 창설, 총사령부성립전례식에서 정부대표로 訓詞.
- 10. 8 : 김구 주석체제가 성립되면서, 宋秉祚와 함께 임시정부 고문으로 추대
- 10. 11 : 중한문화협회 명예이사로 추대
- 12. 20 : 한국독립당 상무위원

1942년 (66세)

- 10. 20 : 제34차 임시의정원 회의 개최, 좌익진영이 참가하여 통일의회 구성
- 10. 26 : 임시의정원에서 의장으로 선출(세번째), 이후 해방을 맞아 환국 할 때까지 의장으로 활동
- 11. 27 : 약헌수개위원회를 조직하여, 개헌을 추진

1943년 (67세)

- 5. 8 : 한국독립당 제3차 전당대표대회에서 중앙집행위원으로 선출
- 5. 10 : 在中自由韓人大會를 개최하고, 주석단 총주석에 추대되어 國際共同管理 반대운동을 전개
- 9. 12 : 주석을 비롯한 국무위원 7인이 사직서를 제출하여 정부가 무정부상태에 빠지게 되자, 임시의정원 의장으로 이를 수습
- 10. 9 : 제35차 임시의정원 회의 개최, 국무위원 숫자와 선출방법을 둘러싸고 여야가 대립

1944년 (68세)

- 1. 3 : 국무위원 선출방식을 위한 투표에서 여야 동수가 되자, 의장으로 야당측이 주장한 무기명투표안에 찬성. 이 사건을 계기로 부의장 崔東旿와 함께 한국독립당을 탈당
- 2. 26 : 민족혁명당측에서 홍진을 주석으로 옹립하려는 계획을 추진
- 4. 20 : 여야 대립을 수습하고 제36차 임시의회 개최. 약헌수개안을

통과 시키고, 좌우연합정부를 구성

- 4. 26 : 좌우연합정부 공식 출범, 주석·부주석·국무위원 취임에 監誓人

1945년 (69세)

- 2. 8 : 한국독립당과 민족혁명당을 탈당한 인사들과 함께 신한민주당을 창당. 유동열, 김붕준과 함께 주석단에 선출
- 2. 28 : 정부의 요청에 의해 제37차 임시의정원 회의를 소집하고, 「對德宣戰要求案」을 가결시킴. 이로써 일본에 이어 독일에 대해서도 선전포고를 발표하게 됨
- 4. 11 : 제38차 임시의정원 회의 개최. 임시정부수립기념식을 거행하고, 정부의 각원과 의원들에게 '행동'과 '희생'의 길로 나갈 것을 촉구
- 4. : 임시의정원 회의에 신한민주당의 안으로 의정원 의장, 임정 주석, 광복군 총사령이 주체가 되어 국내외 독립운동 세력의 통일을 추진하자는 독립운동자대표대회안을 제출
- 8. 10 : 일제의 항복소식이 중경에 전해짐
- 8. 17 : 제39차 임시의정원 회의 개최, '和平共濟의 새 정신'으로 당면문제를 잘 해나갈 것을 당부. 야당측의 국무위원 총사직 요구를 둘러싸고 대립하다가 8월 22일 야당측의 퇴장으로 회의가 종결
- 9. 3 : 임시정부, 김구 주석 명의로 향후 추진해 나갈 당면정책을 발표
- 10. 24 : 중국국민당이 임정 국무위원과 의정원 의원들을 초청하여 송별연을 개최. 중국공산당의 周恩來, 董必武 등도 송별연을 개최
- 11. 5 : 주석 김구를 비롯한 임시정부 요인 29명과 함께 비행기로 중경을 출발, 상해에 도착
- 12. 1 : 제2진으로 曹成煥, 黃學秀, 趙素昻 등 22명과 함께 상해를 출발, 폭설로 김포비행장에 내리지 못하고 군산비행장에 내림
- 12. 2 : 논산에서 하룻밤을 묵고, 유성에서 비행기로 서울 도착. 충무로2가 한미호텔에 머뭄
- 12. 3 : 김구의 숙소인 죽첨장에서 임시정부 국무회의 개최
- 12. 4 : 조소앙, 장건상과 함께 하지 중장과 아놀드 군정장관을 방문
- 12. 19 : 덕수궁 석조전에서 개최된 임시정부개선환영대회에 참석하여, 임시의정원 의장으로 답사

1946년 (70세)

- 2. 1 : 명동 천주교회당에서 비상국민회의 창립대회를 개최하고, 의장에 선출됨(부의장은 최동오)
- 2. 5 : 임시의정원의 직능을 계승한 비상국민회의 의장 취임사 발표. 과도 정권 수립을 추진
- 2. 8 : 비상국민회의 의장 명의로 '한국인의 總意에 의한 自主的 政權 수립'을 천명
- 2. 14 : 비상국민회의에서 조직한 최고정무위원회가 미군정의 자문기구인 남조선대한국민대표민주의원으로 발족
- 3. 20 : 비상국민회의 의장 명의로 비상국민회의와 민주의원은 별개임을 언명
- 7. 7 : 비상국민회의와 민주의원의 연석회의를 개최하고, 좌우합작위원회 우익측 대표로 김규식·원세훈·김붕준·안재홍·최동오 등 5명을 선정
- : 심장 천식으로 병원에 입원, 입원 중 남상철의 권고로 천주교 영세를 받음(세례명, 안드레아)
- 9. 9 : 향년 70세로 별세
- 9. 13 : 명동의 천주교성당에서 장례위원장 김구 집례로 장례미사, 인천시 관교동 선영에 안장

1984년

- 12. 15 : 인천에서 서울 동작동 국립묘지 애국지사 묘역으로 이장, 부인 남상복과 합장

1994년

- 10. 6 : 서울 동작동 국립묘지 임시정부요인 묘역 내 임정수반 묘소로 천장

유족

손　자 : 홍석주(洪錫柱)
손　부 : 신창휴(申昌休)
증손녀 : 홍명수(洪明洙)
증손자 : 홍성수(洪成洙)

Hong Jin(Chin)* Profile (Aug. 27. 1877 — Sept. 9. 1946)

On August 27(Lunar calendar), 1877 Hong Jin was born in Cha-Dong, Seoul, Korea, as second son of Hong, Je Sik(father) and Han, Soo Dong(mother).
His original family name was Myun Hee, but after he fled to China he changed his name to Hong, Jin. His pen name was Man Ou. He was married to Nam, Sang Bok.

In 1904 Hong Jin graduated Korea Imperial Law School, and joined Han Sung Supreme Court as a Law clerk. In 1906 He was appointed as Korea Justice Department attorney, Choongchongbook-Do(province) District Court. In 1908 he resigned from a prosecutor position by refusing the prosecution of anti-Japanese resistance. He practiced as criminal defense lawyer from 1909 until March, 1919 at Pyungyang.

In 1919 Hong Jin participated in 3·1 Independence Movement, and masterminded, organized the meeting of 13 provinces-delegation, and established "Provisional government of Korea-Han Sung government" at Mankook park, Inchon. Then he fled to Shanghai, China.

In 1921 Hong Jin was elected as Speaker of Provisional Congress of Korea, and Ministers of Justice Department in 1922, Foreign Affair in 1926, and Interior in 1939, Provisional Government of Korea in exile.

In 1926 Hong Jin was elected as President of Provisional Government of Korea, and established three major doctrines for Independence Movement : (1) Uncompromising self-motivated independence movement, (2) Organizing Pan-Korea Unified Coalition Party, and (3) Establishment of Alliance with oppressed

---

* In 1940's documents his name was spelled as Hong Chin.

nations, and devoted to organize "Left and Right-wing Coalition Pan-Korea Party."

In 1930 Hong Jin organized "Korean Independence Party", became Party Leader, and established Party Army-"Korean Independence Army" in North-Eastern Manchuria. His Party Army in alliance with Anti-Japanese Chinese forces defeated Japanese army in the battle fields, such as "De Jeon Ja Ryong" and Tongkyung-Sung etc.

In 1939 Hong Jin was re-elected as Speaker of Provisional Congress of Korea.

In 1942 he was elected as Speaker of Provisional Congress of Korea(third term), and became the Head of Left and Right wing Coalition Congress in Chung Ching, China.

In 1944 Hong Jin's Provisional Congress amended Provisional Constitution to form "Left and Right wing Coalition Cabinet.

Hong Jin led in bringing together all factional groups of left and right wing independence movement for opening new era. He established ground of Korean parliamentary democracy.

In 1945 after Korean liberation from Japanese occupation Hong Jin returned to Korea after 27 years of his exile in China.

In 1946 Hong Jin was elected as Speaker of "Emergency National Congress" in Seoul, Korea, and devoted to unify left and right wings and to build a new nation.

September 9, 1946 Hong Jin died from heart disease at the age of 69, at Seoul National University Hospital.

Hong Jin with his wife was buried in the Provisional Government Presidential Grave Yard, Korea National Cemetery, Seoul, Korea.

Survivors;
Grand son : Suck Ju
Grand daughter in law : Shin, Chang Hyu
Great grand daughter : Myung Soo
Great grand son : Sung Soo

‖ 찾아보기

ㅈ

ㅊ

Session 1.

Abstra